Denken hilft zwar, nützt aber nichts

Dan Ariely

Denken hilft zwar, nützt aber nichts

Warum wir immer wieder unvernünftige Entscheidungen treffen

Aus dem Amerikanischen
von Maria Zybak und Gabriele Gockel

Weltbild

Originaltitel: Predictably Irrational
Originalverlag: HarperCollins *Publishers*, New York

Genehmigte Lizenzausgabe für Verlagsgruppe Weltbild GmbH,
Steinerne Furt, 86167 Augsburg
Copyright © 2008 by Dan Ariely
Copyright © 2008 der deutschsprachigen Ausgabe bei Droemer Verlag.
Ein Unternehmen der Droemerschen Verlagsanstalt
Th. Knaur Nachf. GmbH & Co. KG, München
Alle Rechte vorbehalten. Das Werk darf – auch teilweise –
nur mit Genehmigung des Verlages wiedergegeben werden.
Umschlaggestaltung: DSP zeitgeist GmbH, Ettlingen
Gesamtherstellung: CPI – Clausen & Bosse, Leck
Printed in the EU
978-3-8289-3053-7

2011   2010   2009
Die letzte Jahreszahl gibt die aktuelle Lizenzausgabe an.

Einkaufen im Internet:
www.weltbild.de

Für meine Mentoren, Kollegen und Studenten –
sie machen die Forschung für mich
erst so richtig spannend.

Inhalt

Einleitung

*Wie mich ein Unfall auf mein späteres
Forschungsthema Irrationalität brachte*

Man hat mir schon oft gesagt, ich hätte einen ungewöhnlichen Blick auf die Welt. Ihm verdanke ich es, dass ich in den zwanzig Jahren meiner Forscherkarriere mit großem Vergnügen zu ergründen versucht habe, was unsere Entscheidungen im Alltagsleben tatsächlich beeinflusst (im Gegensatz zu den Einflüssen, die wir, oft mit größter Überzeugung, dahinter vermuten).

Wissen Sie, warum wir uns so oft felsenfest vornehmen, eine Diät zu machen und Sport zu treiben, und alle guten Vorsätze dahin sind, sobald im Restaurant der Dessertwagen vorbeirollt?

Wissen Sie, warum wir manchmal voller Begeisterung etwas kaufen, was wir eigentlich gar nicht brauchen?

Wissen Sie, warum uns der Kopf nach Einnahme einer Schmerztablette für einen Cent immer noch weh tut, dieselben Kopfschmerzen aber verschwinden, wenn die Tablette 50 Cent kostet?

Wissen Sie, warum Personen, die sich die Zehn Gebote in Erinnerung gerufen haben, ehrlicher sind (zumindest unmittelbar danach) als diejenigen, die das nicht getan haben? Oder warum ein Ehrenkodex tatsächlich gegen unredliches Verhalten im Beruf hilft?

Wenn Sie dieses Buch gelesen haben, werden Sie die Antworten auf diese und viele andere Fragen kennen, die für Ihr

Privat- und Berufsleben und ebenso für die Art und Weise eine große Rolle spielen, wie Sie die Welt sehen. Es hat zum Beispiel nicht nur Folgen für Ihre Medikamentenwahl, wenn Sie die Antwort auf die Frage kennen, was es mit dem Preis von Aspirin auf sich hat, sondern auch für eines der größten Probleme, mit denen unsere Gesellschaft konfrontiert ist: Kosten und Nutzen der Krankenversicherung. Ein Verständnis dessen, wie die Zehn Gebote unredlichem Verhalten entgegenwirken, könnte den nächsten großangelegten Betrug à la Enron verhindern helfen. Und wenn wir begreifen, welche Dynamik hinter dem spontanen Essensimpuls steckt, hat das Auswirkungen auf jede andere spontane Entscheidung in unserem Leben – unter anderem darauf, warum es so schwer ist, Geld für schlechte Zeiten beiseitezulegen.

Mein Buch soll Ihnen zu einem grundlegend neuen Verständnis dessen verhelfen, was Sie und die Menschen in Ihrem Umfeld im Grunde bewegt. Diesem Ziel möchte ich Sie durch eine breite Palette wissenschaftlicher Experimente, Erkenntnisse und Anekdoten näherbringen, die nicht selten auch amüsant sind. Sobald Sie einmal das System hinter bestimmten, sich stets wiederholenden Fehlern erkennen, werden Sie mit der Zeit lernen – denke ich –, manche von ihnen zu vermeiden.

Aber bevor ich Ihnen von meiner kuriosen, sehr praxisnahen, unterhaltsamen (und manchmal sogar mit Gaumenfreuden verbundenen) Forschung zu Ess- und Einkaufsverhalten, Liebe, Geld, Auf-die-lange-Bank-Schieben, Bier, Ehrlichkeit und anderen Lebensbereichen berichte, will ich Ihnen erst einmal erzählen, wie es zu meiner etwas unorthodoxen Weltsicht – und damit auch zu diesem Buch – kam. Alles begann vor vielen Jahren mit einem Unfall, der alles andere als amüsant war.

Es war ein ganz normaler Freitagnachmittag im Leben eines achtzehnjährigen Israeli, als etwas geschah, das mit einem Schlag alles unwiderruflich veränderte. Bei der Explosion einer großen Magnesium-Leuchtrakete, wie sie das Militär bei nächtlichen Einsätzen zum Ausleuchten einer Kampfzone verwendet, erlitt ich Verbrennungen dritten Grades, 70 Prozent meiner Haut waren verbrannt.

Die nächsten drei Jahre verbrachte ich von Kopf bis Fuß einbandagiert im Krankenhaus, und wenn ich danach hin und wieder die Wohnung verließ, trug ich einen hautengen Kompressionsanzug aus synthetischem Material und eine Gesichtsmaske, was mich wie einen missratenen Doppelgänger von Spiderman aussehen ließ. Da ich an den alltäglichen Unternehmungen meiner Freunde und meiner Familie nicht mehr teilnehmen konnte, fühlte ich mich oft wie ein Außenseiter und begann die Dinge, die einmal auch zu meinem Leben gehört hatten, aus diesem Blickwinkel zu betrachten. Als käme ich aus einer anderen Kultur (oder von einem anderen Planeten), begann ich über die Absicht hinter bestimmten Verhaltensweisen bei mir selbst und anderen nachzudenken. Ich fragte mich beispielsweise, warum ich ein bestimmtes Mädchen liebte, ein anderes aber nicht; warum mein Tagesablauf auf die Bedürfnisse der Ärzte und nicht auf meine als Patient zugeschnitten war; warum ich viel lieber klettern ging, als über Geschichtsbüchern zu brüten; warum es mir so wichtig war, was andere Leute von mir dachten, und vor allem, was die Menschen in ihrem Leben motiviert.

Während meiner drei Jahre im Krankenhaus konnte ich reichlich Erfahrungen mit verschiedensten Arten von Schmerzen sammeln, und ich hatte zwischen den Behandlungen und Operationen mehr als genug Zeit, darüber nachzudenken. Während dieser langen Jahre musste ich tagtäglich dieselbe

Tortur überstehen, nämlich ein Bad in Desinfektionslösung, nach dem die Verbände abgenommen und abgestorbene Hautzellen abgekratzt wurden. Bei intakter Haut verursachen Desinfektionsmittel ein leichtes Brennen, und die Verbände gehen im Allgemeinen leicht ab. Ist jedoch nur wenig oder gar keine Haut vorhanden – wie durch die großflächigen Verbrennungen in meinem Fall –, dann kleben die Verbände am rohen Fleisch, und das Desinfektionsmittel verursacht einen wirklich unbeschreiblichen Schmerz.

Von Anfang an, seit ich auf der Station für Brandverletzte lag, sprach ich mit den Krankenschwestern, die mich täglich badeten, weil ich wissen wollte, warum sie was bei meiner Behandlung machten. Sie fassten den Verband und rissen ihn möglichst schnell ab, was einen relativ kurzen, heftigen Schmerz verursachte; es dauerte etwa eine Stunde, bis alle Verbände auf diese Weise entfernt waren. Anschließend wurde Salbe aufgetragen. Man legte mir einen neuen Verband an, und am nächsten Tag begann die ganze Prozedur wieder von vorn.

Schnell wurde mir klar, dass die Schwestern glaubten, es sei – für den Patienten – besser, wenn sie den Verband mit einem kräftigen Ruck abrissen, was einen kurzen, heftigen Schmerz verursacht, anstatt ihn langsam abzuziehen, wobei der Schmerz dann vielleicht weniger intensiv ist, aber länger andauert, weshalb das Ganze insgesamt schmerzhafter wird. Außerdem waren die Schwestern zu dem Schluss gekommen, dass es egal war, ob sie an der empfindlichsten Körperstelle begannen und sich zur am wenigsten empfindlichen vorarbeiteten oder ob sie an dem Körperteil begannen, der am wenigsten empfindlich war, und sich zu den empfindlichsten Bereichen vorarbeiteten.

Als Patient, der die Tortur des Verbandwechsels am eigenen Leib erlebte, teilte ich ihre theoretischen Überlegungen nicht (die im Übrigen nie wissenschaftlich überprüft wurden). Außerdem fand bei ihren Überlegungen keine Berücksichtigung, wie viel Angst der Patient schon in Erwartung der Behandlung ausstand; die Schwierigkeit, mit unterschiedlich intensivem Schmerz umzugehen und nicht zu wissen, wann der Schmerz einsetzt und wann er wieder nachlässt; oder wie hilfreich und tröstlich das Wissen sein kann, dass der Schmerz im Laufe der Zeit abnehmen wird. Doch ich hatte angesichts meiner hilflosen Lage kaum eine Chance, darauf Einfluss zu nehmen.

Sobald ich das Krankenhaus für längere Zeit verlassen durfte (ich musste noch weitere fünf Jahre zu verschiedenen Operationen und Behandlungen kommen), begann ich mein Studium an der Universität von Tel Aviv. Schon im ersten Semester besuchte ich ein Seminar, das meine Einstellung zur wissenschaftlichen Forschung tiefgreifend veränderte und richtungweisend für meine Zukunft wurde. Es war ein Seminar über die Physiologie des Gehirns von Professor Hanan Frenk. Was mich, abgesehen von den faszinierenden Erkenntnissen über die Funktionsweise des Gehirns, die Professor Frenk uns nahebrachte, am meisten beeindruckte, war seine Haltung zu Fragen und alternativen Theorien. Wenn ich mich im Seminar meldete oder in seinem Büro vorbeischaute und zu der einen oder anderen seiner Darstellungen eine abweichende Interpretation vortrug, antwortete er mir oft, meine Theorie sei in der Tat eine Möglichkeit (ziemlich unwahrscheinlich, aber dennoch eine Möglichkeit) – und dann forderte er mich auf, mir ein Experiment zu überlegen, mit dem ich sie entgegen der herkömmlichen Theorie bestätigen könnte.

Solche Experimente auszuarbeiten war nicht einfach, aber der Gedanke, dass Wissenschaft ein auf Empirie basierendes

Unterfangen ist, bei dem alle Beteiligten, auch ein frischgebackener Student wie ich, alternative Theorien entwickeln konnten, solange sie eine Möglichkeit fanden, diese Theorien experimentell zu überprüfen, eröffnete mir eine ganz neue Welt. Bei einem meiner Gespräche in seinem Büro unterbreitete ich Professor Frenk eine Theorie, wie ein bestimmtes Stadium der Epilepsie zustande kommt, und auch gleich eine Idee, wie man das Ganze an Ratten testen könnte.

Mein Vorschlag gefiel Professor Frenk, und so operierte ich in den folgenden drei Monaten um die fünfzig Ratten, implantierte ihnen Katheter im Rückenmark und spritzte ihnen verschiedene Substanzen, die ihre epileptischen Anfälle verstärkten oder dämpften. Dabei stellte sich das praktische Problem, dass ich meine Hände wegen der Verbrennungen nur eingeschränkt bewegen konnte und es deshalb sehr schwierig für mich war, die Ratten zu operieren. Zum Glück erklärte sich mein bester Freund Ron Weisberg (ein überzeugter Vegetarier und Tierfreund) bereit, mehrere Wochenenden mit mir ins Labor zu kommen und mir bei den Operationen zu helfen – ein Beweis echter Freundschaft, wie es ihn wohl selten gibt.

Am Ende stellte sich meine Theorie als falsch heraus, doch das tat meiner Begeisterung keinen Abbruch. Ich hatte etwas dazugelernt, und auch wenn meine Theorie falsch war, so war es doch gut, ebendies mit großer Sicherheit zu wissen. Ich war schon immer neugierig und wollte wissen, warum sich die Menschen wie verhalten, und meine neue Erkenntnis – dass mir die Wissenschaft die Werkzeuge und Möglichkeiten an die Hand gibt, alles mir interessant Erscheinende zu erforschen – verlockte mich dazu, mich dem Studium des menschlichen Verhaltens zu widmen.

Anfangs konzentrierte ich mich vor allem darauf, mit Hilfe dieser neuen Werkzeuge zu verstehen, wie wir Schmerz erleben. Aus naheliegenden Gründen beschäftigte ich mich insbesondere mit Situationen wie dem Verbandwechsel bei Brandverletzten, bei der einem Patienten über längere Zeit Schmerz zugefügt werden muss. Wie ließen sich derartige Torturen erträglicher machen? Im Laufe der folgenden Jahre konnte ich eine ganze Reihe von Experimenten an mir selbst, mit Freunden und freiwilligen Versuchspersonen durchführen – mit körperlichem Schmerz, ausgelöst durch Hitze, kaltes Wasser, Druck und laute Geräusche, sowie dem durch Verluste am Aktienmarkt verursachten seelischen Schmerz –, um den Antworten auf die Spur zu kommen.

Nach diesen Experimenten war mir klar, dass die Schwestern auf der Station für Brandverletzte freundliche, hochherzige Menschen waren (na ja, mit einer Ausnahme) – mit enormen Erfahrungen beim Verbandwechsel –, aber dennoch gingen sie hinsichtlich der Frage, wie sich die Schmerzen ihrer Patienten lindern ließen, von falschen theoretischen Voraussetzungen aus. Wie konnten sie sich angesichts ihrer großen Erfahrung nur so irren, fragte ich mich. Da ich die Schwestern alle persönlich kannte, wusste ich, dass sie sich nicht aus böser Absicht, aus Dummheit oder Nachlässigkeit so verhielten. Vielmehr waren sie höchstwahrscheinlich Opfer vorgefasster Meinungen zum Schmerzempfinden ihrer Patienten, die offenbar nicht einmal durch ihre enorme Erfahrung revidiert wurden.

Deshalb war ich richtig aufgeregt, als ich eines Morgens wieder auf der Station für Brandverletzte erschien und die Ergebnisse meiner Experimente präsentierte, in der Hoffnung, damit auch die leidige Prozedur des Verbandwechsels für andere Patienten beeinflussen zu können. Es habe sich herausgestellt, erklärte ich den Schwestern und Ärzten, dass die Behandlungen (wie das Entfernen von Verbänden vor einem

Bad) als weniger schmerzhaft empfunden werden, wenn sie mit weniger Intensität und langsam durchgeführt, als wenn sie rasch und dafür mit größerer Intensität vorgenommen werden. Mit anderen Worten: Ich hätte weniger gelitten, wenn sie die Verbände langsam abgenommen hätten statt mit ihrer Ruck-zuck-Methode.

Die Schwestern waren ehrlich überrascht von meinen Erkenntnissen und ich nicht weniger von dem, was meine Lieblingskrankenschwester Etty daraufhin sagte. Es habe ihnen wohl an Verständnis für die Situation gefehlt, räumte sie ein, und sie sollten ihre Vorgehensweise ändern. Doch man müsse bei einer Diskussion über dieses Thema auch berücksichtigen, wie sehr es den Schwestern psychisch zu schaffen mache, wenn ihre Patienten vor Schmerzen schrien. Dass sie die Verbände möglichst rasch abnehmen wollten, sei vielleicht verständlicher, meinte sie, wenn man berücksichtige, dass die Schwestern auf diese Weise ihre eigenen Qualen verkürzen würden (und ich sah es ihnen wirklich oft an, wie sehr sie mit mir litten). Am Ende waren wir jedoch alle der Meinung, dass eine andere Vorgehensweise besser wäre, und einige Schwestern folgten tatsächlich meinen Empfehlungen.

In größerem Rahmen wurden meine Empfehlungen in Sachen Verbandwechsel (soweit ich weiß) zwar nicht umgesetzt, aber die Geschichte hinterließ einen starken Eindruck bei mir. Wenn die Krankenschwestern trotz all ihrer Erfahrung das reale Erleben ihrer Patienten, um die sie sich so sehr sorgten, nicht richtig einschätzten, dann schätzen andere Menschen die Folgen ihres Verhaltens vielleicht ebenso falsch ein und treffen daraufhin falsche Entscheidungen. Ich beschloss, meine Forschung zum Thema Schmerz auf die Erforschung der Tatsache auszuweiten, dass Menschen immer wieder dieselben Fehler machen – ohne viel daraus zu lernen.

Und darum geht es in diesem Buch: um die vielfältigen Formen irrationalen Verhaltens. Die wissenschaftliche Disziplin, die es mir ermöglicht, mit diesem Thema herumzuspielen, nennt sich *Verhaltensökonomik*.

Die Verhaltensökonomik ist ein relativ neues Gebiet, das sowohl Aspekte aus der Psychologie wie auch der Ökonomie einbezieht. Durch sie bin ich auf die unterschiedlichsten Themen gekommen: von unserer Abneigung, für das Alter Geld zurückzulegen, bis zu unserer Unfähigkeit, im Zustand sexueller Erregung klar zu denken. Doch ich versuche, nicht nur das Verhalten zu verstehen, sondern auch die Entscheidungsfindungsprozesse hinter diesem Verhalten – bei Ihnen, bei mir und bei allen anderen Menschen. Ehe ich näher darauf eingehe, möchte ich kurz erläutern, um was es bei der Verhaltensökonomik geht und wie sie sich von der herkömmlichen Ökonomie unterscheidet. Schlagen wir bei Shakespeare nach:

Welch ein Meisterwerk ist der Mensch! Wie edel durch Vernunft! Wie unbegrenzt an Fähigkeiten! In Gestalt und Bewegung wie bedeutend und wunderwürdig! Im Handeln wie ähnlich einem Engel! Im Begreifen wie ähnlich einem Gott! Die Zierde der Welt! Das Vorbild der Lebendigen!

aus: Hamlet, II. Akt, 2. Szene

Die meisten Wirtschaftswissenschaftler, Entscheidungsträger und ganz normalen Menschen sehen die menschliche Natur so, wie sie dieses Zitat widerspiegelt. Natürlich ist diese Sicht größtenteils zutreffend. Unser Geist und unser Körper können Erstaunliches leisten. Jemand wirft uns aus einiger Entfernung einen Ball zu; wir berechnen blitzschnell seine Flugbahn und den Aufprallpunkt und bewegen dann unseren Körper und die Arme entsprechend, um ihn zu fangen. Wir lernen mit

Leichtigkeit neue Sprachen, besonders als Kinder. Wir können Meister im Schachspiel werden. Wir erkennen Tausende von Gesichtern, ohne sie zu verwechseln. Wir schaffen Musik, Literatur, Technik und Kunst – und die Liste ließe sich noch endlos fortsetzen.

Mit seiner Wertschätzung für den menschlichen Geist ist Shakespeare nicht allein. Tatsächlich sehen wir uns alle ungefähr so, wie von Shakespeare beschrieben (obwohl wir durchaus erkennen, dass unser Nachbar, unser Partner und unser Chef diesem hohen Niveau nicht immer gerecht werden). Im wissenschaftlichen Bereich hat eine solche Einschätzung unserer Fähigkeit zum absolut rationalen Verhalten Eingang in die Ökonomie gefunden. In der Ökonomie liefert dieser Grundgedanke, der Begriff der *Rationalität,* die Basis für ökonomische Theorien, Prognosen und Empfehlungen.

Von dieser Warte aus betrachtet und in dem Maße, wie wir alle an die Rationalität des Menschen glauben, sind wir alle Wirtschaftswissenschaftler. Ich meine damit nicht, dass jeder von uns imstande ist, instinktiv komplexe spieltheoretische Modelle zu entwickeln oder das generalisierte Axiom der offenbarten Präferenzen (GARP) zu verstehen; ich meine vielmehr, dass wir die Grundüberzeugungen hinsichtlich der menschlichen Natur teilen, auf denen die Wirtschaftswissenschaft aufbaut. Wenn ich in diesem Buch vom *rationalen* Modell der Ökonomen spreche, meine ich damit die Grundannahme, von der die meisten Ökonomen und gewöhnlichen Menschen in Bezug auf die menschliche Natur ausgehen – den simplen und einleuchtenden Gedanken, dass wir fähig sind, für uns selbst die richtigen Entscheidungen zu treffen.

Obwohl Respekt für die menschlichen Fähigkeiten durchaus angebracht ist, besteht doch ein enormer Unterschied zwischen großer Bewunderung und der Annahme, dass wir eine uneingeschränkte Fähigkeit zum logischen Denken besitzen. In diesem Buch geht es gerade um *Irrationalität* – darum, dass wir weit vom Ideal entfernt sind. Zu erkennen, wo wir vom Ideal abweichen, ist meiner Meinung nach ein wichtiger Bestandteil unserer Suche nach wirklicher Kenntnis unserer selbst, und es verspricht zudem viele praktische Vorteile. Wissen über irrationales Verhalten ist wichtig für unser Handeln und unsere Entscheidungen im Alltag, für das Verständnis dessen, wie wir unsere Umgebung gestalten und mit den Wahlmöglichkeiten umgehen, die sie uns bietet.

Außerdem beobachte ich, dass wir nicht nur irrational, sondern *vorhersagbar irrational* handeln – dass unsere Irrationalität sich immer wieder auf dieselbe Weise manifestiert. Ob wir als Verbraucher, Unternehmer oder als politischer Entscheidungsträger handeln: Zu wissen, dass wir vorhersagbar irrational sind, liefert uns einen Ausgangspunkt für eine bessere Entscheidungsfindung, für eine positive Veränderung unseres Lebens.

Und damit komme ich zu des Pudels Kern, zum Unterschied zwischen konventioneller Ökonomie und Verhaltensökonomik. Bei der herkömmlichen Ökonomie impliziert die Annahme, wir würden uns alle rational verhalten, dass wir im Alltagsleben den Nutzen aller vorhandenen Optionen kalkulieren und dann dem bestmöglichen Handlungsweg folgen. Und was, wenn wir einen Fehler machen und etwas Irrationales tun? Auch hierauf hat die herkömmliche Ökonomie eine Antwort: Dann kommen die »Marktkräfte« über uns und bringen uns flugs wieder auf den rechten Weg der Rationalität. Auf Grundlage dieser Annahmen haben ganze Generationen von Ökonomen seit Adam Smith weitreichende Schlussfolgerungen gezogen, angefangen bei der Besteuerung über die Gesundheitspolitik, bis zur Preisgestaltung bei Waren und Dienstleistungen.

Doch wir sind in Wirklichkeit, wie Sie im Verlauf dieses Buches erfahren werden, viel weniger rational, als die gängige Wirtschaftstheorie annimmt. Zudem sind unsere irrationalen Verhaltensweisen weder zufällig noch ohne Sinn. Es steckt System dahinter, und sie sind, da wir sie wieder und wieder an den Tag legen, vorhersagbar. Wäre es also nicht vernünftig, die herkömmliche Ökonomie zu modifizieren, sie aus der Sphäre der naiven Psychologie zu holen (die einer Überprüfung durch den Verstand, durch Selbstbeobachtung und – am wichtigsten – durch empirische Forschung oft genug nicht standhält)? Genau diesem Ziel widmet sich das noch junge Fach der Verhaltensökonomik – und dieses Buch als bescheidener Beitrag dazu.

Sie werden sehen, dass jedes Kapitel auf Experimenten basiert, die ich im Laufe der Jahre mit einigen fabelhaften Kollegen durchgeführt habe (am Ende des Buches finden Sie Kurzbiographien meiner wunderbaren Mitarbeiter). Wozu Experimente? Das Leben ist komplex; vielfältige Kräfte nehmen gleichzeitig auf uns Einfluss, und diese Komplexität macht es schwierig, genau festzustellen, wie jede einzelne dieser Kräfte unser Verhalten beeinflusst. Experimente sind für Sozialwissenschaftler wie Mikroskope oder Stroboskopleuchten. Sie helfen uns, das menschliche Verhalten innerhalb eines Ereignisverlaufs gewissermaßen in Einzelbilder zu zerlegen, einzelne Kräfte zu isolieren und sie sorgfältig und detailliert zu untersuchen. Mit ihrer Hilfe können wir unmittelbar und eindeutig herausfinden, wie wir funktionieren.

Wenn die aus einem Experiment gewonnene Erkenntnis auf das exakte Versuchsumfeld begrenzt wäre, dann wäre sie auch nur von begrenztem Wert. Verstehen Sie Experimente vielmehr so, dass sie Ihnen einen Einblick in unser Denken und die Prozesse unserer Entscheidungsfindung gewähren – nicht nur im Rahmen eines bestimmten Experiments, sondern, extrapoliert, in vielen Lebenssituationen.

So habe ich in jedem Kapitel die Erkenntnisse aus den Experimenten auf andere Zusammenhänge übertragen und versucht, Auswirkungen auf Privatleben, Geschäftswelt und staatliche Politik zu beschreiben. Die von mir gezogenen Schlussfolgerungen sind natürlich nur exemplarisch.

Damit Sie, lieber Leser, aus diesem Buch und der Sozialwissenschaft im Allgemeinen wirklich einen Nutzen ziehen, ist es wichtig, dass Sie ein wenig darüber nachdenken, wie sich die in den Experimenten herauskristallisierten Prinzipien menschlichen Verhaltens auf Ihr Leben übertragen lassen. Ich schlage vor, dass Sie nach jedem Kapitel eine Pause einlegen und überlegen, ob sich diese Prinzipien positiv oder negativ auf Ihr Leben auswirken könnten, und, noch wichtiger, was Sie aufgrund Ihres neugewonnenen Verständnisses der menschlichen Natur anders machen könnten. Hier wartet das wahre Abenteuer.

Und jetzt machen wir uns auf den Weg.

Eins

Die Wahrheit über die Relativität

Warum alles relativ ist –
auch dort, wo es nicht so sein sollte

Eines Tages stieß ich beim Surfen im Internet (natürlich rein beruflich, nicht zum Zeitvertreib) auf der Webseite der Zeitschrift *The Economist* auf eine Abonnementswerbung. Ich las die Angebote hintereinander, und das erste Angebot – ein Internet-Abonnement für 59 Dollar – klang vernünftig. Die zweite Option – ein Abonnement für die gedruckte Ausgabe für 125 Dollar – schien etwas teuer, aber immer noch angemessen.

Doch dann las ich die dritte Option: ein Abonnement der gedruckten *und* der Internet-Ausgabe für 125 Dollar. Ich las das Angebot zweimal, ehe meine Augen wieder nach oben wanderten. Wer würde denn allein die gedruckte Ausgabe abonnieren, fragte ich mich, wenn die Internet- und die gedruckte Version zusammen zum selben Preis angeboten werden? Nun, vielleicht hatte sich beim Preis für die Papierversion ein Druckfehler eingeschlichen, aber ich vermute, dass die cleveren Leute im Londoner Büro des *Economist* (und sie sind clever – und auf britische Art ganz schön schlitzohrig) mich manipulieren wollten. Mit ziemlicher Sicherheit wollten sie erreichen, dass ich von dem Angebot für die Internet-Version allein (auf die, wie sie annahmen, meine Wahl fallen würde, da ich die Werbung im Internet las) absah und mich für die teurere Version entschied: Internet und gedruckte Ausgabe.

Aber wie konnten sie mich manipulieren? Vermutlich, weil

die Marketinggenies des *Economist* (ich sah sie geradezu vor mir in Schulblazer und -krawatte) etwas ganz Wichtiges über das menschliche Verhalten wussten: Wir entscheiden uns selten aufgrund eines absoluten Maßstabs. Wir haben kein inneres Messinstrument, das uns sagt, wie viel eine Sache wert ist. Vielmehr orientieren wir uns am relativen Vorteil einer Sache gegenüber einer anderen und schätzen ihren Wert dementsprechend ein. (Zum Beispiel wissen wir nicht, wie viel ein Sechszylinderauto kostet, können uns aber denken, dass es teurer ist als ein Modell mit vier Zylindern.)

Im Fall des *Economist* hätten Sie vielleicht nicht sagen können, ob das Abonnement der Internet-Version für 59 Dollar besser ist als das Abonnement der gedruckten Ausgabe allein für 125 Dollar. Aber Sie wissen natürlich, dass die Option »gedruckte Ausgabe plus Internet« für 125 Dollar ein besseres Angebot ist als ausschließlich die Papierversion für 125 Dollar. Sie können daraus nämlich den logischen Schluss ziehen, dass Sie das Internet-Abonnement beim kombinierten Paket umsonst bekommen! »Das ist echt geschenkt, greifen Sie zu, mein Bester!«, hörte ich die Werbefachleute vom Themseufer rufen. Und ich muss zugeben, dass ich mich wahrscheinlich selbst für das Paket entschieden hätte, wenn ich den *Economist* hätte abonnieren wollen. (Als ich das Angebot später bei einer großen Zahl von Probanden testete, bevorzugte die überwiegende Mehrheit ebenfalls das Internet-plus-Papierversion-Paket.)

Was lief hier also ab? Lassen Sie mich mit einer grundsätzlichen Beobachtung beginnen: Die meisten Menschen wissen nicht, was sie wollen, bis sie es im Zusammenhang sehen. Wir wissen nicht, welches Rennrad wir haben möchten – bis wir sehen, wie ein Champion bei der Tour de France mit einem bestimmten Modell davonzieht. Wir wissen nicht, welche

Lautsprecherboxen wir uns zulegen möchten – bis wir welche hören, die besser klingen als die vorherigen. Wir wissen nicht einmal, was wir mit unserem Leben anfangen wollen – bis wir einem Verwandten oder Freund begegnen, der genau das tut, was wir meinen, tun zu sollen. Alles ist relativ, und genau das ist der Punkt. Wie ein Pilot beim nächtlichen Landeanflug wünschen wir uns links und rechts ein Pistenfeuer, das uns zuverlässig anzeigt, wo wir sicher aufsetzen können.

Im Fall des *Economist* würde die Entscheidung zwischen den Optionen »nur Internet-Version« und »nur Papierversion« ein bisschen Nachdenken erfordern. Nachdenken aber ist anstrengend. Also boten uns die Marketingexperten des *Economist* eine einfache Lösung an: die Option »Papier- plus Internet-Version«.

Doch nicht nur die Genies beim *Economist* sind darauf gekommen. Nehmen wir Sam, den Fernsehverkäufer. Er spielt uns denselben Streich, wenn er überlegt, welche Modelle er im Schaufenster bewirbt:

19-Zoll Sylvania für 210 Dollar
26-Zoll Sony für 385 Dollar
32-Zoll Samsung für 580 Dollar

Welchen Fernseher würden Sie kaufen? In diesem Fall weiß Sam, dass sich die Kunden schwertun, den Wert verschiedener Sachen einzuschätzen. (Wer weiß schon, ob nicht der Sylvania für 210 Dollar besser ist als der Samsung für 540 Dollar?) Aber Sam weiß auch, dass die meisten Menschen sich, wenn drei Möglichkeiten zur Wahl stehen, für die Mitte entscheiden (so, wie man mit einem Flugzeug zwischen der Landebefeuerung aufsetzt). Raten Sie mal, welchem Gerät Sam den mittleren Preis gibt. Richtig – demjenigen, das er verkaufen will!

Natürlich ist Sam nicht der einzige schlaue Fuchs auf der Welt. Die *New York Times* brachte kürzlich einen Bericht über den Restaurantberater Gregg Rapp, der dafür bezahlt wird, dass er die Preise für Speisekarten festsetzt. Er weiß beispielsweise, wie gut Lamm in diesem Jahr im Vergleich zum letzten gegangen ist; ob es mit Kürbis oder Risotto als Beilage besser lief; und ob weniger bestellt wurde, als der Preis für das Hauptgericht von 39 auf 41 Dollar erhöht wurde.

Eines hat Rapp gelernt: dass teure Vorspeisen auf der Karte den Umsatz des Restaurants steigern – selbst wenn niemand sie bestellt. Warum? Weil die Leute normalerweise zwar nicht das teuerste Gericht auf der Karte bestellen, aber das zweitteuerste. Ein Gastronom kann also, indem er ein teures Gericht auf die Karte setzt, die Gäste zum Bestellen des zweitteuersten verführen (bei dem sich durch kluge Zusammenstellung ein höherer Gewinn erzielen lässt).[1]

Schauen wir uns den Taschenspielertrick des *Economist* mal Schritt für Schritt an.

Wie Sie sich erinnern, gab es folgende Optionen:

1. Nur-Internet-Abonnement für 59 Dollar
2. Nur-Papierversion-Abonnement für 125 Dollar
3. Abonnement Papier-plus-Internet-Version für 125 Dollar

Als ich diese Optionen 100 Studenten an der Sloan School of Management des Massachusetts Institute of Technology (MIT) vorlegte, entschieden sie sich wie folgt:

1. Nur-Internet-Abonnement für 59 Dollar – 16 Studenten
2. Nur-Papierversion-Abonnement für 125 Dollar – 0 Studenten

3. Abonnement Papier-plus-Internet-Version für
   125 Dollar – 84 Studenten

Bis hierhin haben sich die Studenten von der Sloan School als clevere Typen erwiesen. Alle hatten den Vorteil des Angebots für Papier-plus-Internet-Version gegenüber der Nur-Papierversion erkannt. Aber wurden sie durch die bloße Möglichkeit, auch die Nur-Papierversion zu wählen, beeinflusst (ich werde das künftig, und aus gutem Grund, den »Köder« nennen)? Nehmen wir einmal an, ich hätte den Köder herausgenommen und nur noch die Wahl zwischen dem Internet-Abonnement und dem Abonnement Papier-plus-Internet-Version ermöglicht. Würden die Studenten wie zuvor antworten (16 für die Nur-Internetversion und 84 für das Kombipaket)? Na klar, sagen Sie? Schließlich habe ich nur die Option herausgenommen, die zuvor niemand gewählt hat, also dürfte es doch keinen Unterschied machen, oder?

Im Gegenteil! Diesmal entschieden sich 68 Studenten für die Nur-Internet-Version für 59 Dollar; zuvor waren es 16. Und nur 32 wählten das Kombi-Paket für 125 Dollar; zuvor waren es 84*.

Was könnte sie veranlasst haben, sich in diesem Fall anders zu entscheiden? Nichts Rationales, versichere ich Ihnen. Es war das bloße Vorhandensein des Köders, das 84 von ihnen zur Option Papier-plus-Internet-Version trieb (und 16 zur Option Nur-Internet-Version). Und das Fehlen des Köders ließ sie anders entscheiden, nämlich 32 für die Papier-plus-Internet-Version und 68 für die Nur-Internet-Version.

---

* Wenn ich in diesem Buch von Unterschieden spreche, sind stets statistisch signifikante Unterschiede gemeint. Für nähere Informationen zum Thema statistische Analyse verweise ich den interessierten Leser auf die einschlägigen wissenschaftlichen Abhandlungen.

Das ist nicht nur irrational, sondern vorhersehbar irrational. Warum? Gut, dass Sie das fragen.

Hier eine bildliche Darstellung der Relativität:

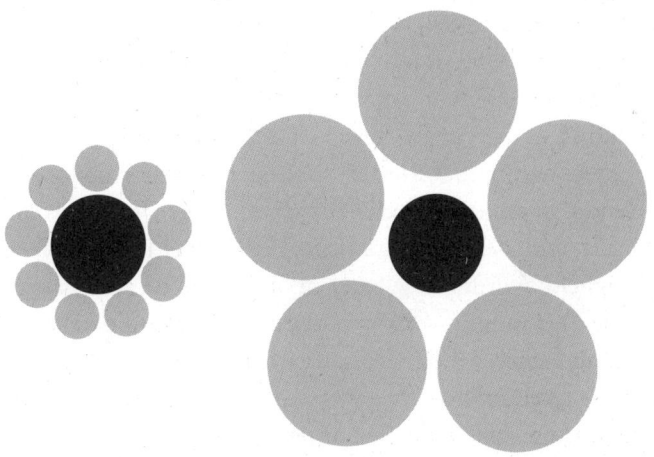

Wie Sie sehen, scheint der Mittelkreis sich in der Größe zu verändern. Umgibt man ihn mit größeren Kreisen, wird er kleiner. Umgibt man ihn mit kleineren Kreisen, wird er größer. Natürlich hat der Mittelkreis in beiden Figuren dieselbe Größe, doch er erscheint unterschiedlich groß, je nachdem, womit wir ihn umgeben.

Man könnte es als bloßes Kuriosum abtun, würde es nicht widerspiegeln, wie unser Gehirn funktioniert. Wir sehen die Dinge um uns herum immer im Verhältnis zu anderen. Wir können gar nicht anders. Das gilt nicht nur für konkrete Dinge – Toaster, Fahrräder, Hundewelpen, Vorspeisen im Restaurant und Lebenspartner –, sondern auch für Sachen wie Urlaub und Bildungsmöglichkeiten, und für so flüchtige Dinge wie Emotionen, Einstellungen und Standpunkte.

Wir vergleichen immer Jobs mit Jobs, Urlaub mit Urlaub, Partner mit Partner und Wein mit Wein. Bei so viel Relativität muss ich an eine Szene aus dem Film *Crocodile Dundee* denken, in dem ein kleiner Straßengangster unserem Helden Paul Hogan ein Schnappmesser unter die Nase hält. »Das nennst du ein Messer?«, bemerkt Hogan skeptisch und zieht ein Bowiemesser hinten aus seinem Stiefel. »Das, mein Lieber, ist ein Messer«, sagt er dann mit einem verschmitzten Grinsen.

Relativität ist (relativ) leicht zu verstehen. Aber sie hat einen Aspekt, der uns ständig ein Bein stellt. Denn: Wir neigen nicht nur dazu, Dinge miteinander zu vergleichen, sondern wir vergleichen zudem meist Dinge, die sich leicht vergleichen lassen – und meiden das Vergleichen von Dingen, die nicht leicht vergleichbar sind.

Das klingt vielleicht verwirrend, deshalb möchte ich dieses Prinzip an einem Beispiel veranschaulichen. Nehmen wir an, Sie möchten sich in einer fremden Stadt ein Haus kaufen. Ihr Immobilienmakler zeigt Ihnen drei Häuser, die alle für Sie in Frage kommen. Eines ist ein Neubau, die beiden anderen sind Altbauten. Alle drei haben ungefähr denselben Kaufpreis, und alle drei gefallen Ihnen gleich gut; der einzige Unterschied ist, dass einer der Altbauten (der »Köder«) ein neues Dach benötigt und der Eigentümer zur Deckung dieser Zusatzkosten ein paar tausend Dollar nachlässt.

Für welches entscheiden Sie sich?

Aller Wahrscheinlichkeit nach werden Sie sich *nicht* für den Neubau entscheiden und *nicht* für den Altbau, der ein neues Dach braucht, sondern für den zweiten Altbau. Warum? Hier die (wieder ziemlich irrationale) Begründung: Wir entscheiden uns am liebsten anhand von Vergleichen. Im Fall der drei Häuser wissen wir nichts über den Neubau (wir haben keines, mit dem wir es vergleichen könnten), so dass dieses Haus ausscheidet. Aber wir wissen, dass einer der Altbauten besser ist als der andere. Das heißt, der Altbau mit dem guten Dach ist besser als der mit dem schadhaften. Deshalb fällt unsere Wahl auf den Altbau mit dem guten Dach, den Neubau und den Altbau, der ein neues Dach braucht, verwerfen wir.

Die folgende Darstellung soll veranschaulichen, wie Relativität funktioniert:

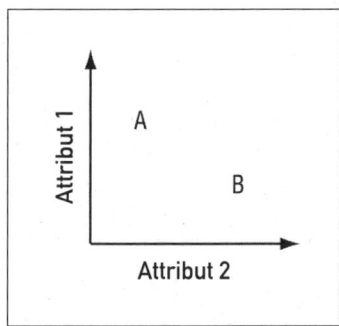 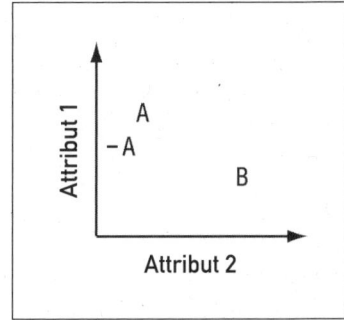

Auf der linken Seite der Illustration sehen wir zwei Optionen, und jede ist hinsichtlich eines anderen Attributs besser. Option A ist besser bei Attribut 1 – sagen wir, hinsichtlich der Qualität. Option B ist besser bei Attribut 2 – sagen wir, hinsichtlich des Preises. Es sind zwei offenkundig sehr unterschiedliche Optionen, und die Entscheidung zwischen ihnen ist nicht leicht. Jetzt betrachten Sie, was geschieht, wenn wir eine weitere Option hinzufügen, nämlich –A (siehe rechte Seite). Diese Option ist eindeutig schlechter als Option A, ihr aber auch sehr ähnlich, was den Vergleich erleichtert und nahelegt, dass A viel besser ist als –A.

Kurz: Die Einführung von –A (dem Köder) schafft eine einfache Relativität zu A, wodurch A besser erscheint, nicht nur im Verhältnis zu –A, sondern auch insgesamt. Was zur Folge hat, dass sich die Leute durch Einführung der Option –A, selbst wenn niemand sie wählt, letztlich eher für die Option A entscheiden.

Kommt Ihnen dieser Auswahlprozess bekannt vor? Erinnern Sie sich an die Masche des *Economist?* Den Marketingexperten dort war klar, dass wir nicht wussten, ob wir die Internet- oder die Papierversion abonnieren wollten. Aber sie schätzten, dass wir uns von den drei Optionen wahrscheinlich für die Papier-plus-Internet-Kombination entscheiden würden.

Hier noch ein anderes Beispiel für den Ködereffekt. Nehmen wir an, Sie wollen Ihre Flitterwochen in einer besonders romantischen europäischen Stadt verbringen. In der engeren Wahl sind Rom und Paris, Ihre beiden Favoriten. Das Reisebüro macht Ihnen für jede Stadt ein Pauschalangebot, in dem das Flugticket, die Unterbringung im Hotel inklusive Gourmet-Frühstück und Stadtrundfahrten enthalten sind. Wie würden Sie sich entscheiden?

Den meisten Menschen fällt die Entscheidung zwischen einer Woche Rom und einer Woche Paris nicht gerade leicht. Rom hat das Kolosseum, Paris den Louvre. Beide Städte bieten eine romantische Atmosphäre, fabelhaftes Essen und schicke Geschäfte. Keine leichte Entscheidung. Aber nehmen wir an, Sie bekämen noch eine dritte Option angeboten: Rom ohne Gourmet-Frühstück (nennen wir sie –Rom, oder den Köder).

Wenn Sie diese drei Optionen gegeneinander abwägen sollten (Paris, Rom und –Rom), würden Sie sofort erkennen, dass Rom inklusive Frühstück ebenso verlockend ist wie Paris inklusive Frühstück, die dritte Option – Rom ohne Frühstück – jedoch das schlechtere Angebot ist. Der Vergleich mit der eindeutig schlechteren Option (–Rom) lässt Rom inklusive Frühstück noch besser erscheinen. Die Option –Rom lässt

Rom inklusive Frühstück sogar dermaßen gut erscheinen, dass Sie dieses Angebot besser finden als die schwer damit zu vergleichende Option Paris inklusive Frühstück.

Wenn Sie einmal die Wirkung des Köders erkannt haben, wird Ihnen klarwerden, dass er als Geheimagent bei mehr Entscheidungen seine Finger im Spiel hat, als wir uns vorstellen können. Er hilft uns sogar bei der Entscheidung, mit wem wir ein Rendezvous vereinbaren – und wen wir letztlich heiraten. Zu ebendiesem Thema habe ich ein interessantes Experiment durchgeführt.

An einem kalten Werktag fragte ich Studenten, die eilig über den Campus des MIT gingen, ob ich für eine Studie ein Foto von ihnen machen dürfe. Manche warfen mir einen missbilligenden Blick zu, manche gingen einfach weiter. Die meisten aber machten bereitwillig mit, und so hatte ich in kurzer Zeit zahlreiche Fotos von lächelnden Studenten auf der Karte meiner Digitalkamera. Ich kehrte in mein Büro zurück und druckte sechzig davon aus – dreißig von Frauen und dreißig von Männern.

In der folgenden Woche bat ich dann fünfundzwanzig meiner Studenten aus den jeweils dreißig fotografierten Männern und Frauen unter dem Aspekt der körperlichen Attraktivität Paare zu bilden (Männer mit Männern, Frauen mit Frauen). Das heißt, ich ließ sie die Brad Pitts mit den George Clooneys des MIT und die Woody Allens mit den Danny DeVitos kombinieren (Entschuldigung, Woody und Danny). Von diesen dreißig Paaren wählte ich sechs aus – drei weibliche und drei männliche –, die sich nach Ansicht meiner Studenten am ähnlichsten waren.

Und dann begann ich, wie Dr. Frankenstein persönlich, diese Gesichter meiner Spezialbehandlung zu unterziehen. Mit

Hilfe des Programms Photoshop veränderte ich die Bilder ein wenig und kreierte von jedem eine etwas weniger attraktive Version. Ich stellte fest, dass schon eine winzige Verschiebung der Nase die Symmetrie zerstörte. Mit Hilfe eines anderen Tools vergrößerte ich ein Auge, entfernte einen Teil der Haare und fügte hier und da Spuren von Akne hinzu.

Weder erhellten grelle Blitze mein Labor, noch drang schauerliches Hundegejaule vom Moor herein, aber es war dennoch ein guter Tag für die Wissenschaft. Als ich fertig war, hatte ich das MIT-Äquivalent von George Clooney (A) und ebenso von Brad Pitt (B) in der Blüte ihrer Jahre, dazu einen George Clooney mit einem leicht erschlafften Auge und einer dickeren Nase (−A, der Köder) und ebenso eine weniger symmetrische Version von Brad Pitt (−B, ein weiterer Köder). Derselben Prozedur unterzog ich die weniger attraktiven Paare. Ich bekam das MIT-Äquivalent von Woody Allen mit seinem typischen schiefen Grinsen (A) und einen Woody Allen mit einem irritierend verrutschten Auge (−A), ebenso einen Danny DeVito (B) und eine leicht entstellte Version von Danny DeVito (−B).

Jetzt hatte ich also von jedem der zwölf Fotos eine schöne Version und eine weniger schöne Köderversion. Ein Beispiel für die zwei in der Studie verwendeten Varianten sehen Sie in der Abbildung rechts (ich habe hierfür computergenerierte Gesichter genommen, nicht Fotos der MIT-Studenten).

Jetzt war es Zeit für den wichtigsten Teil des Experiments. Ich klemmte mir den Stapel Bilder unter den Arm und ging hinüber zum Studentenclub. Dort fragte ich einen nach dem anderen, ob er mitmachen wolle, und wer sich bereit erklärte, bekam von mir ein Blatt mit drei Bildern (wie in der Abbildung). Manche bekamen das Bild A mit dem regelmäßigen Gesicht, den Köder dieses Bilds, −A, und das andere, Bild B,

Version A   Version B

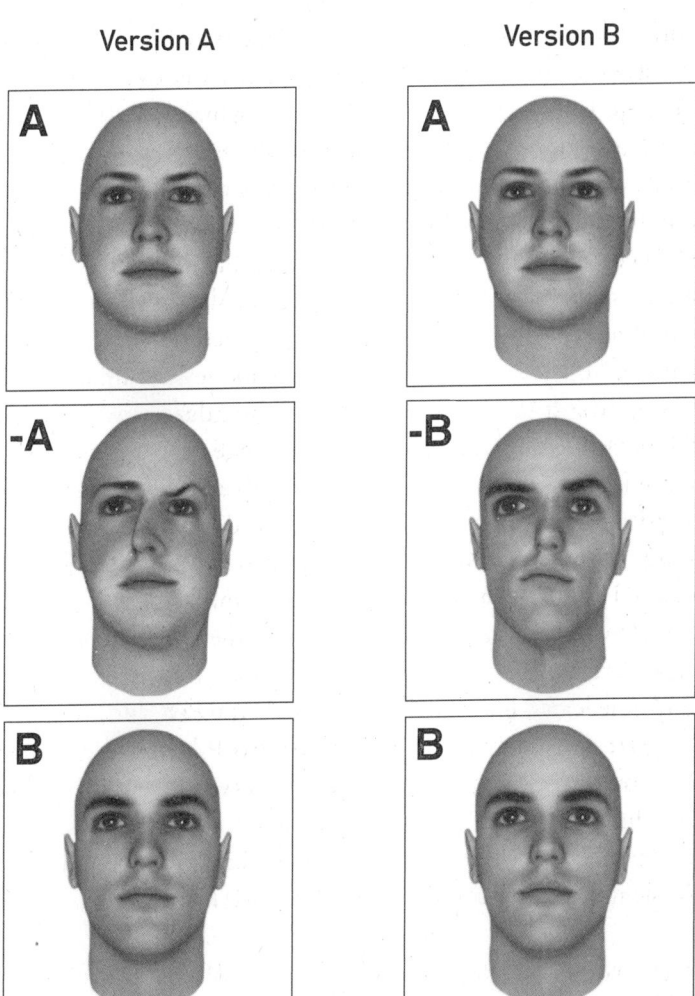

mit dem regelmäßigen Gesicht. Andere bekamen das Bild B mit dem regelmäßigen Gesicht, den Köder dieses Bilds, –B, und das andere, Bild A, mit dem regelmäßigen Gesicht.

Ein Satz Bilder bestand beispielsweise aus dem von einem

Clooney mit regelmäßigem Gesicht (A), einem Köder-Clooney (–A) und einem Pitt mit regelmäßigen Gesicht (B); oder aus einem Pitt mit regelmäßigem Gesicht (B), einem Köder-Pitt (–B) und einem Clooney mit regelmäßigem Gesicht (A). Wenn ich je nach Wunsch ein Blatt mit entweder männlichen oder weiblichen Fotos überreicht hatte, bat ich die Studenten, diejenigen Personen einzukreisen, mit denen sie sich verabreden würden, wenn sie wählen könnten. Das Ganze dauerte eine Weile, aber am Ende hatte ich sechshundert Blätter verteilt.

Und wozu das alles? Ich wollte einfach herausfinden, ob das Vorhandensein des leicht entstellten Fotos (–A oder –B) meine Probanden dazu veranlassen würde, eher ein Bild A statt das andere, Bild B, zu wählen. Mit anderen Worten, würde ein etwas weniger attraktiver George Clooney (–A) die Probanden dazu veranlassen, eher den perfekten George Clooney zu wählen statt den perfekten Brad Bitt?

Natürlich habe ich bei meinem Experiment keine Fotos von Brad Pitt oder George Clooney verwendet. Die A- und B-Bilder zeigten ganz normale Studenten. Aber wissen Sie noch, wie das Vorhandensein eines Altbaus, der ein neues Dach brauchte, die Leute dazu veranlasste, den Altbau ohne Mängel zu wählen statt den Neubau – einfach weil der Köder-Altbau ihnen den Vergleich mit dem einwandfreien ermöglichte? Und hat im Fall der Werbung für den *Economist* die Option Nur-Papierversion für 125 Dollar die Leute nicht dazu gebracht, sich für die Option Papier-plus-Internet-Version für 125 Dollar zu entscheiden? Würde das Vorhandensein einer weniger perfekten Person (–A oder –B) die Leute ebenfalls dazu veranlassen, die perfekte Version (A oder B) zu wählen, einfach weil die Köderversion als Vergleichsobjekt dient?

Genauso war es. Bei jedem Blatt mit einem Bild mit regelmäßigem Gesicht, dessen weniger schönen Version und einem weiteren Bild mit regelmäßigem Gesicht sagten die Probanden, dass sie sich lieber mit der Person vom »schönen« Bild – dem ähnlichen, aber eindeutig besseren im Vergleich mit der entstellten Version – verabreden würden als mit der Person vom anderen schönen Bild auf dem Blatt. Und es war keine knappe Entscheidung – ganze 75 Prozent entschieden sich so.

Warum? Zur Vertiefung Ihres Wissens über den Ködereffekt möchte ich Ihnen noch etwas über Brotbackmaschinen erzählen. Als Williams-Sonoma in seinen Läden eine Brotbackmaschine für zu Hause (zum Preis von 275 Dollar) anbot, fand sie bei den Verbrauchern wenig Interesse. Was war so eine Maschine zum Brotmachen überhaupt? War sie gut oder schlecht? Brauchte man wirklich selbstgebackenes Brot? Sollte man sich nicht lieber diese schicke Kaffeemaschine daneben kaufen? Nervös geworden durch den schleppenden Verkauf, wandte sich der Hersteller an ein Marktforschungsinstitut, das einen Lösungsvorschlag vorlegte: ein zusätzliches Modell der Brotbackmaschine 1 einführen, das nicht nur größer, sondern auch um etwa 50 Prozent teurer war als das Vorgängermodell.

Jetzt zog der Verkauf spürbar an, aber es war nicht die große Brotbackmaschine, die sich gut verkaufte. Warum? Weil die Verbraucher jetzt unter zwei Modellen von Brotbackmaschinen wählen konnten. Da das eine Modell eindeutig größer und wesentlich teurer war als das andere, mussten sich die Leute nicht im luftleeren Raum entscheiden. Sie konnten sagen: »Ich weiß ja nicht viel über Brotbackmaschinen, aber wenn ich eine kaufen müsste, dann würde ich lieber die kleinere kaufen, die preiswerter ist.« Von da an verkauften sich Brotbackmaschinen wie warme Semmeln.[2]

Genug geplaudert über Brotbackmaschinen. Aber wie verhält es sich mit dem Ködereffekt in einer vollkommen anderen Situation? Zum Beispiel wenn Sie Single sind und bei einem Singletreffen in nächster Zeit auf möglichst viele attraktive potenzielle Partner interessant wirken wollen? Mein Rat: Nehmen Sie einen Freund/eine Freundin mit, der/die Ihnen äußerlich ziemlich ähnlich ist (ähnlicher Teint, Statur, Gesichtszüge), aber etwas weniger attraktiv (ein –Sie).

Warum? Weil die Leute, die Sie beeindrucken wollen, sich mit der Einschätzung Ihrer Person schwertun, wenn nichts Vergleichbares in der Nähe ist. Werden Sie aber mit einem –Sie verglichen, wird der Köderfreund/die Köderfreundin Sie wesentlich besser aussehen lassen, nicht nur im Vergleich mit ihm/ihr, sondern auch ganz allgemein und im Vergleich zu allen anderen Leuten rundherum. Es klingt vielleicht irrational, aber Sie werden dadurch aller Wahrscheinlichkeit nach mehr Aufmerksamkeit bekommen. Natürlich gilt das nicht nur hinsichtlich Ihres Äußeren. Sollten Sie mit einem guten Gespräch entscheidende Pluspunkte sammeln können, nehmen Sie am besten einen Freund/eine Freundin mit, der oder die Ihnen in Sachen Redegewandtheit und Schlagfertigkeit nicht das Wasser reichen kann. Sie werden im Vergleich zu ihm oder ihr großen Eindruck machen.

Jetzt, wo Sie dieses Geheimnis kennen, sollten Sie aber vorsichtig sein: Wenn ein Ihnen äußerlich ähnlicher, aber besser aussehender Freund beziehungsweise eine solche Freundin Sie bittet, ihn oder sie demnächst abends zu begleiten, könnte sich die Frage stellen, ob Sie der angenehmen Gesellschaft wegen oder bloß als Köder eingeladen werden.

Die Relativität hilft uns bei der Entscheidungsfindung. Sie kann uns aber auch zutiefst unglücklich machen. Warum? Weil Missgunst und Neid daraus erwachsen können, wenn wir unser Leben mit dem anderer Menschen vergleichen.

Schließlich mahnen die Zehn Gebote aus gutem Grund: »Du sollst nicht nach dem Haus deines Nächsten verlangen. Du sollst nicht nach der Frau deines Nächsten verlangen, nach seinem Sklaven oder seiner Sklavin, seinem Rind oder seinem Esel oder nach irgendetwas, das deinem Nächsten gehört.« Dieses Gebot zu befolgen dürfte am allerschwierigsten sein, denn schließlich sind wir von Geburt an darauf gepolt, Vergleiche anzustellen.

Das moderne Leben lässt diese Schwäche noch deutlicher hervortreten. Vor ein paar Jahren zum Beispiel traf ich einen Topmanager einer der großen Investmentfirmen. Im Verlauf unseres Gesprächs erzählte er von einem seiner Mitarbeiter, der sich kürzlich bei ihm über sein Gehalt beklagt habe.

»Wie lange sind Sie schon bei uns?«, fragte der Manager den jungen Mann.

»Drei Jahre. Ich habe direkt nach dem College hier angefangen«, antwortete er.

»Und wie viel hatten Sie sich vorgestellt, in drei Jahren zu verdienen?«

»Hunderttausend, hatte ich gehofft.«

Der Manager sah ihn erstaunt an.

»Aber Sie verdienen jetzt doch fast dreihunderttausend, warum beklagen Sie sich dann?

»Na ja«, stammelte der junge Mann. »Es ist nur – ein paar von den Kollegen neben mir, sie sind auch nicht besser als ich und kriegen dreihundertzehn.«

Der Manager schüttelte nur den Kopf.

Ein paradoxer Aspekt an der Geschichte ist, dass die amerikanische Börsenaufsicht die Unternehmen 1993 zum ersten Mal zwang, Einzelheiten über die Gehälter und Vergünstigungen ihrer Topmanager zu veröffentlichen. Dahinter steckte der Gedanke, dass, wenn die Gehälter einmal öffentlich gemacht waren, die Vorstände den Managern keine haarsträubend hohen Gehälter und Prämien mehr genehmigen würden. Man hoffte, dadurch den steilen Anstieg der Managergehälter zu bremsen, was bisher weder der Aufsichtsbehörde noch dem Gesetzgeber, noch auf Druck der Aktionäre gelungen war. Und es war in der Tat notwendig: Im Jahr 1976 verdiente ein Manager im Durchschnitt 36-mal mehr als ein Arbeiter. Im Jahr 1993 bekam der Manager im Durchschnitt 131-mal so viel.

Und raten Sie mal, was dann geschah. Sobald die Gehälter öffentlich gemacht wurden, brachten die Medien regelmäßig Artikel mit einer Rangordnung der Manager nach ihrem Gehalt. Anstatt die Vergünstigungen für Führungskräfte einzudämmen, führte die Publicity dazu, dass Amerikas Manager nun ihre Gehälter untereinander verglichen. Mit dem Ergebnis, dass die Managergehälter in die Höhe schossen. »Gefördert« wurde dieser Trend durch Gehaltsberatungsfirmen (von dem Investor Warren Buffett bissig »Höher, Höher & Bingo« genannt), die ihren Managerkunden rieten, exorbitante Gehaltserhöhungen zu fordern. Die Folge? Heute verdient ein Manager im Durchschnitt etwa 369-mal mehr als ein Arbeiter – und etwa das Dreifache von dem, was er bekam, bevor die Managergehälter öffentlich gemacht wurden.

Mit diesem Wissen im Hinterkopf hatte ich an den Manager, mit dem ich sprach, doch einige Fragen.

»Was würde denn passieren«, erlaubte ich mir zu fragen, »wenn die in Ihrer Gehaltsdatenbank enthaltenen Informationen im ganzen Unternehmen bekannt würden?«

Der Manager sah mich bestürzt an. »Wir könnten vieles bewältigen – Insiderhandel, Finanzskandale und Ähnliches –, aber wenn jeder jedermanns Gehalt kennen würde, wäre das eine echte Katastrophe. Alle außer dem höchstbezahlten

Angestellten würden sich unterbezahlt fühlen, und es würde mich nicht überraschen, wenn sie sich nach einer anderen Stelle umsehen würden.«

Ist das nicht merkwürdig? Es ist wiederholt nachgewiesen worden, dass die Beziehung zwischen der Höhe des Einkommens und der persönlichen Zufriedenheit nicht so groß ist, wie man meinen möchte (tatsächlich ist sie ziemlich gering). Studien haben sogar ergeben, dass die Länder mit den »zufriedensten« Menschen nicht unter denen mit dem höchsten Pro-Kopf-Einkommen sind. Dennoch drängen wir immer wieder auf ein höheres Gehalt. Und das liegt größtenteils am schieren Neid. Wie H. L. Mencken, der große Journalist, Satiriker, Sozialkritiker, Zyniker und Freidenker des 20. Jahrhunderts, bemerkte, hängt die Zufriedenheit eines Mannes mit seinem Gehalt davon ab (sind Sie bereit für die Wahrheit?), ob er mehr verdient als der Ehemann der Schwester seiner Frau. Warum der Ehemann der Schwester seiner Frau? Weil (und ich habe das Gefühl, dass Menckens Frau ihn über das Gehalt des Mannes ihrer Schwester immer auf dem Laufenden hielt) sich dieser Vergleich geradezu aufdrängt und zudem leicht zu ziehen ist.*

All die Auswüchse bei den Managergehältern haben eine schädliche Wirkung auf die Gesellschaft. Jedes neue astronomisch hohe Gehalt ermutigt andere Manager, noch mehr zu verlangen, anstatt sich zu schämen. »In der globalisierten Welt von heute«, lautete eine Schlagzeile in der *New York Times,* »beneiden die Reichen die Superreichen.«

---

* Da Ihnen dieser Umstand nun bekannt ist, sollten Sie ihn bei der Suche nach einem Lebenspartner – falls Sie noch nicht verheiratet sind – in Betracht ziehen. Halten Sie Ausschau nach jemandem, dessen Bruder beziehungsweise Schwester mit einem Menschen verheiratet ist, der nicht zu den Spitzenverdienern gehört.

In einem anderen Zeitungsbericht erklärte ein Arzt, dass er nach seinem Harvard-Studium davon geträumt habe, eines Tages den Nobelpreis für Krebsforschung zu bekommen. Das war sein Ziel, sein Traum. Doch ein paar Jahre später stellte er fest, dass mehrere seiner Kollegen als Investmentberater für Ärzte bei Firmen in der Wall Street mehr Geld verdienten als er mit seiner praktischen Tätigkeit. Er war bis dahin mit seinem Einkommen ganz zufrieden gewesen, aber als er von den Jachten und Ferienhäusern seiner Freunde hörte, kam er sich plötzlich sehr arm vor. Also steuerte er seine Karriere in eine neue Richtung – in Richtung Wall Street.[3] Zu der Zeit des zwanzigsten Treffens seines Abschlussjahrgangs verdiente er schließlich zehnmal mehr als die meisten seiner früheren Kommilitonen in der Medizin. Wir sehen geradezu vor uns, wie er bei dem Treffen mit einem Drink in der Hand mitten im Raum steht – ein großer Kreis, vor Wichtigkeit strotzend, umgeben von kleineren Kreisen. Er hat den Nobelpreis nicht bekommen, sondern seine Träume für ein Wall-Street-Gehalt geopfert, für die Chance, sich nicht mehr »arm« zu fühlen. Wen wundert es da noch, dass es bei einem Durchschnittseinkommen von 160 000 Dollar im Jahr immer weniger Hausärzte gibt?*

Können wir irgendetwas gegen dieses Relativitätsproblem tun?

Die gute Nachricht ist, dass wir manchmal die »Kreise« um uns herum selbst bestimmen und uns kleineren Kreisen anschließen können, die unsere relative Zufriedenheit fördern. Wir können, wenn beim nächsten Klassentreffen ein »großer Kreis«

---

* Natürlich haben Ärzte auch andere Probleme, zum Beispiel mit Versicherungsformularen, Bürokratie und bei Kunstfehlern drohenden Prozessen.

mit einem Drink in der Hand mitten im Raum steht und mit seinem tollen Gehalt prahlt, bewusst ein paar Schritte zur Seite treten und uns mit jemand anderem unterhalten. Wir können, wenn wir uns mit dem Gedanken an einen Hauskauf tragen, selektiver vorgehen und die Häuser, die unsere Möglichkeiten übersteigen, erst gar nicht besichtigen. Wir können uns, wenn wir an den Kauf eines neuen Autos denken, auf die Modelle konzentrieren, die wir uns leisten können, und so weiter.

Wir können auch unseren Fokus von eng auf weit stellen. Zur Erklärung hier ein Beispiel aus einer Studie, die von zwei brillanten Forschern, Amos Tversky und Daniel Kahneman, durchgeführt wurde. Nehmen wir an, Sie müssen heute zwei Dinge besorgen, einen neuen Füller und einen neuen Anzug fürs Büro. In einem Fachgeschäft für Büroartikel finden Sie einen schönen Füller für 25 Dollar. Sie wollen damit schon zur Kasse gehen, als Ihnen einfällt, dass der gleiche Füller in einem anderen, 15 Minuten entfernten Geschäft für 18 Dollar angeboten wird. Was würden Sie tun? Nehmen Sie die 15 Minuten Fahrt auf sich, um die 7 Dollar zu sparen? Die meisten mit dieser Frage konfrontierten Leute sagen, sie würden die Fahrt machen, um die 7 Dollar zu sparen.

Und jetzt zu Ihrer zweiten Aufgabe, dem Kauf des Anzugs. Sie finden einen eleganten grauen Nadelstreifenanzug für 455 Dollar und beschließen, ihn zu kaufen, doch dann flüstert Ihnen ein anderer Kunde ins Ohr, dass der gleiche Anzug in einem anderen Geschäft, nur 15 Minuten entfernt, nur 448 Dollar kostet. Nehmen Sie diese zweite Fahrt auch auf sich? In diesem Fall würden die meisten Leute verneinen.

Doch was läuft hier ab? Sind 15 Minuten Ihrer Zeit nun 7 Dollar wert oder nicht? Eigentlich sind 7 Dollar natürlich 7 Dollar – egal, wie man es dreht und wendet. Sie sollten sich in diesen Fällen lediglich die Frage stellen, ob die fünfzehnminütige Fahrt durch die Stadt, die 15 Minuten, die Sie dafür aufwenden müssten, die 7 Dollar Ersparnis wert sind. Ob Sie diese 7 Dollar von einem Betrag von 10 oder 10 000 Dollar sparen, sollte bedeutungslos sein.

Das ist das Problem mit der Relativität: Wir treffen unsere Entscheidungen relativ und ziehen Vergleiche mit den unmittelbar verfügbaren Alternativen. Wir vergleichen den relativen Vorteil des günstigen Füllers mit dem teuren und kommen bei diesem Vergleich selbstverständlich zu dem Schluss, dass wir die 15 Minuten aufwenden sollten, um die 7 Dollar zu sparen. Bei dem preiswerteren Anzug ist der relative Vorteil jedoch sehr klein, also bezahlen wir lieber die 7 Dollar mehr.

Deshalb akzeptiert jemand auch locker bei der Rechnung des Partyservice über 5000 Dollar einen Aufschlag von 200 Dollar für eine Suppe als Vorspeise, obwohl er andererseits Coupons aus der Zeitung ausschneidet, um bei einer Dose Suppe für einen Dollar 25 Cent zu sparen. Ebenso fällt es uns leicht, bei einem neuen Auto für 25 000 Dollar 3000 Dollar mehr für Ledersitze zu bezahlen, aber wir tun uns schwer, den gleichen Betrag für ein neues Ledersofa auszugeben (obwohl wir wissen, dass wir mehr Zeit zu Hause auf dem Sofa als im Auto verbringen). Würden wir die Sache aus einem breiteren Blickwinkel betrachten, könnten wir besser abwägen, was wir mit den 3000 Dollar anfangen könnten, anstatt sie für lederne Autositze auszugeben. So in die Breite zu denken ist nicht einfach, weil wir von Natur aus auf relative Bewertungen gepolt sind. Werden Sie das in den Griff bekommen? Ich kenne jemanden, der es kann.

Es ist James Hong, Mitbegründer des Flirt- und Dating-Portals HOTorNOT.com. (James, sein Geschäftspartner Jim Young, Leonard Lee, George Loewenstein und ich arbeiten derzeit an einem Forschungsprojekt, das der Frage nachgeht, welchen Einfluss die eigene »Attraktivität« auf unsere Einschätzung der »Attraktivität« anderer Menschen hat.)

James macht bestimmt eine Menge Geld, und um sich herum sieht er noch mehr Geld. Zu seinen guten Freunden zählt nämlich auch der millionenschwere Gründer von PayPal. Aber Hong weiß, wie er die Vergleichskreise in seinem Leben kleiner und nicht größer machen kann. Als Erstes verkaufte er seinen Porsche Boxter und ersetzte ihn durch einen Toyota Prius.[4]

»Ich möchte nicht das Leben eines Boxter-Besitzers führen«, sagte er der *New York Times,* »denn wenn man einen Boxter hat, möchte man einen 911er haben, und wissen Sie, was die Leute mit einem 911er haben wollen? Einen Ferrari.«

Das ist eine Lektion für uns alle: Je mehr wir besitzen, desto mehr möchten wir haben. Und das einzige Gegenmittel ist, die Spirale der Relativität zu durchbrechen.

Zwei

Die Illusion von Angebot und Nachfrage

Warum der Preis von Perlen –
und allem anderen – schwankt

Bei Ausbruch des Zweiten Weltkriegs floh der italienische Diamantenhändler James Assael von Europa nach Kuba, wo er ein neues Auskommen fand: Die amerikanische Armee benötigte wasserdichte Armbanduhren, und dank seiner Kontakte in die Schweiz konnte Assael die Nachfrage befriedigen.

Nach Kriegsende kamen Assaels Geschäfte mit der US-Regierung zum Erliegen, und er blieb auf Tausenden von Schweizer Uhren sitzen. Die Japaner brauchten natürlich Uhren, aber sie hatten kein Geld. Dafür jedoch Perlen im Überfluss. Bald hatte Assael seinem Sohn beigebracht, wie man Schweizer Uhren gegen japanische Perlen eintauscht. Das Geschäft florierte, und wenig später galt Salvador Assael als der »Perlenkönig«.

Als der Perlenkönig 1973 einmal mit seiner Jacht in Saint-Tropez festgemacht hatte, kam vom benachbarten Boot ein forscher junger Franzose, Jean-Claude Brouillet, herüber. Brouillet hatte gerade sein Luftfrachtunternehmen verkauft und mit dem Erlös ein Atoll in Französisch-Polynesien erworben – ein Paradies mit blauer Lagune für ihn und seine tahitianische Frau. In dem türkisfarbenen Wasser wimmle es von schwarzlippigen Austern der Art *Pinctada margaritifera*, erzählte Brouillet. Und zwischen den schwarzen Lippen dieser Austern finde sich etwas Faszinierendes: schwarze Perlen.

Damals gab es keinen Markt für diese besondere Perlenart aus Tahiti, die Nachfrage war gering. Doch Brouillet überredete Assael, mit ihm ein Unternehmen zu gründen. Sie würden die schwarzen Perlen zusammen ernten und in alle Welt verkaufen. Anfangs hatten Assaels Versuche, die Ware zu vermarkten, keinen Erfolg. Die Perlen waren von einem metallischen Blaugrau, etwa so groß wie Musketenkugeln, und er kehrte ohne einen einzigen Verkaufsabschluss nach Polynesien zurück. Assael hätte das Geschäft mit den schwarzen Perlen ganz abschreiben oder sie zu einem niedrigen Preis an einen Discounter verkaufen können. Er hätte versuchen können, sie im Paket mit einigen weißen Perlen loszuschlagen. Stattdessen wartete Assael ein Jahr, bis es schönere Exemplare gab, und brachte sie dann zu seinem alten Freund Harry Winston, einem legendären Edelsteinhändler. Winston erklärte sich bereit, sie ins Schaufenster seines Ladens an der Fifth Avenue zu legen, dazu ein Schild mit einem haarsträubend hohen Preis. Inzwischen schaltete Assael in den führenden Hochglanzmagazinen eine ganzseitige Anzeige, in der zwischen wie zufällig hingestreuten Diamanten, Rubinen und Smaragden eine Kette mit schwarzen Perlen aus Tahiti leuchtete.

Schon bald wurden die Perlen, kurz zuvor noch der verborgene Schatz eines Büschels schwarzlippiger Austern an einem Tau in der Südsee, an den Schwanenhälsen der reichsten Diven der Stadt in Manhattan zur Schau gestellt. Assael hatte etwas von zweifelhaftem Wert in etwas unglaublich Exquisites verwandelt. Oder, wie Mark Twain einst über seinen Helden Tom Sawyer schrieb: »Tom hatte ein großes Gesetz menschlichen Handelns entdeckt: Um zu erreichen, dass jemand etwas begehrt, muss man es nur schwer erreichbar erscheinen lassen.«

Wie hatte der Perlenkönig das angestellt? Wie schaffte er es, die Crème de la Crème für schwarze Perlen aus Tahiti zu begeistern – und sich dafür fürstlich bezahlen zu lassen? Um diese Fragen beantworten zu können, muss ich erst etwas über junge Gänse erzählen.

Mitte des vergangenen Jahrhunderts entdeckte der Naturforscher Konrad Lorenz, dass frisch geschlüpfte Gänseküken dem ersten sich bewegenden Objekt folgen, dem sie begegnen (in der Regel ihrer Mutter). Lorenz wusste das, weil bei einem Experiment *er* dieses erste sich bewegende Objekt gewesen war, das sie zu Gesicht bekamen, und sie ihm von da an bedingungslos gefolgt waren. Damit bewies Lorenz, dass Gänseküken nicht nur ihre erste Entscheidung auf der Grundlage dessen treffen, was sie in ihrer Umgebung vorfinden, sondern auch bei der einmal getroffenen Entscheidung bleiben. Lorenz bezeichnete dieses Naturphänomen als *Prägung*.

Ist also das menschliche Gehirn wie das einer Gans gepolt? Prägen sich unsere ersten Eindrücke und Entscheidungen ein? Und wenn ja, wie macht sich diese Prägung in unserem Leben bemerkbar? Akzeptieren wir zum Beispiel, wenn wir auf ein neues Produkt stoßen, den ersten Preis, der uns geboten wird? Und, noch wichtiger, hat dieser Preis (den wir in der Wirtschaftspsychologie als *Anker* bezeichnen) langfristig eine Auswirkung darauf, wie viel wir für das Produkt von diesem Moment an zu bezahlen bereit sind?

Was Gänsen nützt, scheint auch Menschen zu nützen. Und dazu gehört die Verankerung. Beispielsweise »verankerte« Assael seine Perlen von Anfang an bei den begehrtesten Edelsteinen der Welt – und deren Preise folgten ihnen seither getreulich nach. Ähnlich ist es, wenn wir ein neues Produkt zu einem bestimmten Preis kaufen; auch dann wird dieser Preis zum Anker. Aber wie funktioniert das genau? Warum akzeptieren wir Anker?

Ein Beispiel: Wenn ich Sie nach den beiden Endziffern Ihrer Sozialversicherungsnummer fragen würde (bei mir sieben und neun) und anschließend, ob Sie diese Zahl in Dollar (in meinem Fall wären das 79 Dollar) für eine bestimmte Flasche 1998er Côtes du Rhône bezahlen würden, würde die bloße Erwähnung dieser Zahl einen Einfluss darauf haben, wie viel Sie für Wein zu zahlen bereit sind? Klingt absurd, nicht? Na, dann lesen Sie mal weiter!

»Hier haben wir einen feinen Côtes du Rhône Jaboulet Parallèle«, sagte Drazen Prelec, Professor an der Sloan School of Management am Bostoner MIT, und hielt mit ehrfürchtigem Blick eine Flasche hoch. »Einen 1998er.«

Vor ihm saßen 55 Studenten aus seinem Marketingseminar. Drazen, George Loewenstein (Professor an der Carnegie Mellon University) und ich hatten mit dieser Gruppe zukünftiger Marketingprofis an diesem Tag Ungewöhnliches vor. Wir würden sie bitten, die letzten beiden Zahlen ihrer Sozialversicherungsnummer zu notieren. Anschließend wollten wir sie auffordern, Gebote für verschiedene Produkte abzugeben, darunter auch die Flasche Wein.

Was wollten wir damit beweisen? Dass es etwas gibt, das wir *willkürliche Kohärenz* nannten. Der Grundgedanke der willkürlichen Kohärenz ist folgender: Auch wenn ein Preis ursprünglich (wie bei Assaels Perlen) »willkürlich« festgelegt wird, beeinflusst er, sobald er in unserem Kopf verankert ist, nicht nur den gegenwärtigen, sondern auch den zukünftigen Preis (was ihn »kohärent« macht). Würde der Gedanke an die eigene Sozialversicherungsnummer ausreichen, um einen solchen Anker zu schaffen? Genau das wollten wir herausfinden.

»Den weniger versierten Weingenießern unter Ihnen sei gesagt«, fuhr Drazen fort, »dass diese Flasche vom *Wine*

Spectator mit 86 Punkten bewertet wurde. Im Geschmack mischen sich rote Beeren, Mokka und Bitterschokolade; es ist ein ausgewogener Rotwein, nicht allzu körperreich, nicht allzu kraftvoll, sehr gut zu trinken.«

Dann hielt Drazen eine andere Flasche hoch, einen 1996er Hermitage Jaboulet La Chapelle, von der Zeitschrift *Wine Advocate* mit 92 Punkten bewertet. »Der beste La Chapelle seit 1990«, verkündete Drazen, und die Studenten blickten interessiert auf. »Es gibt nur 8100 Kartons davon …«

Anschließend hielt Drazen vier andere Produkte hoch: einen schnurlosen Trackball (TrackMan Marble FX von Logitech), eine schnurlose Tastatur mit Maus (iTouch von Logitech), ein Designbuch *(The Perfect Package: How to Add Value through Graphic Design)* und eine Schachtel mit 500 Gramm belgischer Pralinen von Neuhaus.

Nun teilte Drazen ein Blatt aus, auf dem alle diese Produkte aufgeführt waren. »Als Erstes schreiben Sie bitte oben auf die Seite die letzten beiden Zahlen Ihrer Sozialversicherungsnummer«, wies er sie an. »Und dann notieren Sie die beiden Zahlen neben jedem Produkt in Form eines Preises. Mit anderen Worten, wenn die letzten beiden Zahlen 23 lauten, notieren Sie 23 Dollar.«

»Wenn Sie damit fertig sind«, fuhr er fort, »geben Sie bitte bei jedem Produkt an – nur mit Ja oder Nein –, ob Sie diesen Betrag dafür bezahlen würden.«

Als die Studenten hinter jedes Produkt ihr Ja oder Nein gesetzt hatten, bat Drazen sie, noch den maximalen Preis zu notieren, den sie für das jeweilige Produkt zu zahlen bereit wären (ihre Gebote). Anschließend lieferten die Studenten ihre Blätter bei mir ab; ich tippte die Angaben in meinen Laptop und gab die Gewinner bekannt. Dann kamen die Studenten, die für ein Produkt das höchste Gebot abgegeben hatten, nacheinander nach vorne, bezahlten* und nahmen das jeweilige Produkt mit.

Den Studenten machte diese Seminarübung Spaß. Als ich sie allerdings fragte, ob sie meinten, dass das Aufschreiben der letzten beiden Zahlen ihrer Sozialversicherungsnummer ihr Gebot beeinflusst habe, wiesen sie diese Möglichkeit entrüstet zurück. Aber nein, niemals!

Zurück in meinem Büro, analysierte ich die Daten. Hatten die Endziffern der Sozialversicherungsnummer als Anker fungiert? Bemerkenswerterweise ja: Die Studenten mit den höchsten Endziffern (von 80 bis 99) gaben die höchsten Gebote ab, diejenigen mit den niedrigsten Endziffern (von 1 bis 20) die niedrigsten. Zum Beispiel boten die oberen 20 Prozent im Durchschnitt 56 Dollar für die schnurlose Tastatur, die unteren 20 Prozent boten durchschnittlich 16 Dollar. Am Ende stellten wir fest, dass die Gebote der Studenten mit Endziffern im Bereich der oberen 20 Prozent um 216 bis 346 Prozent höher lagen als die Gebote derjenigen, deren Endziffern im Bereich der unteren 20 Prozent lagen (siehe nachfolgende Tabelle).

Wenn die Endziffern Ihrer Sozialversicherungsnummer hohe Zahlen sind, dann weiß ich, was Sie jetzt denken: »Ich habe mein ganzes Leben zu viel bezahlt!« Aber das ist nicht der Fall. Diese Ziffern fungierten bei unserem Experiment nur

---

* Der Höchstbietende bezahlte für ein Produkt jedoch nicht den Preis, den er selbst geboten hatte, sondern den des Bieters, der den zweithöchsten Preis genannt hatte. Man nennt das eine Zweitpreisauktion. William Vickrey erhielt den Nobelpreis für Ökonomie, weil er nachwies, dass diese Auktionsart die Bedingungen schafft, unter denen es für die Bieter von Vorteil ist, den maximalen Betrag zu bieten, den sie für ein Produkt zu bezahlen bereit sind (dieser Logik folgen auch Ebay-Auktionen).

deshalb als Anker, weil wir sie abgefragt hatten. Wir hätten genauso gut nach der aktuellen Temperatur oder nach dem empfohlenen Verkaufspreis des Herstellers (UVP) fragen können. Jede beliebige Frage dieser Art hätte den Anker gesetzt. Ist das rational? Natürlich nicht. Aber so sind wir Menschen – letztlich nicht viel anders als Gänseküken.*

PRODUKTE

Gruppen nach Endziffern	Schnur-los-Trackball	Schnur-lose Tastatur	Design-buch	Neuhaus-Pralinen	1998er Côtes du Rhône	1996er Hermitage
00-19	$ 8,64	$ 16,09	$ 12,82	$ 9,55	$ 8,64	$ 11,73
20-39	$ 11,82	$ 26,82	$ 16,18	$ 10,64	$ 14,45	$ 22,45
40-59	$ 13,45	$ 29,27	$ 15,82	$ 12,45	$ 12,55	$ 18,09
60-79	$ 21,18	$ 34,55	$ 19,27	$ 13,27	$ 15,45	$ 24,55
80-99	$ 26,18	$ 55,64	$ 30,00	$ 20,64	$ 27,91	$ 37,55
Korrelation**	0,42	0,52	0,32	0,42	0,33	0,33

Für die verschiedenen Produkte bezahlte Durchschnittspreise bei den fünf nach Endziffern der Sozialversicherungsnummern gestaffelten Gruppen sowie die Korrelation** zwischen diesen Ziffern und den abgegebenen Geboten.

---

* Als ich dieses Experiment bei einem MIT-Seminar für Manager und leitende Angestellte wiederholte, erzielte ich einen ähnlichen Erfolg. Auch hier ließen sich die Preise, die sie für Pralinen, Bücher und andere Produkte zu zahlen bereit waren, durch ihre Sozialversicherungsnummer beeinflussen.

** Die Korrelation ist eine statistische Messgröße, die anzeigt, inwieweit zwei Variablen miteinander in Beziehung stehen. Die Skala der möglichen Korrelationen reicht von –1 bis +1, wobei eine Korrelation von 0 bedeutet, dass eine Veränderung des Wertes bei der einen Variablen keine Auswirkung auf die Veränderung des Wertes der anderen Variablen hat.

Die Daten machten noch einen weiteren interessanten Aspekt deutlich. Zwar war die Bereitschaft, für diese Produkte zu bezahlen, irrational, doch sie hatte auch eine gewisse Logik, eine Kohärenz. Als wir uns die Gebote für die zwei Paare verwandter Produkte anschauten – die beiden Weine und die beiden Computerkomponenten –, erschienen ihre relativen Preise äußerst logisch. Jeder war bereit, für die Tastatur mehr zu bezahlen als für den Trackball – und für den 1996er Hermitage mehr als für den 1998er Côtes du Rhône. Wichtig an diesem Ergebnis ist, dass, wenn die Probanden einmal bereit gewesen waren, einen bestimmten Preis für ein Produkt zu bezahlen, für andere Artikel in derselben Produktkategorie dieser erste Preis (der Anker) als Vergleichswert herangezogen wurde.

Das ist es, was wir willkürliche Kohärenz nennen. Erste Preise sind zum größten Teil »willkürlich« und können von Antworten auf zufällig gewählte Fragen beeinflusst sein. Sobald sich diese Preise aber in unserem Kopf festsetzen, beeinflussen sie nicht nur den Preis, den wir für einen Artikel zu zahlen bereit sind, sondern auch, wie viel wir für verwandte Produkte zu zahlen bereit sind (das macht sie kohärent).

Einen wichtigen Punkt muss ich noch hinzufügen. Wir werden im Alltag ständig von Preisen bombardiert. Wir sehen den empfohlenen Verkaufspreis des Herstellers (UVP) für Autos, Rasenmäher und Kaffeemaschinen. Wir hören uns das Geschwafel des Immobilienmaklers über die Hauspreise am Ort an. Aber Preisschilder an sich sind keine Anker. Sie werden zu Ankern, wenn wir erwägen, ein Produkt oder eine Dienstleistung zu diesem bestimmten Preis zu kaufen. In diesem Moment findet die Prägung statt, und wir sind fortan bereit, eine gewisse Bandbreite von Preisen zu akzeptieren – greifen dabei aber immer wieder, als zöge uns ein Gummiband, auf den ursprünglichen Anker zurück. Also beeinflusst der erste Anker nicht nur die nächste anstehende Kaufentscheidung, sondern in der Folge auch viele andere.

Nehmen wir beispielsweise an, wir sähen einen hochauflösenden LCD-Fernseher mit 27 Zoll für 600 Dollar. Das Preisschild ist nicht der Anker. Aber wenn wir beschließen (oder ernsthaft erwägen), ihn zu diesem Preis zu kaufen, dann wird diese Entscheidung von da an zum Anker hinsichtlich anderer LCD-Fernseher. Er ist wie unser Pflock im Boden, und von diesem Zeitpunkt an werden alle anderen hochauflösenden Fernseher – ob wir uns nach einem neuen umschauen oder nur bei einer Grillparty im Hinterhof darüber reden – in Relation zu diesem Preis bewertet.

Anker beeinflussen jede Art von Kauf. Uri Simonshon (Wirtschaftswissenschaftler an der University of Pennsylvania) und George Loewenstein haben zum Beispiel herausgefunden, dass Menschen, die in eine andere Stadt umziehen, in der Regel an den Preisen verankert bleiben, die sie an ihrem vorigen Wohnort für ihr Domizil bezahlt haben. In ihrer Studie stellten sie beispielsweise fest, dass Menschen, die von einem Ort mit einem preisgünstigen Wohnungsmarkt (sagen wir, von Lubbock in Texas) in eine Stadt mit gemäßigten Wohnungspreisen (sagen wir, Pittsburgh) umziehen, nicht dem neuen Markt entsprechend mehr Geld ausgeben. Vielmehr zahlen sie einen ähnlichen Betrag, wie sie ihn zu den früheren Marktbedingungen gewohnt waren, auch wenn das bedeutet, dass sie dann mit ihrer Familie beengter oder weniger komfortabel wohnen müssen. Umgekehrt geben auch Leute, die aus teureren Städten in günstigere ziehen, für die neue Wohnung ebenso viele Dollar aus wie zuvor. Mit anderen Worten: Wer von Los Angeles nach Pittsburgh zieht, senkt im Allgemeinen seine Ausgaben nicht wesentlich, wenn er nach Pennsylvania kommt. Er gibt einen ähnlichen Betrag aus wie zuvor in Los Angeles.

Offenbar gewöhnen wir uns an die besonderen Bedingungen unseres lokalen Wohnungsmarktes und stellen uns nicht so leicht um. Aus diesem Dilemma kommt man nur heraus, wenn man sich in der neuen Stadt nur für ein Jahr oder so eine Wohnung mietet. Auf diese Weise können wir uns der neuen Umgebung anpassen und sind nach einer Weile in der Lage, ein Objekt zu kaufen, dessen Preis dem örtlichen Markt entspricht.

Wir verankern uns also an ersten Preisen. Aber springen wir von einem Ankerpreis zum anderen (kippen, wenn Sie so wollen) und verändern damit ständig unsere Zahlbereitschaft? Oder wird der erste Anker, auf den wir treffen, für lange Zeit und für viele Entscheidungen unser Anker? Um diese Frage beantworten zu können, führten wir ein weiteres Experiment durch, bei dem wir versuchen wollten, unsere Probanden von alten Ankern zu neuen zu locken.

Hierfür rekrutierten wir einige Studenten mit und einige ohne ersten Abschluss sowie Investmentbanker, die zu uns ins MIT gekommen waren, um neue Mitarbeiter für ihre Unternehmen anzuwerben. (Ich bin mir nicht sicher, ob den Bankleuten wirklich klar war, was ihnen bevorstand, aber vielleicht gingen ihnen unsere nervtötenden Töne weniger auf die Nerven als Gespräche über Investmentbanking.) Zu Beginn des Experiments präsentierten wir unseren Probanden drei verschiedene Töne, und anschließend fragten wir sie, ob sie bereit wären, sich diese Töne (die als Preisanker dienten) gegen Bezahlung noch einmal anzuhören. Der erste Ton war ein 30 Sekunden dauernder, schriller Ton mit 3000 Hertz, ungefähr so, wie wenn jemand mit hoher Stimme kreischt. Der zweite war ein 30 Sekunden langer Ton mit allen Frequenzen des hörbaren Bereichs (auch weißes Rauschen genannt), ein ähnliches Geräusch wie bei einem Fernseher mit Empfangsstörung. Der dritte war ein 30 Sekunden dauernder, zwischen hohen und niedrigen Bereichen oszillierender Ton.

Wir verwendeten Töne, weil es derzeit keinen Markt für nervtötende Töne gibt (die Probanden konnten sich zur Bewertung dieser Töne also nicht an Marktpreisen orientieren). Außerdem verwendeten wir unangenehme Töne, weil niemand sie gerne hört (klassische Musik hätte einigen sicher besser gefallen als anderen). Ich habe sie selbst aus Hunderten computergenerierter Töne ausgewählt, weil sie meiner Meinung nach gleichermaßen unangenehm sind.

Wir setzten unsere Probanden im Labor vor Computerbildschirme und ließen sie Kopfhörer aufsetzen.

Während es im Raum ruhig wurde, erschien bei der ersten Gruppe folgende Information auf dem Bildschirm: »In wenigen Sekunden werden wir einen neuen, unangenehmen Ton über Ihre Kopfhörer schicken. Es interessiert uns, wie unangenehm Sie ihn finden. Unmittelbar nachdem Sie den Ton gehört haben, werden wir Sie fragen, ob Sie theoretisch bereit wären, diese Hörerfahrung gegen eine Bezahlung von 10 Cent noch einmal zu machen.« Die zweite Gruppe bekam die gleiche Information, nur dass wir den Probanden 90 statt 10 Cent anboten.

Würden die unterschiedlichen Ankerpreise etwas ausmachen? Um das herauszufinden, schalteten wir den Ton ein – in diesem Fall den 30 Sekunden dauernden, schrillen Ton mit 3000 Hertz. Einige der Versuchsteilnehmer verzogen das Gesicht, andere verdrehten die Augen.

Dann wurde der Ton abgestellt und jedem Probanden die als hypothetische Entscheidung formulierte Verankerungsfrage vorgelegt: Wären Sie theoretisch bereit, sich diesen Ton gegen Bezahlung (10 Cent bei der ersten Gruppe, 90 Cent bei der zweiten) noch einmal anzuhören? Nach Beantwortung dieser Frage sollten die Probanden den niedrigsten Preis eingeben, zu dem sie bereit wären, sich den Ton noch einmal anzuhören. (Diese Entscheidung war übrigens real, denn von ihr hing ab, ob sie den Ton noch einmal zu hören bekamen – und dafür bezahlt würden.)*

Kurz nachdem die Versuchsteilnehmer ihre Preise eingegeben hatten, erfuhren sie das Ergebnis. Diejenigen, die niedrig genug geboten hatten, »gewannen« den Ton, konnten das (unangenehme) Hörerlebnis wiederholen und wurden dafür bezahlt. Die anderen, die einen zu hohen Preis geboten hatten, bekamen den Ton nicht zu hören und wurden für diesen Teil des Experiments nicht bezahlt.

Und der Sinn des Ganzen? Wir wollten herausfinden, ob die ersten von uns vorgeschlagenen Preise (10 Cent und 90 Cent) als Anker fungiert hatten. Und tatsächlich! Diejenigen, die eingangs vor die theoretische Entscheidung gestellt worden waren, ob sie sich den Ton für 10 Cent noch einmal anhören würden, forderten für ihre Bereitschaft zu einer Wiederholung wesentlich weniger Geld (durchschnittlich 33 Cent) als diejenigen, denen eingangs 90 Cent dafür geboten worden waren – diese zweite Gruppe verlangte für dasselbe unangenehme Erlebnis mehr als doppelt so viel (durchschnittlich 73 Cent). Sehen Sie, welche Rolle der jeweils empfohlene Preis spielt?

Aber das war erst der Anfang unserer Untersuchung. Wir wollten auch wissen, als wie stark sich der Anker bei zukünftigen

---

* Um sicherzugehen, dass wirklich die niedrigsten Preise als Gebot abgegeben wurden, für die die Probanden sich den unangenehmen Ton anhören würden, gingen wir nach »Becker-DeGroot-Marschak« vor, einem auktionsähnlichen Verfahren, bei dem jeder Proband gegen einen computergenerierten Zufallspreis bietet.

Entscheidungen erweisen würde. Angenommen, wir verschaffen den Probanden eine Gelegenheit, diesen Anker aufzugeben und sich einen anderen zu schnappen? Würden sie es tun? Auf Gänseküken übertragen: Würden sie eine ganze Weile hinter dem Objekt herschwimmen, auf das sie ursprünglich geprägt waren, und dann in der Mitte des Teichs urplötzlich einer neuen Muttergans folgen? Was die Gänseküken angeht, so wissen Sie bestimmt, dass sie weiterhin ihrer ursprünglichen Mutter folgen würden. Aber wie ist es bei Menschen? Die nächsten beiden Phasen des Experiments sollten uns eine Antwort auf diese Frage liefern.

In der zweiten Phase nahmen wir Probanden aus der früheren 10-Cent-Gruppe und der 90-Cent-Gruppe und spielten ihnen 30 Sekunden lang weißes Rauschen auf die Kopfhörer. »Würden Sie sich diesen Ton für 50 Cent noch einmal anhören?«, fragten wir sie am Ende, worauf die Befragten einen Knopf an ihrem Computer drücken mussten, um Ja oder Nein zu antworten.

»Gut, *wie viel* müssten wir Ihnen auf jeden Fall dafür bezahlen?«, fragten wir weiter. Die Versuchsteilnehmer gaben ihren niedrigsten Preis ein, der Computer machte seine Arbeit, und dann hörten, je nach gebotenem Preis, einige Probanden noch einmal den Ton und wurden dafür bezahlt, die anderen nicht. Beim Vergleich der gebotenen Preise zeigte sich, dass die 10-Cent-Gruppe wesentlich niedrigere Gebote abgegeben hatte als die 90-Cent-Gruppe. Das bedeutet, dass, obwohl beiden Gruppen dieselbe 50-Cent-Offerte als neuer Anker (die Frage: »Würden Sie sich diesen Ton theoretisch für 50 Cent noch einmal anhören?«) angeboten wurde, der erste Anker in dieser Unangenehmer-Ton-Kategorie (bei den einen 10 Cent, bei den anderen 90 Cent) die Oberhand behielt.

Warum? Weil sich die Probanden der 10-Cent-Gruppe vermutlich Folgendes sagten: »Also, ich habe mir diesen unangenehmen Ton vorher für einen niedrigen Betrag angehört. Dieser Ton ist nicht viel anders, also kann ich ihn wohl für ungefähr denselben Preis wieder ertragen.« Die Probanden der 90-Cent-Gruppe folgten derselben Logik, doch da ihr Ausgangspreis ein anderer gewesen war, unterschied sich ihr Endpreis entsprechend. Diese Versuchsteilnehmer sagten sich: »Also, ich habe mir diesen unangenehmen Ton vorher für einen hohen Betrag angehört. Dieser Ton ist nicht viel anders, also kann ich ihn wohl für ungefähr denselben Preis wieder ertragen.« Der Einfluss des ersten Ankers hielt also tatsächlich an – was darauf hinweist, dass Anker eine bleibende Wirkung haben, auf gegenwärtige wie auch zukünftige Preise.

Nun ging unser Experiment in die dritte Phase. Dieses Mal ließen wir unsere Probanden 30 Sekunden lang den auf- und abschwellenden Ton hören. Wir fragten unsere 10-Cent-Gruppe: »Würden Sie sich diesen Ton theoretisch für 90 Cent noch einmal anhören?« Und dann die 90-Cent-Gruppe: »Würden Sie sich diesen Ton für 10 Cent noch einmal anhören?« Jetzt, bei vertauschten Ankern, würde sich herausstellen, welcher den größeren Einfluss hatte.

Die Probanden gaben erneut Ja oder Nein ein. Dann baten wir sie um reale Gebote: »Wie viel müssten wir Ihnen zahlen, damit Sie sich diesen Ton noch einmal anhören?« Jetzt konnten sie auf insgesamt drei Anker zurückgreifen: den ersten zu Beginn des Experiments (entweder 10 Cent oder 90 Cent), den zweiten (50 Cent) und den neuesten (entweder 90 Cent oder 10 Cent). Welcher von ihnen würde den größten Einfluss darauf haben, welchen Preis sie für das nochmalige Anhören des Tons verlangten?

Und wieder war es, als würde ihr Verstand den Probanden sagen: »Wenn ich mir den ersten Ton für x Cent angehört habe und den zweiten ebenfalls für x Cent, dann kann ich mir diesen doch auch für x Cent anhören!« Diejenigen, die als Erstes mit dem 10-Cent-Anker konfrontiert worden waren, akzeptierten niedrige Preise, selbst nachdem wir ihnen 90 Cent als Anker angeboten hatten. Hingegen verlangten diejenigen, die als Erstes den 90-Cent-Anker bekommen hatten, weiterhin viel höhere Preise, ungeachtet der verschiedenen nachfolgenden Anker.

Was haben wir damit gezeigt? Dass unsere ersten Entscheidungen noch eine ganze Weile nachhallen und weitere Entscheidungen beeinflussen. Der erste Eindruck ist ausschlaggebend, ob damit die Erinnerung verbunden ist, dass unser erster DVD-Player viel mehr gekostet hat als derartige Geräte heute (und feststellen, dass wir sie im Vergleich dazu jetzt fast geschenkt bekommen), oder ob wir uns daran erinnern, dass der Benzinpreis einmal weniger als die Hälfte des heutigen Preises betrug, was jeden Besuch bei der Tankstelle zu einem schmerzlichen Erlebnis macht. In all diesen Fällen bleiben die Zufallsanker, denen wir im Laufe der Zeit begegnet sind und die uns beeinflusst haben, noch lange nach der ursprünglichen Entscheidung in uns erhalten.

Da wir jetzt wissen, dass wir uns wie Gänseküken verhalten, sollten wir unbedingt auch der Frage nachgehen, auf welche Weise sich unsere ersten Entscheidungen zu langfristigen Gewohnheiten entwickeln. Zur Veranschaulichung dieses Prozesses hier ein Beispiel: Sie kommen an einem Restaurant vorbei und sehen davor zwei Leute hintereinanderstehen, die darauf warten, eingelassen zu werden. »Das muss ein gutes Restaurant sein«, denken Sie sich. »Die Leute stehen an.« Und Sie stellen sich hinter die beiden. Dann kommt noch jemand vorbei. Er sieht drei Leute Schlange stehen und denkt sich: »Das muss ein fantastisches Restaurant sein«, und stellt sich ebenfalls an. Und andere tun es ihm nach. Wir bezeichnen das als Herdenverhalten. Es tritt auf, wenn wir aufgrund des früheren Verhaltens anderer Menschen darauf schließen, dass etwas gut (oder schlecht) ist, und selbst dementsprechend handeln.

Es gibt aber noch eine andere Form des Herdenverhaltens, nämlich wenn wir gewissermaßen unsere eigene Herde bilden. Dazu kommt es, wenn wir aufgrund unseres eigenen früheren Verhaltens darauf schließen, dass etwas gut (oder schlecht) ist. Im Wesentlichen heißt das, dass wir uns, wenn wir einmal als Erster vor dem Restaurant anstehen, bei späteren Erfahrungen hinter uns selbst anstellen. Das klingt aber sehr seltsam, finden Sie? Ich will es an einem Beispiel verdeutlichen.

Denken Sie daran zurück, wie Sie zum ersten Mal bei Starbucks waren; es ist vielleicht schon einige Zeit her. Sie sind eines Nachmittags unterwegs, um etwas zu besorgen, sind müde und brauchen unbedingt einen flüssigen Energiekick. Sie werfen bei Starbucks einen Blick durch die Fenster und gehen hinein. Die Preise sind ein Schock – Sie haben sich seit Jahren mit dem Gebräu eines anderen Kaffeeanbieters begnügt. Aber jetzt sind Sie schon mal drin und neugierig, wie ein Kaffee für diesen Preis wohl schmeckt. Also gönnen Sie sich einen kleinen Kaffee. Er mundet Ihnen; Sie spüren seine anregende Wirkung und setzen Ihren Bummel fort.

In der folgenden Woche kommen Sie wieder an einem Starbucks vorbei. Ob Sie hineingehen sollen? Idealerweise müssten bei diesem Entscheidungsfindungsprozess die Qualität des Kaffees (von Starbucks im Vergleich zu dem anderen Kaffeeanbieter) berücksichtigt werden, die Preise beider Anbieter und natürlich die Kosten (oder der Wert) des Zeitaufwands, den es bedeutet, einige Straßen weiter zu Ihrem früher favorisierten Kaffeeanbieter zu gehen. All dies sind komplexe Überlegungen, deshalb wählen Sie die einfache Lösung und sagen sich: »Ich war ja schon mal bei Starbucks, ich habe mich dort wohl gefühlt, der Kaffee hat geschmeckt, also muss es eine gute Entscheidung für mich sein.« Also gehen Sie hinein und kaufen sich wieder einen kleinen Kaffee.

Auf diese Weise haben Sie sich gerade als Zweiter in die Schlange gestellt: hinter sich selbst. Ein paar Tage später kommen Sie wieder an einem Starbucks vorbei; dieses Mal erinnern Sie sich noch lebhaft an Ihre früheren Entscheidungen und handeln dementsprechend – voilà! Sie sind der Dritte in der Schlange hinter sich selbst. Im Laufe der nächsten Wochen gehen Sie immer wieder hinein, und mit jedem Mal verstärkt sich Ihr Gefühl, dass Sie entsprechend Ihrer Vorlieben handeln. Sich bei Starbucks einen Kaffee zu kaufen ist Ihnen zur Gewohnheit geworden.

Aber damit ist die Geschichte noch nicht zu Ende. Jetzt, wo Sie sich daran gewöhnt haben, mehr für Ihren Kaffee zu bezahlen, und sich auf die nächsthöhere Konsumebene begeben haben, werden andere Veränderungen ebenfalls leichter. Vielleicht steigen Sie jetzt vom kleinen Kaffee, dem Short, auf den Tall oder den Grande um. Selbst wenn Sie nicht wissen, wie Sie überhaupt in diese Preisklasse geraten sind, erscheint die Entscheidung für einen größeren Kaffee zu einem entsprechend höheren Preis ziemlich logisch. Und ebenso der Gedanke, bei Starbucks auch andere Köstlichkeiten zu probieren, zum Beispiel Caffè Americano, Caffè Misto, Macchiato und Frappuccino.

Wenn Sie darüber nachdenken würden, wüssten Sie wahrscheinlich nicht zu sagen, warum Sie so viel Geld für den Starbucks-Kaffee ausgeben, anstatt den billigeren bei dem anderen Kaffeeanbieter zu trinken oder gleich den Kaffee, den es gratis im Büro gibt. Aber an diese günstigeren Alternativen denken Sie gar nicht mehr. Sie haben sich schon viele Male so entschieden, also gehen Sie jetzt davon aus, dass Sie Ihr Geld genau so und nicht anders ausgeben wollen. Indem Sie sich hinter Ihrer ersten Erfahrung bei Starbucks angestellt haben, haben Sie Ihre eigene Herde gebildet, und jetzt gehören Sie dazu, zu den vielen Starbucks-Anhängern.

Aber irgendetwas ist merkwürdig an dieser Geschichte. Wenn die Verankerung bei unserer ersten Entscheidung geschieht, wie ist es Starbucks dann gelungen, uns überhaupt zu einer Entscheidung für sich zu bewegen? Mit anderen Worten, wenn wir früher bei diesem oder jenem Kaffeeanbieter verankert waren, wie kamen wir dazu, unseren Anker zu Starbucks zu verlegen? Jetzt wird es erst richtig interessant.

Als Howard Shultz seine ersten Starbucks-Filialen eröffnete, ging er ebenso intuitiv vor wie Salvador Assael. Er tat alles, damit sich Starbucks von anderen Coffeeshops absetzte, nicht durch den Preis, sondern durch das Ambiente. Deshalb ließ er die Starbucks-Filialen von Anfang an wie gemütliche Kaffeehäuser ausstatten.

Bei Starbucks roch es köstlich nach gerösteten Kaffeebohnen (die außerdem von gehobener Qualität waren). Man verkaufte schicke französische Kaffeebereiter. In den Vitrinen lagen verlockende Snacks – Mandel-Croissants, italienische *biscotti,* Törtchen mit Himbeercremefüllung und anderes mehr. Bei anderen Anbietern gab es kleinen, mittleren und großen Kaffee; Starbucks dagegen bot Short, Tall, Grande und Venti an und dazu noch Varianten mit wohlklingenden Namen wie Caffè Americano, Caffè Misto, Macchiato und Frappuccino. Mit anderen Worten, Starbucks tat alles in seiner Macht

Stehende, ein ganz anderes Kaffeeerlebnis zu schaffen – so anders, dass wir nicht mehr auf die Preise unseres früheren Kaffeeanbieters als Anker zurückgriffen, sondern für den neuen Anker offen waren, den Starbucks für uns bereithielt. Hierin liegt zu einem Großteil das Erfolgsrezept von Starbucks.

George, Drazen und ich waren von dem Experiment zur willkürlichen Kohärenz so begeistert, dass wir beschlossen, noch einen Schritt weiterzugehen. Dieses Mal wollten wir einen anderen Aspekt untersuchen.

Erinnern Sie sich an die berühmte Episode in *Tom Sawyers Abenteuer,* in der Tom aus dem Streichen von Tante Pollys Zaun eine Übung im Manipulieren von Freunden macht? Bestimmt wissen Sie noch, dass Tom scheinbar begeistert drauflosstreicht und so tut, als würde ihm diese Arbeit Spaß machen. »Das soll Arbeit sein?«, sagt Tom zu seinen Freunden. »Bekommt ein Junge vielleicht jeden Tag die Chance, einen Zaun zu streichen?« Ausgestattet mit dieser neuen »Information«, entdecken seine Freunde die Freuden des Zaunstreichens. Bald bezahlen sie Tom nicht nur für dieses Privileg, sondern es macht ihnen auch wirklich Spaß – eine echte Win-win-Situation.

Aus unserer Sicht hat Tom eine negative Erfahrung in eine positive umgewandelt – eine ursprünglich unangenehme Situation in eine, bei der die Leute (Toms Freunde) bezahlen, um bei dem Spaß mitmachen zu dürfen. Ob uns das auch gelingen würde? Wir fanden, dass wir es versuchen sollten.

Eines Tages eröffnete ich zur großen Überraschung meiner Studenten die Vorlesung über Managementpsychologie mit einem Gedicht, einigen Versen aus »Wer du auch seist, der mich jetzt in Händen hält« von Walt Whitman aus seinem Werk *Grashalme:*

Wer du auch seist, der mich jetzt in Händen hält,
Ohne eins wird alles vergeblich sein,
Ich warne dich ehrlich, eh du es ferner mit mir versuchst,
Ich bin nicht, was du vermutet hast, sondern ganz etwas
andres.

Wer ist es, der mir folgen will?
Wer will sich Bewerber um meine Liebe nennen?

Der Weg ist verdächtig, das Ziel ungewiss, vielleicht
verderblich,
Du würdest alles andre lassen müssen, ich allein würde
verlangen, der Einzige zu sein, nach dem du dich aus-
schließlich richtest,
Selbst dann würde deine Probezeit lang und ermüdend
sein,
All deine vorherige Anschauung vom Leben und alle An-
passung an die Leben um dich her würdest du aufgeben
müssen,
Deshalb lass von mir, eh du dich weiter bemühst, nimm
deine Hand von meiner Schulter,
Lege mich weg und geh deines Weges.

Dann schloss ich das Buch wieder und informierte die Studenten, dass ich am nächsten Freitagabend drei Lesungen aus
Walt Whitmans *Grashalmen* veranstalten würde: eine kurze,
eine mittellange und eine lange. Da die Zahl der Plätze begrenzt sei, sagte ich, hätte ich beschlossen, sie in einer Auktion zu versteigern. Ich teilte Blätter aus, auf denen sie ihre
Gebote notieren sollten, aber zuvor stellte ich ihnen noch eine
Frage.

Die eine Hälfte der Studenten fragte ich, ob sie theoretisch bereit wären, mir für eine zehnminütige Lesung 10 Dollar zu bezahlen; ihre Antwort sollten sie aufschreiben. Die andere Hälfte sollte aufschreiben, ob sie bereit wären, einer zehnminütigen Lesung von mir zu lauschen, wenn ich ihnen 10 Dollar bezahlte.

Das war natürlich der Anker. Dann bat ich die Studenten, Gebote für einen Platz in meiner Lyriklesung abzugeben. Was meinen Sie? Hat dieser erste Anker die nachfolgenden Gebote beeinflusst?

Ehe ich Ihnen die Antwort verrate, sollten Sie zwei Dinge bedenken. Zum einen bin ich nicht gerade ein begnadeter Rezitator von Gedichten. Geld für eine zehnminütige Lesung von mir zu verlangen könnte deshalb als reichlich unverfroren angesehen werden. Zum anderen mussten die Studenten gar nicht bieten, auch wenn ich sie gefragt hatte, ob sie mir für das Privileg, meine Lesung zu hören, etwas bezahlen würden. Sie hätten den Spieß umdrehen und verlangen können, dass ich ihnen etwas bezahle.

Und jetzt das Ergebnis (Trommelwirbel, bitte). Diejenigen, die die theoretische Frage, ob sie mir etwas bezahlen würden, mit Ja beantwortet hatten, waren tatsächlich bereit, mich für dieses Privileg zu bezahlen. Sie boten im Durchschnitt rund einen Dollar für die kurze Lyriklesung, etwa zwei Dollar für die mittellange und etwas mehr als drei Dollar für die lange Lesung. (Vielleicht könnte ich mir so auch außerhalb der akademischen Hallen meine Brötchen verdienen.)

Aber was war mit denjenigen, die sich an dem Gedanken verankert hatten, fürs Zuhören bezahlt zu werden (anstatt mich zu bezahlen)? Wie Sie vielleicht schon ahnen, wollten sie tatsächlich Geld haben: Sie verlangten im Durchschnitt 1,30 Dollar für die kurze Lyriklesung, 2,70 Dollar für die mittellange und 4,80 Dollar für die lange Lesung.

Es gelang mir also, fast wie Tom Saywer, aus einem ambivalenten Erlebnis (und wenn Sie mich Gedichte rezitieren hören würden, wüssten Sie, wie ambivalent dieses Erlebnis tatsächlich ist) willkürlich ein angenehmes oder unangenehmes Erlebnis zu machen. Niemand in beiden Studentengruppen wusste, ob die Qualität meines Gedichtvortrags ein Eintrittsgeld wert oder eher dergestalt war, dass man ihn sich nur gegen eine finanzielle Gegenleistung anhören würde (sie wussten nicht, ob es angenehm oder unangenehm sein würde). Doch sobald sich der erste Eindruck gebildet hatte (dass sie mir oder ich ihnen etwas zahlen würde), waren die Würfel gefallen und der Anker gesetzt. Überdies folgten die anderen Entscheidungen dieser ersten Entscheidung in offenbar logischer und kohärenter Weise. Die Studenten wussten nicht, ob es eine gute oder eine schlechte Erfahrung sein würde, mich Gedichte rezitieren zu hören, aber ganz gleich, wie ihre erste Entscheidung aussah, sie benutzten sie als Input für die nachfolgenden Entscheidungen und lieferten ein über alle drei Lesungen kohärentes Antwortmuster.

Natürlich kam Mark Twain zu dem gleichen Schluss: »Wäre Tom ein großer und weiser Philosoph gewesen, wie der Verfasser dieses Buches, hätte er jetzt erkannt, dass all das Arbeit ist, was ein Mensch gezwungen ist zu tun, und all das Spiel, was ein Mensch nicht gezwungen ist zu tun.« Und weiter beobachtete Mark Twain: »In England gibt es reiche Gentlemen, die im Sommer tagtäglich zwanzig oder dreißig Meilen mit einem Vierspänner herumkutschieren, weil dieses Privileg sie eine beträchtliche Summe Geld kostet; würde man sie für diese Dienstleistung aber entlohnen wollen, würde Arbeit daraus, und sie würden darauf verzichten.«*

---

* Im Kapitel über soziale und Marktnormen (Kapitel vier), kommen wir noch einmal auf diese scharfsinnige Beobachtung zurück.

Wohin führen uns diese Gedanken? Zum einen veranschaulichen sie, dass bei vielen Entscheidungen, die wir treffen – von banalen bis zu schwerwiegenden –, Verankerungen mitspielen. Wir entscheiden, ob wir uns einen Big Mac kaufen, rauchen, bei Rot über die Straße gehen, in Patagonien Urlaub machen, uns Tschaikowsky anhören, uns mit einer Dissertation herumschlagen, heiraten, Kinder haben, im Grünen wohnen, konservativ wählen und so weiter – oder nicht. Ökonomischer Theorie zufolge stützen wir uns bei diesen Entscheidungen auf unsere grundlegenden Wertvorstellungen – unsere Vorlieben und Abneigungen.

Doch was lehren uns diese Experimente über unser Leben im Allgemeinen? Könnte es sein, dass unser so sorgfältig aufgebautes Leben größtenteils schlicht ein Produkt willkürlicher Kohärenz ist? Könnte es sein, dass wir unser Leben auf irgendwann in der Vergangenheit getroffenen willkürlichen Entscheidungen (wie die Gänseküken, die Lorenz als ihre Mutter akzeptierten) aufgebaut haben, in der Annahme, dass die ersten Entscheidungen klug waren? Ist das die Logik, nach der wir unseren Beruf, unseren Ehepartner, die Kleidung, die wir tragen, und unsere Frisur wählen? Waren die ersten Entscheidungen überhaupt klug? Oder waren sie zum Teil zufällige erste Prägungen, die sich verselbständigt haben?

Cogito ergo sum – »Ich denke, also bin ich« –, heißt es bei Descartes. Aber angenommen, wir sind nicht mehr als die Summe unserer ersten, naiven, zufälligen Verhaltensweisen. Was dann?

Diese Fragen zu beantworten dürfte nicht einfach sein, aber im persönlichen Bereich können wir, was unsere irrationalen Verhaltensweisen angeht, durchaus einiges tun. Wir können anfangen, uns unsere Schwachpunkte bewusstzumachen. Angenommen, Sie wollen sich das allerneueste Handy kaufen (das mit der Drei-Megapixel-Kamera mit Achtfach-Zoom) oder sich sogar täglich eine Tasse Gourmetkaffee zum gehobenen Preis gönnen. Dann könnten Sie einen Anfang machen, indem Sie dieses Vorhaben, diese Gewohnheit hinterfragen. Was stand am Anfang? Als Nächstes könnten Sie sich fragen, welches Maß an Spaß oder Genuss Sie daraus ziehen. Ist es so viel, wie Sie erwartet haben? Könnten Sie dafür ein bisschen weniger ausgeben und das restliche Geld besser anlegen, für etwas anderes? Eigentlich sollten Sie sich angewöhnen, jedes wiederholte Verhalten bei sich selbst zu hinterfragen. Im Falle des Handys tut's vielleicht auch ein günstigeres Modell, und Sie können den gesparten Betrag für etwas anderes verwenden. Und was den Kaffee angeht: Anstatt zu überlegen, welche Spezialität Sie sich heute gönnen, könnten Sie sich fragen, ob Sie überhaupt jeden Tag einen so teuren Kaffee trinken müssen.

Ein besonderes Augenmerk verdient auch unsere erste Entscheidung bei allen Dingen, die eine lange Reihe von Entscheidungen nach sich ziehen werden – Kleidung, Nahrung und so weiter. Es mag in solchen Fällen den Anschein haben, als ginge es nur um eine einzige Entscheidung, die keine großen Folgen nach sich zieht, aber in Wirklichkeit können die Erstentscheidungen einen derart prägenden Effekt haben, dass sie unsere späteren Entscheidungen noch jahrelang beeinflussen. Angesichts dieser langfristigen Auswirkung kommt der ersten Entscheidung eine besondere Bedeutung zu, und wir sollten ihr deshalb auch ein angemessenes Maß an Aufmerksamkeit widmen.

Sokrates sagte einst, ein ungeprüftes Leben sei nicht lebenswert. Vielleicht ist es an der Zeit, einmal die Prägungen und Anker in unserem eigenen Leben zu überprüfen. Selbst wenn sie früher vollkommen vernünftig waren – sind sie es heute auch noch? Wenn wir alte Entscheidungen überdenken, können wir uns neuen Entscheidungen – und den neuen Chancen eines neuen Tages – öffnen. Das hört sich doch ganz vernünftig an.

Bei all dem Räsonieren über Anker und Gänseküken geht es aber nicht nur um die Präferenzen von Konsumenten. Die herkömmliche Ökonomie geht davon aus, dass die Preise von Produkten auf dem Markt von zwei Kräften bestimmt werden, die zu einem Gleichgewicht finden: von der Produktion zu einem bestimmten Preis (Angebot) und den Bedürfnissen der Personen mit Kaufkraft zu einem bestimmten Preis (Nachfrage). Der Schnittpunkt, an dem sich diese beiden Kräfte treffen, bestimmt die Marktpreise.

Das ist ein bestechender Gedanke, der jedoch im Kern von der Annahme ausgeht, dass diese beiden Kräfte voneinander unabhängig sind und dass sie gemeinsam den Marktpreis bilden. Die Ergebnisse der in diesem Kapitel vorgestellten Experimente (und der Grundgedanke der willkürlichen Kohärenz selbst) stellen diese Annahmen jedoch in Frage. Erstens ist gemäß der ökonomischen Standardtheorie die Zahlungsbereitschaft der Konsumenten (also die Nachfrage) einer der beiden Inputs, die den Marktpreis bestimmen. Doch die Zahlungsbereitschaft der Verbraucher lässt sich, wie unsere Experimente gezeigt haben, ohne weiteres manipulieren, und das bedeutet, dass Verbraucher ihre Präferenzen und die Preise, die sie für verschiedene Produkte und Leistungen zu bezahlen bereit sind, in Wirklichkeit nicht sonderlich gut im Griff haben.

Zweitens lassen die hier gezeigten Manipulationen der Verankerung entgegen der Annahme der ökonomischen Standardtheorie erkennen, dass die Kräfte von Angebot und Nachfrage keineswegs voneinander unabhängig sind. In der realen Welt erfolgt die Verankerung durch den empfohlenen Verkaufspreis des Herstellers (UVP), durch die in Anzeigen, bei Werbekampagnen, Produktpräsentationen und so weiter genannten Preise. All dies sind Variablen auf der Angebotsseite. Also scheint die Kausalität eher umgekehrt zu sein, dass nämlich weniger die Zahlungsbereitschaft der Verbraucher die Marktpreise beeinflusst, als vielmehr die Marktpreise selbst die Zahlungsbereitschaft der Verbraucher beeinflussen. Das bedeutet, dass die Nachfrage in Wirklichkeit keine vom Angebot völlig unabhängige Kraft ist.

Damit sind wir aber noch nicht am Ende der Geschichte. Im Rahmen der willkürlichen Kohärenz basieren die Marktbeziehungen zwischen Nachfrage und Angebot (dass zum Beispiel mehr Joghurt gekauft wird, wenn er besonders günstig angeboten wird) nicht auf Präferenzen, sondern auf Erinnerung! Nehmen wir zur Veranschaulichung Ihren gegenwärtigen Verbrauch von Milch und Wein. Und jetzt stellen Sie sich vor, dass morgen zwei neue Steuern eingeführt werden. Durch die eine wird der Preis von Wein um 50 Prozent reduziert, durch die andere der Preis von Milch um 100 Prozent erhöht. Was, meinen Sie, wird passieren? Die veränderten Preise werden sicherlich den Konsum beeinflussen, und viele Menschen werden ein wenig beschwingter herumlaufen, dafür mit weniger Kalzium. Aber was, wenn Sie sich aufgrund einer gleichzeitig herbeigeführten Amnesie nicht an die früheren Preise von Wein und Milch erinnern können? Wenn die Preise sich in der oben genannten Weise verändern, Sie aber nicht mehr wissen, was Sie für diese beiden Produkte früher bezahlt haben?

Ich vermute, dass die Preisveränderungen die Nachfrage sehr stark beeinflussen würden, wenn die Leute sich an die früheren Preise erinnern und die Steigerung bemerken würden. Aber ich vermute auch, dass diese Preisänderungen ohne Erinnerung an die früheren Preise die Nachfrage nur geringfügig, wenn überhaupt, beeinflussen würden. Wenn die Leute die früheren Preise nicht noch im Kopf hätten, würde der Konsum von Milch und Wein im Großen und Ganzen gleich bleiben, so, als hätten sich die Preise nicht verändert. Mit anderen Worten, unsere Reaktion auf Preisveränderungen könnte faktisch größtenteils das Ergebnis unserer Erinnerung an die früher bezahlten Preise und unseres Bedürfnisses nach Kohärenz mit unseren früheren Entscheidungen sein – und keineswegs unsere tatsächlichen Präferenzen oder unseren Bedürfnisstand widerspiegeln.

Dasselbe Prinzip würde auch gelten, wenn die Regierung eines Tages die Einführung einer Steuer beschließen würde, durch die sich der Benzinpreis verdoppelt. Herkömmlicher Wirtschaftstheorie zufolge müsste sich damit die Nachfrage verringern. Aber wäre es tatsächlich so? Natürlich würden die Leute anfangs die neuen Preise mit ihrem Ankerpreis vergleichen, wären geschockt von den neuen Preisen und würden ihren Benzinverbrauch möglicherweise einschränken, sich vielleicht sogar ein Hybridauto kaufen. Auf lange Sicht jedoch, und sobald sich die Verbraucher an den neuen Preis und die neuen Anker gewöhnt haben (wie wir uns auch an den Preis für Nike-Sportschuhe, Wasser in Flaschen und alles andere gewöhnen), würde sich unser Benzinverbrauch zu dem neuen Preis vielleicht sogar auf etwa dem früheren Niveau einpendeln. Außerdem ließe sich dieser Gewöhnungsprozess beschleunigen, wenn – wie bei dem Beispiel mit Starbucks – außer dem Preis auch andere Dinge verändert werden, beispielsweise ein Benzin mit neuer Oktanzahl oder ein neuer Kraftstoff (wie Äthanol aus Mais) angeboten werden.

Ich will damit nicht sagen, dass eine Verdoppelung des

Benzinpreises keine Auswirkung auf die Nachfrage hätte. Auf lange Sicht jedoch, davon bin ich überzeugt, hätte sie einen wesentlich geringeren Einfluss auf die Nachfrage, als man aus der Beobachtung kurzfristiger Marktreaktionen auf Preissteigerungen schließen könnte.

Ein weiterer Aspekt der willkürlichen Kohärenz hat mit den dem freien Markt und dem freien Handel zugeschriebenen Vorteilen zu tun. Der Grundgedanke des freien Marktes ist, dass, wenn ich etwas habe, das Sie mehr wertschätzen als ich – sagen wir, ein Sofa –, es dann für uns beide von Vorteil ist, wenn wir ein Tauschgeschäft machen. Das bedeutet, der beiderseitige Vorteil des Tauschhandels beruht auf der Annahme, dass alle Marktbeteiligten den Wert dessen kennen, was sie besitzen, und ebenso den Wert der Dinge, die sie durch Handel zu erwerben gedenken.

Wenn aber unsere Entscheidungen häufig durch zufällige erste Anker beeinflusst werden, wie wir bei unseren Experimenten gesehen haben, dann spiegeln unsere Entscheidungen und Tauschgeschäfte nicht unbedingt genau den wirklichen Genuss oder Nutzen wider, den wir aus diesen Produkten ziehen. Mit anderen Worten, wir treffen in vielen Fällen Entscheidungen auf dem Markt, die möglicherweise nicht widerspiegeln, wie sehr wir verschiedene Dinge wertschätzen. Wenn wir also diese Genusswerte gar nicht genau berechnen können, sondern häufig willkürlich gesetzten Ankern folgen, dann ist keineswegs klar, dass wir besser wegkommen, wenn wir die Gelegenheit zu einem Tauschgeschäft wahrnehmen. Es könnte zum Beispiel sein, dass wir wegen eines ungünstigen ersten Ankers fälschlicherweise etwas, das uns eine Menge Genuss verschafft (dessen erster Anker aber bedauerlicherweise nicht sehr fest war), gegen etwas eintauschen, das uns weniger Genuss verschafft (aber durch irgendeinen zufälligen Umstand einen festen ersten Anker hatte). Wenn Anker und die Erinnerung an diese Anker – und nicht Präferenzen – unser Verhalten bestimmen, warum wird der Tauschhandel dann als Schlüssel zur Maximierung des persönlichen Glücks (Nutzen) bejubelt?

Was bedeutet das konkret für uns? Wenn wir nicht darauf vertrauen können, dass die Marktkräfte von Angebot und Nachfrage die optimalen Marktpreise bilden, wenn wir uns nicht darauf verlassen können, dass die Mechanismen des freien Marktes uns bei der Maximierung unseres Nutzens unterstützen, dann müssen wir uns vielleicht anderweitig umschauen. Dies gilt insbesondere für elementare gesellschaftliche Aufgaben wie die medizinische und die Wasser- und Stromversorgung, die schulische Bildung und andere wichtige Ressourcen. Wenn Sie die Prämisse gelten lassen, dass Marktkräfte und freie Märkte den Markt nicht immer zum Besten regeln, dann finden Sie sich möglicherweise unter denjenigen wieder, die glauben, dass die Regierung (eine vernünftige und wohlüberlegt handelnde Regierung, wie wir hoffen) in einigen Bereichen des Marktes stärker eingreifen muss, selbst wenn dies eine Einschränkung des freien Unternehmertums bedeutet. Sicher, ein freier Markt, der ausschließlich auf Angebot und Nachfrage basiert, wäre ideal, wenn wir uns wirklich rational verhalten würden. Wenn wir uns aber nicht rational, sondern irrational verhalten, dann sollte die Politik diesen wichtigen Faktor nicht außer Acht lassen.

DREI

Der hohe Preis für null Kosten

*Warum wir oft zu viel bezahlen,
wenn wir nichts bezahlen*

Haben Sie schon einmal nach einem Gutschein für ein Gratispäckchen Kaffeebohnen gegriffen – obwohl Sie gar keinen Kaffee trinken und nicht einmal eine Kaffeemühle besitzen? Was hat es auf sich mit all den Gratisportionen, die Sie bei einem Büfett auf Ihren Teller gehäuft haben, obwohl Sie bereits Bauchschmerzen haben von den vielen Köstlichkeiten, die Sie schon gegessen haben? Und was ist mit dem unnützen Gratiszeug, das sich bei Ihnen angesammelt hat – dem Werbe-T-Shirt des Radiosenders, dem Teddybären, der der Schachtel Pralinen zum Valentinstag beigefügt war, dem Magnetkalender, den Ihnen Ihr Versicherungsvertreter jedes Jahr schickt?

Es ist kein Geheimnis, dass man ein gutes Gefühl hat, wenn man etwas umsonst bekommt. Wie sich herausstellt, ist null nicht einfach ein anderer Preis. Null ist ein emotionaler Volltreffer – eine Quelle irrationaler Begeisterung. Würden Sie etwas kaufen, das von 50 Cent auf 20 Cent herabgesetzt wurde? Vielleicht. Würden Sie es kaufen, wenn es von 50 auf zwei Cent herabgesetzt wäre? Vielleicht. Würden Sie zugreifen, wenn es von 50 Cent auf null Cent herabgesetzt wäre? Mit Sicherheit!

Was hat es mit null Kosten auf sich, dass wir sie so unwiderstehlich finden? Warum macht dieses Gratis! uns so glücklich? Schließlich kann es uns ganz schönen Ärger bereiten: Dinge, die zu erwerben wir nie in Betracht gezogen haben, werden unglaublich attraktiv, sobald wir sie kostenlos bekommen. Haben Sie nicht schon einmal bei einer Konferenz Kugelschreiber, Schlüsselanhänger und Notizblöcke eingesteckt und das meiste zu Hause dann doch weggeworfen? Haben Sie nicht schon einmal lange (zu lange) Schlange gestanden, nur um eine Gratisportion Eis zu bekommen? Haben Sie nicht schon einmal ein Produkt, das Sie ursprünglich gar nicht haben wollten, doppelt gekauft, nur um ein drittes Exemplar kostenlos zu bekommen?

Die Null hat eine lange Geschichte. Die Babylonier erfanden sie, die alten Griechen debattierten darüber in hochgeistigen Dialogen (wie kann etwas nichts sein?); vor 2500 Jahren verwendete der indische Wissenschaftler Pingal die Null und die Ziffer Eins, um zweistellige Zahlen zu erhalten, und sowohl bei den Maya als auch bei den Römern gehörte die Null zum Zahlensystem. Aber erst im Jahr 498 erhielt die Null ihren richtigen Stellenwert, als sich der indische Astronom Aryabhata eines Morgens im Bett aufrichtete und ausrief: »*Sthanam sthanam dasa gunam*«, was in etwa bedeutet: »Von Stelle zu Stelle der zehnfache Wert.« Damit war der Gedanke der Stellenwertnotierung geboren, und die Null kam in Umlauf: Sie breitete sich in die arabische Welt aus, wo sie zur Blüte kam, gelangte über die Iberische Halbinsel nach Europa, wurde von den Italienern ein wenig aufgefrischt und überquerte schließlich den Atlantik in Richtung Neue Welt, wo die Null an einem Ort namens Silicon Valley (zusammen mit der Ziffer Eins) reichlich Beschäftigung fand.

So viel als kurzer Bericht über die Geschichte der Null. Im Zusammenhang mit Geld ist der Begriff Null hingegen weniger erforscht. Ja, ich denke, er hat nicht einmal eine Geschichte. Trotzdem hat das Gratis! enorme Folgen. Nicht nur im Hinblick auf herabgesetzte Preise und Werbung, sondern auch darauf, wie dieses Gratis! uns hilft, Entscheidungen zu treffen, die uns und der Gesellschaft nützen.

Wenn Gratis! ein Virus wäre oder ein subatomares Teilchen, könnte ich das Objekt unter die Linse eines Elektronenmikroskops legen, es unterschiedlich einfärben, um seine Beschaffenheit zu enthüllen, oder es irgendwie zerschneiden, um den inneren Aufbau zu analysieren. In der Verhaltensökonomie hingegen benutzen wir ein anderes Instrument – eines, das uns ermöglicht, das menschliche Verhalten in einzelne Schritte zu zerlegen und es wie in Zeitlupe in seiner Entfaltung zu untersuchen. Wie Sie inzwischen sicher schon ahnen, handelt es sich bei diesem Verfahren um das Experiment.

Ich stieg mit Kristina Shampanier (einer Promovendin am MIT) ins Schokoladengeschäft ein – jedenfalls könnte man es so nennen. Wir stellten vor einem großen öffentlichen Gebäude einen Tisch auf und boten zwei Sorten Schokolade an – Lindt-Trüffel und Hershey's Kisses. Über dem Tisch stand auf einem großen Plakat: »Eine Praline pro Kunde.« Wenn die potenziellen Kunden näher traten, konnten sie die beiden Sorten und ihren Preis sehen.*

Für diejenigen unter Ihnen, die nicht zu den Schokoladenkennern gehören: Die Schokotrüffeln von Lindt gelten als besonders hervorragend – zart schmelzend und geradezu unwiderstehlich. Sie kosten in den USA pro Stück etwa 50 (Dollar-) Cent, wenn man sie lose kauft. Bei Hershey's Kisses hingegen

---

* Die Preise waren so angebracht, dass sie nur aus der Nähe zu erkennen waren, und zwar deshalb, weil wir gewährleisten wollten, dass nicht verschiedene Typen von Menschen in unterschiedlicher Verfassung angezogen wurden – das heißt, um die sogenannte Selbstselektion zu vermeiden.

handelt es sich zwar um ganz gute Pralinen, aber sie sind, seien wir ehrlich, ziemlich gewöhnlich: Hershey produziert davon täglich 80 Millionen Stück. In dem Ort Hershey in Pennsylvania haben sogar die Straßenlaternen die Form des allgegenwärtigen Hershey's Kiss.

Und was passierte, als die Studenten unseren Stand stürmten? Als wir den Preis für eine Lindt-Trüffel auf 15 Cent festsetzten und den für einen Hershey's Kiss auf einen Cent, zeigte sich – für uns kaum überraschend –, dass sich unsere Kunden ziemlich rational verhielten: Sie verglichen den Preis und die Qualität der Hershey-Praline mit dem Preis und der Qualität der Lindt-Trüffel und trafen dann ihre Wahl: Etwa 73 Prozent wählten eine Trüffel und 27 Prozent einen Kiss.

Anschließend wollten wir sehen, wie ein Gratisangebot die Situation veränderte, und boten die Lindt-Trüffel für 14 Cent und den Kiss gratis an. Würde nun ein anderes Ergebnis herauskommen? Musste ein anderes Ergebnis herauskommen? Schließlich hatten wir den Preis für beide Pralinensorten lediglich um einen Cent gesenkt.

Und wie sich das Ergebnis veränderte! Der einfache Hershey's Kiss erwies sich nun als der große Favorit. An die 69 Prozent unserer Kunden (im Gegensatz zu den vorherigen 27 Prozent) entschieden sich für den Gratis-Kiss, während die Lindt-Trüffel regelrecht abstürzte: Der Anteil der Kunden, die sich für sie entschieden, sank von 73 auf 31 Prozent.

Was spielte sich hier ab? Zuallererst möchte ich sagen, dass es häufig absolut vernünftig sein kann, Gratisangebote wahrzunehmen. Wenn Sie zum Beispiel in einem Kaufhaus ein Sortiment kostenloser Sportsocken entdecken, ist nichts dagegen einzuwenden, sich so viele davon zu schnappen, wie nur irgend möglich. Kritisch wird es erst dann, wenn es zu einer Konkurrenz zwischen einem kostenlosen Artikel und einem anderen kommt – eine Konkurrenz, bei der uns das Gratis! zu einer schlechten Wahl veranlasst. Stellen Sie sich beispielsweise vor, Sie würden in ein Sportgeschäft gehen, um ein Paar weiße Socken zu kaufen, und zwar solche mit einer gut gepolsterten Ferse und verstärkter Kappe. Nach einer Viertelstunde verlassen Sie das Geschäft nicht mit den Socken, die Sie kaufen wollten, sondern mit einem billigeren Paar, das Ihnen überhaupt nicht gefällt (ohne gepolsterte Ferse und verstärkte Kappe), jedoch im Paket mit einem zweiten Gratispaar angeboten wurde. In diesem Fall haben Sie auf einen guten Handel verzichtet und sich stattdessen mit etwas begnügt, was Sie nicht wollten, nur, weil Sie sich von dem Gratis! haben beeindrucken lassen.

Um zu sehen, ob dies auch bei unserem Pralinenexperiment eintrat, sagten wir unseren Kunden, sie dürften nur eine Praline nehmen – Kiss oder Trüffel. Sie standen also vor einem Entweder-Oder wie bei der Wahl zwischen zwei Arten von Sportsocken. Und genau das machte die Reaktion der Kunden auf den Gratis-Kiss so spannend: Beide Pralinen waren ja um denselben Betrag herabgesetzt. Die relative Preisdifferenz zwischen den beiden blieb also unverändert – ebenso wie der zu erwartende Genuss.

Nach der gängigen Wirtschaftstheorie hätte die Preisreduktion keine Veränderung im Verhalten unserer Kunden nach sich ziehen dürfen – also 27 Prozent für den Kiss und 73 Prozent für die Trüffel. Und da sich im Verhältnis der beiden zueinander nichts verändert hatte, hätte die Reaktion trotz Herabsetzung des Preises genau dieselbe wie zuvor sein müssen.

Ein zufällig vorbeikommender, seinen Spazierstock schwingender, der konventionellen ökonomischen Theorie anhängender Wirtschaftswissenschaftler hätte sicher gesagt, dass der Anteil der Kunden, die die Trüffel bevorzugten, derselbe sein werde wie zuvor.*

Nun aber sah es ganz anders aus: Die Leute drängten sich um den Tisch, um sich einen Hershey's Kiss zu schnappen, und zwar nicht, weil sie eine vernünftige Kosten-Nutzen-Abwägung vorgenommen hatten, sondern einfach deshalb, weil die Hershey-Pralinen umsonst zu haben waren. Wie seltsam (aber auch berechenbar) wir Menschen doch sind!

Zufällig kamen wir bei anderen Experimenten zur selben Schlussfolgerung. So boten wir Hershey's Kisses zum Preis von zwei, einem und null Cent an und die Lindt-Trüffeln entsprechend zum Preis von 27, 26 und 25 Cent, um zu sehen, ob die Preisreduzierung der Hershey-Praline von zwei auf einen Cent und der Trüffel von 27 auf 26 Cent die Prozentsätze der Käufer für die jeweilige Praline verändern würde. Das war nicht der Fall. Doch als wir dann die Hershey-Pralinen gratis anboten, veränderte sich das Verhalten der Kunden massiv. Die Käufer verlangten mit überwältigender Mehrheit Hershey's Kisses.

Aber vielleicht war das Ergebnis verzerrt, weil die Käufer keine Lust hatten, in ihrem Portemonnaie oder Rucksack nach Kleingeld zu suchen, oder überhaupt kein Geld bei sich hatten. Dadurch wäre dann das Gratisangebot auf »künstliche« Weise attraktiver geworden. Dies berücksichtigend, führten wir in den MIT-Kantinen weitere Experimente durch. Dabei wurden die Pralinen neben der Kasse aufgestellt wie sonst bestimmte Sonderangebote auch, und die Studenten, die gern Pralinen aßen, legten sie einfach auf ihr Tablett und

---

*Genauere Informationen darüber, wie ein rationaler Kunde in solchen Fällen entscheidet, finden sich im Anhang zu diesem Kapitel.

bezahlten sie an der Kasse mit. Was geschah? Auch hier entschieden sich die Studenten mit überwältigender Mehrheit für das Gratisangebot.

Warum ist ein Gratis! so verlockend? Woher kommt der irrationale Drang des Menschen, sich auf einen kostenlosen Gegenstand zu stürzen, auch wenn er ihn eigentlich gar nicht will?

Ich glaube, die Antwort lautet folgendermaßen: Die meisten getätigten Käufe haben positive und negative Aspekte, doch wenn etwas gratis angeboten wird, vergessen wir die negativen Seiten. Das Gratis! gibt uns einen derartigen emotionalen Kick, dass wir das Angebotene für enorm viel wertvoller halten, als es tatsächlich ist. Warum? Ich denke, weil der Mensch eine tiefsitzende Angst vor Verlust hat. Die eigentliche Faszination des Gratis! hat mit dieser Angst zu tun. Natürlich droht kein Verlust, wenn wir uns für ein Gratisprodukt entscheiden (es ist ja umsonst). Nehmen wir hingegen an, wir entscheiden uns für das Produkt, das *nicht* kostenlos ist. Und siehe da, jetzt besteht die Gefahr, eine schlechte Entscheidung getroffen zu haben – die Möglichkeit eines Verlusts. Also greifen wir, wenn wir die Wahl haben, nach dem, was kostenlos ist.

Aus diesem Grund ist auf dem Gebiet der Preisgestaltung null Cent nicht einfach ein anderer Preis. Zweifellos können 10 Cent die Nachfrage enorm verändern (zum Beispiel beim Verkauf von Millionen Barrel Öl), aber die Gefühlswelle, die ein Gratis! auslöst, ist durch nichts zu überbieten. Dieser Effekt des Angebots zum Null-Preis rangiert in einer eigenen Kategorie.

Natürlich ist »etwas kostenlos kaufen« eine Art Oxymoron. Ich möchte Ihnen aber ein Beispiel dafür geben, dass wir häufig der Versuchung nicht widerstehen können, einfach aufgrund der klebrigen Substanz namens Gratis! etwas zu erwerben, was wir vielleicht gar nicht wollen.

Kürzlich stieß ich auf die Zeitungsanzeige eines großen Elektronikherstellers, der mir beim Kauf seines neuen DVD-Players mit hoher Auflösung sieben Gratis-DVDs anbot. Zunächst: Brauche ich gerade jetzt einen hochauflösenden DVD-Player? Wahrscheinlich nicht, da nur sehr wenige DVDs diese hohe Auflösung haben. Doch selbst wenn ich einen brauchte, wäre es da nicht klüger, abzuwarten, bis die Preise fallen? Schließlich ist das (in dieser Branche) immer der Fall – DVD-Player mit hoher Auflösung, die heute 600 Dollar kosten, werden schon sehr bald für 200 Dollar angeboten. Zweitens verfolgte der Hersteller des DVD-Players mit seinem Angebot eine klare Strategie. Angesichts der sich abzeichnenden marktbeherrschenden Position der Blu-ray Disc droht diesem Gerät das Los des Auslaufmodells. Wie viel ist also dieses Gratis! wert, wenn das angebotene Gerät womöglich in der Versenkung verschwindet (wie Beta VHS)? Zumindest sind dies rationale Überlegungen, die uns davor bewahren könnten, dem Bann des Gratis! zu erliegen. Aber Donnerwetter, diese Gratis-DVDs sind wirklich nicht schlecht!

Wenn es um Preise geht, stellt das Gratis! zweifellos eine Verlockung dar. Aber wie ist es bei einem Angebot, bei dem man etwas eintauscht? Sind wir Gratisprodukten gegenüber genauso empfänglich, wenn sie uns im Zuge eines Tauschgeschäfts angeboten werden? Vor einigen Jahren hatte ich, als Halloween vor der Tür stand, eine Idee, um diese Frage zu untersuchen. Diesmal musste ich nicht einmal das Haus verlassen, um Antworten darauf zu erhalten. Am frühen Abend stieg Joey, ein neunjähriger Junge, verkleidet als Spiderman – mit Maske und einer schwarz gepunkteten Haube –, in der

Hand eine große gelbe Tasche, die Stufen unserer Veranda hinauf. Seine Mutter begleitete ihn, um darauf zu achten, dass niemand ihrem Kind einen Apfel mit einer darin verborgenen Rasierklinge gab. (Übrigens ist es noch nie vorgekommen, dass an Halloween Äpfel mit Rasierklingen verschenkt wurden; das ist nur ein urbaner Mythos.) Aber sie blieb auf dem Gehsteig stehen, um Joey das Gefühl zu vermitteln, dass er allein sein »Süßes oder Saures« vorbrachte.

Nachdem er seinen Spruch aufgesagt hatte, forderte ich Joey auf, seine rechte Hand aufzuhalten. Ich legte ihm drei Hershey-Pralinen hinein und bat ihn, sie einen Augenblick so zu halten. »Du kannst auch eins von diesen beiden Snickers bekommen«, sagte ich dann und zeigte ihm ein großes und ein kleines. »Das heißt, wenn du mir eine von diesen Pralinen gibst, gebe ich dir das kleine Snickers, für zwei Hershey-Pralinen bekommst du das große Snickers.«

Nun mag sich ein Kind ja als riesige Spinne verkleiden, aber das heißt nicht, dass es dumm ist. Das kleine Snickers wog 28 Gramm, das große 56 Gramm. Joey brauchte mir nur eine weitere Hershey-Praline zu geben (mit einem Gewicht von etwa 5 Gramm), um weitere 28 Gramm Snickers zu bekommen. Einen Raketenforscher hätte dieser Handel wahrscheinlich in Verlegenheit gebracht, für einen neunjährigen Jungen aber war es eine einfache Rechnung: Er würde fast das Sechsfache (an Nettogewicht Schokolade) dessen erhalten, was er investieren musste, wenn er sich für das größere Snickers entschied. Blitzartig drückte mir Joey zwei seiner Hershey-Pralinen in die Hand, nahm das große Snickers und versenkte es in seiner Tasche.

Joey war nicht der Einzige, der diese schnelle Entscheidung traf. Bis auf eins tauschten alle Kinder zwei Hershey-Pralinen gegen das große Snickers ein.

Als Nächste kam Zoe die Straße entlang. Sie war als Prinzessin verkleidet – langes weißes Kleid, einen Zauberstab in der einen, einen orangefarbenen Halloween-Kürbiseimer in der anderen Hand. Ihre jüngere Schwester, bekleidet mit einem kuscheligen Häschenkostüm, lag bequem in den Armen des Vaters.

Während sie sich unserem Haus näherten, rief Zoe mit lauter, kindlicher Stimme: »Süßes oder Saures!« Ich gebe zu, dass ich früher manchmal darauf etwas heimtückisch »Saures!« geantwortet hatte. Es war so reizvoll zu beobachten, wie die meisten Kinder dann verblüfft den Mund aufsperrten, weil sie nie darüber nachgedacht haben, dass ihre Frage auch diese Antwort zulässt.

In diesem Fall jedoch gab ich Zoe ihr »Süßes« – drei Hershey-Pralinen. Aber ich hatte noch einen Trick im Ärmel: Ich bot der kleinen Zoe einen Handel an und stellte sie vor die Wahl zwischen einem großen Snickers im Tausch gegen eine ihrer Hershey-Pralinen und einem kleinen Snickers ohne Gegenleistung.

Es bedurfte nur einer einfachen Rechnung (wie von Joey so schön demonstriert), um zu dem Ergebnis zu kommen, dass das beste Geschäft darin bestand, nicht das kleine – »kostenlose« – Snickers zu wählen, sondern einen zusätzlichen Hershey's Kiss zu »opfern«, um dafür das große Snickers einzukassieren. Gemessen am Gewicht der Schokolade, war es weitaus günstiger, einen kleinen Hershey's Kiss herzugeben und dafür das größere Snickers (56 Gramm) zu bekommen, statt nur das kleinere (28 Gramm). Für Joey und die Kinder, die sich in einer Situation befanden, in der beide Snickers etwas kosteten, war dies vollkommen klar. Was aber würde Zoe tun? Würde ihr cleverer Kinderverstand diese rationale Wahl treffen – oder würde sie die Tatsache, dass das kleine

Snickers gratis zu haben war, blind machen für die rational richtige Reaktion?

Wie Sie vielleicht schon ahnen, ließen sich Zoe und die anderen Kinder, denen ich dasselbe Geschäft vorschlug, von meinem Gratisangebot blenden. Etwa 70 Prozent von ihnen verzichteten zugunsten des schlechteren auf den besseren Handel, nur, weil sie bei Ersterem etwas Verlockendes gratis bekamen.

Nur für den Fall, dass Sie meinen, Kristina und ich würden gern kleine Kinder schikanieren, möchte ich erwähnen, dass wir dieses Experiment bei größeren Kindern, besser gesagt, bei Studenten des MIT-Studentenclubs, wiederholten. Die Ergebnisse waren dieselben wie an jenem Halloween-Abend. Also ist die Attraktivität eines Gratisangebots nicht auf den Kauf mit Geld beschränkt. Unabhängig davon, ob wir mit Geld oder mit einem Produkt »bezahlen«: Wir können einfach der Anziehungskraft eines Gratisangebots nicht widerstehen.

Glauben Sie, dass Sie die Sache mit den Gratisangeboten im Griff haben?

Okay. Dann stelle ich Ihnen eine Frage. Nehmen Sie einmal an, ich würde Sie vor die Wahl stellen zwischen einem kostenlosen Amazon-Gutschein über 10 Dollar und einem über 20 Dollar, für den Sie 7 Dollar bezahlen müssten. Entscheiden Sie sich rasch. Welchen würden Sie nehmen?

Wenn Sie sich auf den Gratisgutschein stürzen, dann ergeht es Ihnen wie den meisten der Menschen, die wir auf den Einkaufsstraßen Bostons fragten. Aber schauen Sie einmal genau hin: Ein Gutschein über 20 Dollar, für den Sie 7 Dollar bezahlen müssen, verschafft Ihnen einen Gewinn von 13 Dollar. Das ist eindeutig besser als ein kostenloser Gutschein über 10 Dollar (oder ein Gewinn von 10 Dollar). Sehen Sie, welches irrationale Verhalten dahintersteckt?*

Ich möchte Ihnen etwas erzählen, was sehr gut den Einfluss des Zauberwortes »Gratis!« auf unser Verhalten zeigt. Vor wenigen Jahren bot Amazon.com den kostenlosen Versand von Bestellungen über einem bestimmten Wert an. Wer etwa nur ein Buch zu einem Preis von 16,95 Dollar kaufte, musste 3,95 Dollar Versandkosten bezahlen. Wenn der Kunde jedoch noch ein weiteres Buch bestellte, so dass sich die Summe auf 31,90 Dollar belief, erfolgte der Versand kostenlos.

Einige der Käufer wollten wahrscheinlich gar kein zweites Buch (und ich spreche hier aus eigener Erfahrung), aber der Gratisversand war so verlockend, dass sie bereit waren, die zusätzlichen Kosten auf sich zu nehmen. Die Leute bei Amazon waren äußerst zufrieden mit diesem Verlauf ihrer Kampagne, stellten jedoch fest, dass in einem Land – nämlich Frankreich – die Verkäufe nicht stiegen. Ist der französische Konsument rationaler als der Rest der Welt? Wohl kaum. Wie sich herausstellte, lautete das Angebot in Frankreich einfach anders.

Anstatt bei einer Bestellung über eine bestimmte Summe hinaus einen kostenlosen Versand anzubieten, hatte die französische Abteilung von Amazon den Versand solcher Bestellungen für einen sehr geringen Betrag angeboten. Der Unterschied zu einem Gratisversand war minimal – aber gravierend. Und tatsächlich, als Amazon den kostenlosen Versand anbot, stieg auch in Frankreich, wie in den übrigen Ländern, der Verkauf sprunghaft an. Mit anderen Worten: Während der Ver-

---

* Wir führten das Experiment auch mit folgender Alternative durch: entweder ein 10-Dollar-Gutschein für 1 Dollar oder ein 20-Dollar-Gutschein für 8 Dollar. Hierbei wählten die meisten Angesprochenen den 20-Dollar-Gutschein.

sand zu einem nahezu symbolischen Preis von den Franzosen praktisch ignoriert wurde, löste der kostenlose Versand eine begeisterte Reaktion aus.

Eine ähnliche Erfahrung machte vor einigen Jahren auch America Online (AOL), als das Unternehmen statt eines Stundenpreises einen pauschalen Monatspreis anbot (das heißt, für 19,95 Dollar im Monat konnte man so lange online sein, wie man wollte). Aufgrund des neuen Preissystems erwartete AOL einen Anstieg der Nachfrage um 5 Prozent und erhöhte dementsprechend seine Kapazitäten. Und was passierte? Praktisch über Nacht stieg die Zahl der Kunden, die sich einloggten, von 140 000 auf 236 000, und die durchschnittliche Zeit, die die Kunden online waren, verdoppelte sich. Das war jedoch nur auf den ersten Blick ein großer Erfolg. Die Kunden klagten über ständig belegte Leitungen, und bald sah sich AOL gezwungen, Dienste von anderen Anbietern hinzuzukaufen (die natürlich nur allzu gern Kapazitäten an AOL zu einem Preis abgaben wie ein Anbieter von Schneeschaufeln bei einem Schneesturm). Bob Pittman (der damalige Chef von AOL) hatte nicht bedacht, dass die Konsumenten auf dieses verlockende Angebot reagieren würden wie Hungernde vor einem üppigen Büfett.

Bei der Wahl zwischen zwei Produkten reagieren wir also oft übertrieben auf das, welches gratis angeboten wird. Wir ziehen ein kostenloses Girokonto (ohne weitere Vergünstigungen) dem zu einem Preis von 5 Dollar pro Monat vor. Wenn jedoch das Girokonto zu 5 Dollar kostenlose Reiseschecks, Online-Dienste und so weiter beinhaltet und das Gratiskonto nicht, zahlen wir bei dem kostenlosen Konto am Ende womöglich für dieses Paket mehr als bei dem 5-Dollar-Konto. Ebenso entscheiden wir uns wahrscheinlich für eine Hypothek ohne Abschlussgebühren, die andererseits mit horrenden Zinsen und anderen Gebühren verbunden ist. Und wir kaufen Produkte, die wir eigentlich gar nicht wollen, nur, weil wir etwas gratis dazubekommen.

Meine jüngste Erfahrung in dieser Beziehung machte ich in Zusammenhang mit einem Autokauf. Als ich letztes Jahr nach einem neuen Wagen Ausschau hielt, war ich entschlossen, einen Minivan zu kaufen. Ich hatte mich intensiv mit Minivans von Honda beschäftigt und wusste alles über diese Modelle. Aber dann fiel mein Blick auf einen Audi, und zwar durch ein attraktives Angebot – den Gratis-Ölwechsel für die ersten drei Jahre. Wie hätte ich da widerstehen können?

Um ganz ehrlich zu sein: Der Audi war rot, sportlich, und ich wehrte mich immer noch gegen den Gedanken, der reife und verantwortungsbewusste Vater von zwei kleinen Kindern zu sein. Nicht, dass mich der kostenlose Ölwechsel überwältigt hätte, dennoch beeinflusste er mich – aus rationaler Sicht betrachtet – in ungerechtfertigtem Maß. Bloß weil er gratis war, stellte er einen zusätzlichen Anreiz für mich dar.

Also kaufte ich den Audi. (Wenige Monate später, als ich auf einem Highway unterwegs war, ging das Getriebe kaputt – aber das ist eine andere Geschichte.) Natürlich hätte ich, wenn ich einen kühlen Kopf bewahrt hätte, eine genauere Rechnung angestellt. Ich fahre etwa 11 000 Kilometer pro Jahr, ein Ölwechsel ist alle 16 000 Kilometer fällig und kostet etwa 75 Dollar. Damit habe ich in dem Zeitraum der ersten drei Jahre circa 150 Dollar gespart, also etwa 0,5 Prozent des Kaufpreises meines Wagens – kein besonders guter Grund für meine Entscheidung. Aber es kommt noch schlimmer: Ich habe jetzt einen Audi, der bis unters Dach mit Spielfiguren, einem Buggy, einem Fahrrad und anderen Kindersachen vollgestopft ist.

Die Sache mit der Null gilt auch für die Zeit. Schließlich fehlt die Zeit, die wir mit einer Aktivität verbringen, bei einer anderen. Wenn wir 45 Minuten lang Schlange stehen, um eine Gratis!-Portion Eis zu bekommen, oder eine halbe Stunde brauchen, um ein langes Formular für einen winzigen Preisnachlass auszufüllen, dann können wir in dieser Zeit nichts anderes tun.

Mein Lieblingsbeispiel hierfür ist ein Tag mit freiem Eintritt in einem Museum. Obwohl die meisten Museen nicht besonders teuer sind, finde ich es viel reizvoller, mein Kunstbedürfnis kostenlos zu befriedigen. Aber natürlich bin ich da nicht der Einzige. An solchen Tagen ist das Museum überfüllt. Es bildet sich eine lange Schlange; man sieht kaum etwas, und sich mit den vielen Leuten im Museum und im Café herumzuschlagen ist schlicht unangenehm. Weiß ich, dass es ein Fehler ist, dann ins Museum zu gehen, wenn der Eintritt frei ist? Darauf können Sie wetten – aber ich tue es trotzdem.

Die Null kann auch bei Lebensmittelkäufen eine Rolle spielen. Lebensmittelhersteller müssen auf der Verpackung alle möglichen Informationen liefern – über Kalorien, Fettgehalt, Ballaststoffe und so weiter. Könnte es sein, dass uns null Kalorien, null Transfettsäuren, null Kohlenhydrate und so weiter ebenso attraktiv erscheinen wie null Kosten für ein Produkt? Gilt hier dieselbe Regel, müsste Pepsi mehr von seinem Getränk verkaufen, wenn auf der Dose »null Kalorien« statt »eine Kalorie« stünde.

Nehmen wir einmal an, Sie sitzen in einer Bar und unterhalten sich mit Freunden. Von einer Biermarke wird eine kalorienfreie Sorte angeboten, von einer anderen eine mit drei Kalorien. Welche Marke lässt Sie glauben, wirklich ein leichtes Bier zu trinken? Obwohl der Unterschied zwischen den beiden vernachlässigenswert ist, wird Ihnen das Null-Kalorien-Bier das Gefühl geben, dass Sie, was Ihre Gesundheit betrifft, das Richtige tun. Möglicherweise fühlen Sie sich sogar so gut, dass Sie dazu noch einen Teller Pommes frites bestellen.

Man kann also mit einer geringen Versandgebühr von 20 Cent den Status quo erhalten (wie im Fall der Amazon-Versandkosten in Frankreich) oder aber einen Massenansturm auslösen, indem man etwas gratis anbietet. Vergessen Sie nicht, wie zugkräftig dieser Gedanke ist. Null ist nicht einfach ein Preisnachlass. Null ist geradezu eine andere Welt. Der Unterschied zwischen zwei Cent und einem Cent ist klein, der zwischen einem Cent und null Cent hingegen enorm!

Als Geschäftsmann oder -frau können Sie mit diesem Wissen wunderbare Dinge erreichen. Sie wollen einen Massenansturm auf Ihr Produkt? Geben Sie etwas gratis her. Sie wollen mehr von Ihrem Produkt verkaufen? Setzen Sie die Kosten für einen Teil des Kaufs auf null herab.

In gleicher Weise lässt sich mit einem Gratis! auch Politik machen. Sie wollen, dass die Leute elektrisch betriebene Autos fahren? Dann senken Sie nicht nur die Anmelde- und TÜV-Gebühren – schaffen Sie sie ganz ab, und kreieren Sie auf diese Weise ein Gratisangebot. Wenn Sie im Gesundheitsbereich etwas erreichen wollen, konzentrieren Sie sich auf die Früherkennung, um das Fortschreiten schwerer Krankheiten zu verhindern. Sie wollen, dass die Leute das Richtige tun – regelmäßig zur Darmspiegelung, Mammographie, zum Cholesterin- und Diabetestest und so weiter gehen? Dann senken Sie nicht einfach die Kosten (durch Herabsetzung der Zuzahlung), nein, bieten Sie diese wichtigen Untersuchungen kostenlos an.

Ich glaube, dass sich die meisten Politikstrategen gar nicht darüber im Klaren sind, dass sie die Karte Gratis! in der Hand halten – ganz zu schweigen davon, dass sie wissen, wie man sie ausspielt. Natürlich geht es einem gefühlsmäßig gegen den Strich, in Zeiten der Haushaltskürzungen etwas gratis anzubieten. Hierüber einmal nachzudenken kann jedoch enorme Möglichkeiten eröffnen und ist äußerst sinnvoll.

Anhang

Wie lässt sich die Logik der gängigen Wirtschaftstheorie auf unser Szenario anwenden? Wenn jemand eine von zwei Pralinen wählen soll, muss er nicht den jeweiligen absoluten Wert der beiden Pralinen in Betracht ziehen, sondern ihren relativen Wert – das heißt, was er jeweils bekommt und auf was er verzichtet. In einem ersten Schritt muss der rationale Konsument den relativen Nettogewinn der beiden Pralinen (den Wert des erwarteten Genusses abzüglich der Kosten dafür) beurteilen und entscheiden, welche Schokolade den höheren Nettogewinn hat. Wie würde dies aussehen, wenn die Kosten der Lindt-Trüffeln 15 Cent betrügen und die der Hershey-Pralinen einen Cent? Der rationale Konsument würde den Genuss, den er jeweils von der Trüffel und dem Hershey's Kiss erwartet, abschätzen (sagen wir 50 beziehungsweise 5 Genusseinheiten) und das Missfallen abziehen, das er in Kauf nimmt, weil er 15 Cent beziehungsweise einen Cent bezahlen muss (sagen wir 15 Missfallenseinheiten im Verhältnis zu einer Missfallenseinheit). Auf diese Weise erhält er in der Summe 35 Genusseinheiten (50 minus 15) für die Trüffel und 4 Genusseinheiten (5 minus 1) für den Kiss. Damit liegt die Trüffel um 31 Punkte vorn, womit die Entscheidung leichtfallen dürfte – die Trüffel ist der eindeutige Sieger.

Was aber ist, wenn bei beiden Produkten die Kosten um denselben Betrag gesenkt werden – also die Trüffel 14 Cent kostet und der Kiss nichts? Hier gilt dieselbe Logik. Der Geschmack der Pralinen hat sich nicht verändert, somit würde der rationale Konsument den Genuss auf 50 beziehungsweise fünf Genusseinheiten schätzen. Was sich jedoch verändert hat, ist das Missfallen. In diesem Fall würde der Konsument bei beiden Pralinen weniger Missfallen empfinden, weil der Preis jeweils um einen Cent (und somit um eine Missfallenseinheit) gesenkt wurde. Und genau dies ist der entscheidende Punkt: Da der Preis beider Produkte um denselben Betrag gesenkt wurde, bleibt der relative Unterschied unverändert. Der erwartete Genuss für die Trüffel würde jetzt 36 Genusseinheiten (50 minus 14) betragen, der für den Kiss 5 (5 bis 0). Die Trüffel liegt daher immer noch mit 31 Punkten in Führung, die Entscheidung würde also genauso leichtfallen wie früher. Die Trüffel trägt den überwältigenden Sieg davon.

So würde also die Entscheidung ausfallen, wenn dabei nur die Kräfte einer rationalen Kosten-Nutzen-Analyse am Werk wären. Die Tatsache, dass die Ergebnisse unserer Experimente völlig anders ausfallen, zeigt uns aber klar und deutlich, dass sich in Wirklichkeit andere Dinge abspielen.

VIER

Die Kosten sozialer Normen

Warum wir manche Dinge gern tun,
aber nicht,
wenn wir dafür bezahlt werden

Stellen Sie sich vor, Sie sind zum Thanksgiving-Essen bei Ihrer Schwiegermutter. Was hat sie für ein fürstliches Mahl aufgetischt! Der Truthahn ist goldbraun gebraten, die selbstgemachte Füllung genau so, wie Sie sie mögen. Ihre Kinder sind begeistert: Die Süßkartoffeln sind mit Marshmallows dekoriert. Ihre Frau fühlt sich geschmeichelt: Zum Nachtisch gibt es einen Kürbis-Pie nach ihrem Lieblingsrezept.

Das Festessen zieht sich bis in den späten Nachmittag hinein. Sie lockern Ihren Gürtel und trinken ein Glas Wein. Mit einem liebevollen Blick zu Ihrer Schwiegermutter stehen Sie auf und ziehen Ihr Portemonnaie heraus. »Liebe Schwiegermama, du hast so viel Liebe in all dies gesteckt, was schulde ich dir?«, sagen Sie mit feierlicher Stimme. Während die Anwesenden in Schweigen verfallen, wedeln Sie mit ein paar Geldscheinen. »Glaubst du, dass dreihundert Dollar genug sind? Ach, warte, ich gebe dir lieber vierhundert!«

Nein, das ist keine Idylle im Stil von Norman Rockwell. Ein Weinglas fällt um, Ihre Schwiegermutter erhebt sich mit gerötetem Gesicht, Ihre Schwägerin wirft Ihnen einen wütenden Blick zu, und Ihre Nichte bricht in Tränen aus. Es sieht so aus, als würden Sie Thanksgiving nächstes Jahr mit einem Fertiggericht vor dem Fernseher verbringen.

Was geht hier vor sich? Warum setzt das Geldangebot den Feiernden einen solchen Dämpfer auf? Die Antwort lautet, dass wir in zwei verschiedenen Welten gleichzeitig leben – in der einen herrschen soziale Normen vor, in der anderen bestimmen die Normen des Marktes die Regeln. Zu den sozialen Normen gehören auch freundliche Bitten an andere. Könnten Sie mir helfen, diese Couch umzustellen? Könnten Sie mir helfen, den Reifen zu wechseln? Soziale Normen sind in unserer sozialen Natur und unserem Bedürfnis nach Gemeinschaft verankert. In der Regel vermitteln sie Wärme und Wohlgefühl. Man erwartet keine sofortige Belohnung: Sie helfen Ihrem Nachbarn, seine Couch umzustellen, aber das heißt nicht, dass er gleich zu Ihnen herüberkommen muss, um nun Ihre Couch umzustellen. Es ist, wie wenn Sie jemandem die Haustür öffnen: Beide Seiten freuen sich, aber eine unmittelbare Gegenleistung ist nicht nötig.

Die andere Welt, die von den Normen des Marktes beherrscht wird, ist völlig anders. Hier ist es keineswegs warm und kuschelig. Vielmehr geht es um eindeutig definierte Dinge: Löhne, Preise, Mieten, Zinsen sowie Kosten und Nutzen. Solche wirtschaftlichen Beziehungen sind nicht unbedingt schlecht oder schäbig – sie beinhalten auch die Werte Selbstvertrauen, Erfindungsreichtum und Individualismus –, aber sie implizieren vergleichbaren Nutzen und pünktliche Bezahlung. Im Reich der Marktnormen bekommt man das, wofür man bezahlt – Schluss, aus.

Wenn wir die sozialen Normen und die Normen des Marktes getrennt halten, läuft das Leben ziemlich gut. Nehmen Sie beispielsweise den Sex. Im sozialen Kontext bekommen wir ihn gratis, und er ist hoffentlich liebevoll und emotional befriedigend. Aber es gibt auch den käuflichen Sex auf Nachfrage und gegen Geld. Beide sind klar voneinander getrennt: Wir haben weder Ehemänner (oder Ehefrauen), die nach Hause kommen und eine Nummer für 50 Dollar verlangen, noch gibt es Prostituierte, die auf ewige Liebe hoffen.

Wenn jedoch soziale Normen mit denen des Marktes kollidieren, geraten wir in Schwierigkeiten. Nehmen wir noch einmal das Beispiel Sex. Ein junger Mann führt ein Mädchen zum Abendessen und zu einem Kinobesuch aus und bezahlt die Rechnung beziehungsweise die Eintrittskarte. Die beiden gehen erneut aus, und auch dieses Mal bezahlt er. Beim dritten Abend lässt er wieder das Geld fürs Essen und die Unterhaltung springen. Nun aber hofft er zumindest auf einen leidenschaftlichen Kuss an der Haustür. Sein Portemonnaie ist schon bedenklich dünn geworden, aber schlimmer ist das, was in seinem Kopf vorgeht: Es fällt ihm schwer, die soziale Norm (das Umwerben) mit der Marktnorm (Geld gegen Sex) voneinander getrennt zu halten. Beim vierten Rendezvous erwähnt er beiläufig, wie viel ihn diese Romanze kostet. Damit aber hat er die Grenze überschritten. Ein grober Schnitzer! Sie schimpft ihn einen Primitivling und stürmt davon. Er hätte wissen müssen, dass man soziale und Marktnormen nicht miteinander vermischen darf – insbesondere in diesem Fall, denn damit unterstellt er der jungen Dame, dass sie käuflich ist. Außerdem hätte er gut daran getan, sich an die unsterblichen Worte von Woody Allen zu erinnern: »Der teuerste Sex ist der, der nichts kostet.«

Vor ein paar Jahren beschlossen James Heyman (Professor an der University of St. Thomas) und ich, die Auswirkungen von sozialen Normen und denen des Marktes zu untersuchen. Die Simulation des beschriebenen Thanksgiving-Essens wäre wunderbar gewesen, aber angesichts des Schadens, den wir den Beziehungen innerhalb der Probandenfamilie womöglich zugefügt hätten, entschieden wir uns für ein weniger krasses Szenario. Um ehrlich zu sein, fiel unsere Wahl auf eine der langweiligsten Aufgaben, die uns in den Sinn kamen (in der Soziologie ist es üblich, äußerst langweilige Aufgaben zu stellen).

Bei diesem Experiment wurde auf der linken Seite eines Computerbildschirms ein Kreis gezeigt, auf der rechten Seite ein Quadrat. Die Aufgabe bestand darin, mit Hilfe der Maus den Kreis auf das Quadrat zu ziehen. Sobald dies gelungen war, verschwand der Kreis, und ein neuer erschien auf der linken Bildschirmseite. Wir baten die Teilnehmer, so viele Kreise wie möglich hinüberzuziehen – und zwar innerhalb von fünf Minuten. Die dabei herauskommende Zahl war für uns das Maß ihrer Arbeitsleistung – beziehungsweise der Anstrengung, die sie für die Aufgabe aufbrachten.

Auf welche Weise sollte diese Versuchsanordnung Aufschluss geben über den sozialen und den Marktaustausch? Einige Probanden erhielten für die Teilnahme an dem kurzen Experiment fünf Dollar, die ihnen beim Betreten des Labors ausgehändigt wurden. Außerdem wurde ihnen mitgeteilt, der Computer werde sie nach fünf Minuten darauf aufmerksam machen, dass die Aufgabe erledigt sei, woraufhin sie das Labor verlassen sollten. Da wir sie für ihre Bemühungen bezahlten, erwarteten wir, dass sie in dieser Situation die Normen des Marktes anwenden und entsprechend handeln würden.

Die Teilnehmer der zweiten Gruppe erhielten dieselbe Aufgabe und dieselben Instruktionen, allerdings war die Belohnung weitaus geringer (50 Cent bei einem Experiment und 10 Cent bei einem zweiten). Auch hier rechneten wir damit, dass die Teilnehmer auf die Normen des Marktes zurückgriffen und sich entsprechend verhielten.

Schließlich gab es eine dritte Gruppe, der wir die Aufgabe als eine soziale darstellten. Den Teilnehmern wurde nichts Konkretes als Gegenleistung für ihre Bemühungen angeboten. Wir baten sie lediglich um einen Gefallen. Und wir erwarteten, dass diese Probanden soziale Normen auf die Situation anwenden und entsprechend handeln würden.

Wie viel Mühe gaben sich die verschiedenen Gruppen? In Übereinstimmung mit dem Ethos der Marktnormen zogen diejenigen, die fünf Dollar erhalten hatten, im Durchschnitt 159 Kreise auf die andere Seite, diejenigen, die 50 Cent bekommen hatten, im Schnitt 101 Kreise. Wie vorauszusehen, verstärkte mehr Geld die Motivation – die Probanden gaben sich mehr Mühe (um etwa 50 Prozent).

Und was war mit denjenigen, die kein Geld erhalten hatten? Gaben sich diese Teilnehmer weniger Mühe als diejenigen mit der niedrigen »Entlohnung«, oder wandten sie, weil sie kein Geld bekamen, soziale Normen auf die Situation an und gaben sich mehr Mühe? Das Ergebnis war, dass sie im Schnitt 168 Kreise auf die andere Seite zogen, also weitaus mehr als diejenigen, die 50 Cent erhalten hatten, und ein wenig mehr als diejenigen, denen fünf Dollar gezahlt worden war. Mit anderen Worten, unsere Probanden gaben sich bei Berücksichtigung sozialer Normen ohne Geldleistungen mehr Mühe als für den allmächtigen Dollar (okay, es waren nur 50 Cent).

Vielleicht hätten wir dies vorausahnen können. Denn es gibt zahlreiche Beispiele dafür, dass die Menschen für eine gute Sache mehr Mühe aufwenden als für Geld. So fragte zum Beispiel die AARP (American Association for Retired Persons – Amerikanische Rentnervereinigung) Anwälte, ob sie bereit wären, bedürftigen Rentnern ihre Dienste günstiger anzubieten, für etwa 30 Dollar die Stunde. Die Anwälte lehnten ab. Daraufhin hatte der Projektleiter von AARP eine geniale Idee: Er fragte die Anwälte, ob sie seinen Klienten ihre Dienste kostenlos zur Verfügung stellen würden. Die Anwälte erklärten sich mit überwältigender Mehrheit dazu bereit.

Was war hier los? Wieso waren null Dollar attraktiver als 30 Dollar? Solange ein Honorar im Spiel war, wandten die Anwälte Marktnormen an und empfanden das Angebot im Vergleich zu ihrem marktüblichen Honorar als unzureichend. Als hingegen von Geld nicht mehr die Rede war, zogen sie soziale Normen heran und waren bereit, ihre Zeit kostenlos zur Verfügung zu stellen. Aber warum akzeptierten sie nicht einfach die 30 Dollar und betrachteten sich als Ehrenamtliche, die 30 Dollar erhielten? Weil die sozialen Normen keine Rolle mehr spielen, sobald Marktnormen Eingang in unsere Überlegungen gefunden haben.

Eine ähnliche Erfahrung machte auch Nachum Sicherman, ein Wirtschaftsprofessor an der Columbia University, der in Japan Unterricht in asiatischem Kampfsport nahm. Der *Sensei* (Meister) verlangte von der Gruppe kein Geld für den Kurs. Seine Schüler aber hielten das nicht für gerecht, gingen eines Tages zu dem Meister und schlugen ihm vor, ihn für die Zeit und seine Bemühungen zu bezahlen. Der aber legte sein Bambus-*Shinai* (Schwert) zur Seite und erwiderte gelassen, wenn er Geld von ihnen verlange, könnten sie sich ihn nicht leisten.

Bei dem oben geschilderten Experiment sagten sich also diejenigen, die 50 Cent erhalten hatten, nicht: »Schön. Ich tue diesen Forschern einen Gefallen und bekomme auch noch etwas Geld dafür«, und gaben sich dann mehr Mühe als diejenigen, denen nichts bezahlt wurde. Stattdessen schalteten sie um auf die Marktnormen, kamen zu dem Schluss, dass 50 Cent nicht viel war, und gingen nur halbherzig zu Werke. Mit anderen

Worten, die Normen des Marktes verdrängten die sozialen Normen aus dem Labor.

Was aber würde passieren, wenn wir die Zahlungen durch ein Geschenk ersetzten? Eine gute Flasche Wein zum Essen würde Ihre Schwiegermutter sicherlich annehmen. Wie wäre es mit einem Geschenk zur Wohnungseinweihung des Freundes (zum Beispiel eine umweltfreundliche Pflanze)? Sind Geschenke eine Methode, innerhalb der sozialen Normen des Gebens und Nehmens zu bleiben? Würden unsere Teilnehmer, wenn sie derlei Geschenke erhielten, von den sozialen Normen zu Marktnormen übergehen, oder würden die Geschenke die Probanden dazu bewegen, weiterhin sozialen Überlegungen zu folgen?

Um herauszufinden, wo genau Geschenke zwischen sozialen und Marktnormen einzuordnen sind, führten James und ich ein neues Experiment durch. Diesmal boten wir unseren Teilnehmern für dieselbe Aufgabe statt Geld Geschenke an. Statt der Belohnung in Höhe von 50 Cent gab es ein Snickers (im Wert von etwa 50 Cent) und statt des Fünf-Dollar-Anreizes eine Schachtel Godiva-Pralinen (im Wert von etwa fünf Dollar).

Die Teilnehmer kamen ins Labor, erfüllten dort ihre Aufgabe in dem Maße, wie sie es für angemessen hielten, und gingen wieder. Wie sich herausstellte, gaben sich alle drei Gruppen etwa gleich viel Mühe dabei, unabhängig davon, ob sie ein kleines Snickers bekamen (diese Teilnehmer zogen durchschnittlich 162 Kreise auf die andere Seite des Bildschirms), die Godiva-Pralinen (diese Teilnehmer kamen durchschnittlich auf 169 Kreise) oder überhaupt nichts (durchschnittlich 168 Kreise). Die Schlussfolgerung lautet also: Niemand reagiert beleidigt auf ein kleines Geschenk, weil selbst kleine Geschenke bewirken, dass wir in der Welt des sozialen Gebens und Nehmens bleiben und nicht zu den Normen des Marktes übergehen.

Und was würde passieren, wenn wir die Hinweise auf die jeweilige Norm kombinierten, also die Marktnorm mit der sozialen Norm – mit anderen Worten, wenn wir sagen würden, die Teilnehmer bekämen ein »Snickers im Wert von *50 Cent*« beziehungsweise eine »Schachtel Godiva-Pralinen im Wert von *fünf Dollar*«? Würde Ersteres unsere Teilnehmer veranlassen, sich genauso viel Mühe zu geben wie diejenigen, die »nur« das »Snickers« bekommen hatten? Oder würden sie so halbherzig zu Werke gehen wie die Probanden, denen wir 50 Cent gegeben hatten? Vielleicht lag das Ergebnis ja auch in der Mitte zwischen den beiden. Diese Fragen sollte unser nächstes Experiment beantworten.

Wie sich herausstellte, waren die Teilnehmer, die ein Snickers im Wert von 50 Cent erhielten, überhaupt nicht motiviert – die Mühe, die sie aufwendeten, war dieselbe wie bei denjenigen, die eine Zahlung von 50 Cent erhalten hatten. Sie reagierten auf das Geschenk, dessen Preis ausdrücklich genannt wurde, genauso wie diejenigen, die Bargeld erhalten hatten. Das Geschenk führte nicht wie zuvor dazu, dass soziale Normen herangezogen wurden – es war ins Reich der Marktnormen übergegangen.

Übrigens machten wir später einen ähnlichen Versuch und fragten Passanten, ob sie uns helfen würden, ein Sofa aus einem Lkw auszuladen. Dabei kamen wir zu denselben Ergebnissen. Menschen sind bereit, kostenlos zu arbeiten oder für einen angemessenen Lohn. Wenn man ihnen jedoch eine geringe Entlohnung anbietet, machen sie nicht mit. Geschenke wirken auch bei Sofas, selbst kleine Geschenke bewegen die Menschen dazu, einem zu helfen. Erwähnt man jedoch, was das Geschenk einen gekostet hat, sieht man die Leute schneller von hinten, als man das Wort Marktnormen aussprechen kann.

All dies zeigt, dass, sobald Geld erwähnt wird, die Normen des Marktes herangezogen werden (selbst wenn kein Geld die Hände wechselt). Aber Marktnormen bestimmen nicht nur die aufgewendete Mühe, sie sind mit einem breiten Spektrum von Haltungen und Verhaltensweisen verbunden wie etwa Selbstvertrauen, Hilfsbereitschaft und Individualismus. Bewirkt allein schon die Erwähnung von Geld, dass ein Mensch in diesen Punkten sein Verhalten ändert? Dieser Frage widmeten sich Kathleen Vohs (Professorin an der University of Minnesota), Nicole Mead (Studentin der Florida State University) und Miranda Goode (Studentin der University of British Columbia) in einer großartigen Versuchsreihe.

Bei ihren Experimenten baten sie die Teilnehmer, Reihen von Wörtern zu Sätzen zu ordnen. Bei einer Teilnehmergruppe ging es um neutrale Wörter (zum Beispiel: »Draußen ist es kalt.«), der anderen Gruppe wurden Wörter vorgelegt, die mit Geld zu tun hatten (zum Beispiel: »hohes Gehalt«*). Würde ein derartiger Gedanke an Geld ausreichen, eine Verhaltensänderung der Teilnehmer herbeizuführen?

Bei einem der Experimente erhielten die Teilnehmer, nachdem sie die Sätze gebildet hatten, ein unlösbares Puzzle, bei dem sie zwölf kreisrunde Stücke zu einem Quadrat formen sollten. Bevor der Versuchsleiter den Raum verließ, teilte er ihnen mit, sie könnten zu ihm kommen, wenn sie Hilfe benötigten. Wer, glauben Sie, bat eher um Hilfe – diejenigen,

---

* Dieses allgemeine Verfahren wird als Priming bezeichnet, die Aufgabe, die Wörter zu ordnen, soll die Teilnehmer veranlassen, an ein bestimmtes Thema zu denken – ohne dass sie die Anweisung dazu erhalten.

die sich mit dem Satz beschäftigten, in dem das Wort Gehalt und damit implizit Geld vorkam, oder diejenigen, die »neutrale« Sätze finden sollten wie über das Wetter oder ähnliche Themen? Das Ergebnis war, dass die Studenten, denen die Aufgabe mit dem Wort Gehalt vorgelegt worden war, etwa fünfeinhalb Minuten mit dem Puzzle kämpften, ehe sie um Hilfe baten, und diejenigen, die mit dem neutralen Satz zu tun gehabt hatten, nach etwa drei Minuten. Der Gedanke an Geld steigerte also das Selbstvertrauen der Teilnehmer in der »Gehalts«-Gruppe und bewirkte, dass sie weniger schnell um Hilfe baten.

Aber sie zeigten auch eine geringere Hilfsbereitschaft anderen gegenüber. Sie waren weniger gewillt, einem Versuchsleiter bei der Eingabe von Daten zu helfen, einem anderen Teilnehmer, der irritiert schien, oder einem »Fremden« (einem Versuchsleiter, der als solcher nicht erkennbar war) behilflich zu sein, dem »aus Versehen« eine Schachtel mit Stiften hinuntergefallen war.

Insgesamt legten die Teilnehmer der »Gehalts«-Gruppe viele Eigenschaften an den Tag, die auch beim Marktverhalten zu beobachten sind: Sie waren egoistischer und selbstsicherer; sie wollten mehr Zeit allein verbringen und wählten eher Aufgaben aus, die allein zu bewältigen waren, als solche, die im Team gelöst werden konnten. Und bei der Wahl des Sitzplatzes entschieden sie sich für einen, der weiter entfernt war von der Person, mit der sie zusammenarbeiten sollten. Der bloße Gedanke an Geld veranlasst uns also, uns so zu verhalten, wie die meisten Wirtschaftswissenschaftler es erwarten – und weniger wie die sozialen Wesen, als die wir im Alltag agieren.

Dies führt mich zu einem abschließenden Gedanken: Wenn Sie mit einem Rendezvous-Partner in ein Restaurant gehen, erwähnen Sie um Himmels willen nicht den Preis der ausgewählten Gerichte. Sicher, er steht klar und deutlich auf der Karte. Ja, vielleicht wäre dies eine Gelegenheit, Ihre Begleitung mit dem Niveau des Restaurants zu beeindrucken. Aber wenn Sie darauf herumreiten, werden Sie Ihr Liebesverhältnis wahrscheinlich nicht mehr unter die soziale Norm, sondern unter die Marktnorm stellen. Ja, Ihr Rendezvous-Partner mag vielleicht nicht erkennen, wie viel Sie das Abendessen kostet. Ja, Ihre Schwiegermutter mag annehmen, die Flasche Wein, die Sie mitgebracht haben, sei ein preiswerter Verschnitt, während es sich in Wirklichkeit um einen sehr teuren Merlot Grande Réserve handelt. Aber das ist der Preis, den Sie bezahlen müssen, wenn Sie wollen, dass Ihre menschlichen Beziehungen im Bereich der sozialen Normen bleiben und nicht den Normen des Marktes unterworfen werden.

Fassen wir zusammen: Wir leben in zwei Welten. Die eine ist durch sozialen, die andere durch wirtschaftlichen Austausch gekennzeichnet. Und in diesen zweierlei Arten von Beziehungen verwenden wir unterschiedliche Normen. Darüber hinaus führt, wie wir gesehen haben, die Anwendung der Normen des Marktes auf das soziale Geben und Nehmen zu einer Verletzung der sozialen Normen und einer Beschädigung der menschlichen Beziehungen. Wenn dieser Fehler einmal begangen wurde, ist es schwierig, eine soziale Beziehung wiederherzustellen. Haben Sie sich einmal erboten, für das köstliche Thanksgiving-Essen zu bezahlen, wird sich Ihre Schwiegermutter noch jahrelang daran erinnern. Und wenn Sie einem potenziellen Liebespartner vorschlagen, gleich zur Sache zu kommen, die Kosten für die Zeit des Werbens zu teilen und einfach ins Bett zu steigen, haben Sie die Romanze wahrscheinlich für immer zerstört.

Meine guten Freunde Uri Gneezy (Professor an der University of California in San Diego) und Aldo Rustichini (Professor an der University of Minnesota) machten ein sehr kluges Experiment, bei dem die Langzeitwirkungen eines Wechsels von sozialen zu Marktnormen beobachtet wurden.

Vor ein paar Jahren führten sie Untersuchungen in einer Kindertagesstätte in Israel durch, um herauszufinden, ob ein Bußgeld für Eltern, die ihre Kinder zu spät abholten, ein geeignetes Abschreckungsmittel sei. Dabei stellten sie fest, dass dieses Bußgeld nichts half und langfristig sogar negative Auswirkungen hatte. Warum? Vor der Einführung des Bußgeldes gab es zwischen Betreuern und Eltern einen sozialen Kontrakt, der soziale Normen für das Zuspätkommen beinhaltete: Die Eltern, die zu spät kamen – was gelegentlich vorkam –, hatten ein schlechtes Gewissen, welches sie zwang, in Zukunft pünktlicher zu erscheinen. (In Israel scheint ein schlechtes Gewissen ein effektives Mittel für die Einhaltung von Regeln zu sein.) Mit der Einführung des Bußgeldes aber hatte die Kindertagesstätte, ohne es zu wollen, die sozialen durch Marktnormen ersetzt. Nun, da die Eltern für ihr Zuspätkommen bezahlten, interpretierten sie die Situation auf der Grundlage der Letzteren. Mit anderen Worten: Sie konnten nun selbst entscheiden, ob sie zu spät kamen oder nicht. Das hatte die Kindertagesstätte natürlich nicht beabsichtigt.

Doch das war erst der Anfang. Das Interessanteste geschah nämlich wenige Wochen später, als die Tagesstätte das Bußgeld wieder abschaffte und damit zu den sozialen Normen zurückkehrte. Würden die Eltern dies ebenfalls tun? Würde auch ihr schlechtes Gewissen zurückkehren? Keinesfalls. Die Eltern verhielten sich wie vorher und holten weiterhin ihre Kinder zu spät ab. Ja, die Zahl derer, die in dieser Weise gegen die sozialen Normen verstießen, stieg sogar leicht an (schließlich existierten nun weder soziale noch Marktnormen).

Dieses Experiment macht eine bedauerliche Tatsache deutlich: Wenn eine soziale Norm mit einer Marktnorm kollidiert, verschwindet Erstere. Mit anderen Worten: Es ist nicht leicht, die sozialen Beziehungen wiederherzustellen. Wenn eine Rosenblüte vom Stock herabgefallen ist – wenn eine soziale Norm von einer Marktnorm übertrumpft wurde –, kommt nur selten eine neue nach.

Die Tatsache, dass wir sowohl in der sozialen Welt als auch der des Marktes leben, wirkt sich in vielerlei Hinsicht auf das Privatleben aus. Von Zeit zu Zeit brauchen wir alle einmal jemanden, um ein Möbelstück umzustellen, für ein paar Stunden auf unsere Kinder aufzupassen oder unsere Post aus dem Briefkasten zu holen, wenn wir unterwegs sind. Wie motiviert man am besten Freunde und Nachbarn dazu, uns zu helfen? Mit Geld oder vielleicht mit einem Geschenk? Und wie viel Geld sollte man geben, wie teuer sollte das Geschenk sein? Oder verzichtet man lieber ganz darauf? Dieser soziale Balanceakt ist, wie Sie sicher wissen, nicht leicht – besonders dann nicht, wenn die Gefahr besteht, dass eine menschliche Beziehung ins Reich des wirtschaftlichen Austauschs verschoben wird.

Ich möchte Ihnen an dieser Stelle ein paar Antworten vorschlagen. Einen Freund bitten, einem beim Transportieren eines großen Möbelstücks zu helfen oder ein paar Kisten zu schleppen, ist kein Problem. Ihn hingegen zu bitten, viele Kisten oder Möbelstücke zu schleppen, sehr wohl – insbesondere, wenn außer dem Freund ein paar Möbelpacker da sind, die für dieselbe Aufgabe bezahlt werden. Es könnte sein, dass Ihr Freund sich ausgenutzt fühlt. Und es ist auch in

Ordnung, wenn Sie Ihren Nachbarn (der zufällig Anwalt ist) bitten, während Ihres Urlaubs Ihre Post aus dem Briefkasten zu holen. Die Bitte hingegen, umsonst einen Mietvertrag für Sie aufzusetzen, was vielleicht genauso viel Zeit in Anspruch nimmt, ist es nicht.

Auch in der Geschäftswelt zeigt sich, wie schwierig es ist, das heikle Gleichgewicht zwischen sozialen und Marktnormen zu halten. Seit einigen Jahrzehnten präsentieren sich Unternehmen als Sozialpartner – das heißt, sie wollen uns gern weismachen, dass sie und wir eine Familie seien oder zumindest Freunde, die im selben Boot sitzen. »State Farm ist für Sie da wie ein guter Nachbar«, lautet ein bekannter Werbespruch. Oder nehmen wir das sanfte Drängen eines Baumarktes: »Packen Sie es an. Wir helfen Ihnen.«

Wer immer diesen Trend, Kunden wie Sozialpartner zu behandeln, in Gang gesetzt hat, es war jedenfalls eine grandiose Idee. Das Unternehmen verschafft sich damit in mehrfacher Hinsicht Vorteile. Loyalität ist alles. Geringe Verstöße – das Hochschrauben der Kosten und selbst eine mäßige Erhöhung der Versicherungsprämien – werden hingenommen. Natürlich haben Beziehungen ihre Hochs und Tiefs, aber insgesamt betrachtet, sind sie eine feine Sache.

Doch etwas ist seltsam dabei: Obwohl Unternehmen Milliarden Dollar für Marketing und Werbung ausgeben, um soziale Bindungen zu schaffen – oder zumindest diesen Anschein zu erwecken –, scheinen sie deren Wesen nicht verstanden zu haben und insbesondere deren Risiken nicht zu kennen.

Was passiert beispielsweise, wenn der Scheck eines Kunden platzt? Wenn die Beziehung auf Marktnormen beruht, verlangt die Bank eine Gebühr, und der Kunde nimmt sie zähneknirschend hin. Geschäft ist Geschäft. Die Gebühr ist zwar ärgerlich, aber akzeptabel. In einer sozialen Beziehung hingegen ist eine happige Verspätungsgebühr – statt eines freundlichen Anrufs vonseiten des Sachbearbeiters oder eines automatisch generierten Gebührennachlasses – nicht nur tödlich für diese Beziehung, sondern ein Dolchstoß in den Rücken. Die Kunden werden es der Bank persönlich übelnehmen. Sie werden sich verärgert abwenden und sich groß und breit bei ihren Freunden über diese schreckliche Bank auslassen. Schließlich waren sie das Verhältnis ja unter dem Vorzeichen des sozialen Austauschs eingegangen. Unabhängig davon, wie viele Plätzchen, Werbesprüche und Zeichen gegenseitiger Freundschaft eine Bank anbietet, es reicht ein einziger Verstoß gegen die Regeln des sozialen Austauschs, und der Kunde betrachtet das Verhältnis wieder als rein wirtschaftliches. So schnell kann das gehen.

Und das Fazit? Mein Rat an Unternehmen lautet, sich zu vergegenwärtigen, dass man nicht gleichzeitig beides haben kann: Man kann seine Kunden nicht in einem Moment wie Familienmitglieder behandeln und im nächsten wieder unpersönlich – oder gar als lästig oder als Konkurrenten –, weil dies vielleicht bequemer oder profitabler ist. So funktionieren soziale Beziehungen nun einmal nicht. Wenn Sie eine solche wollen, bemühen Sie sich darum, aber vergessen Sie nicht, dass Sie die sozialen Normen unter allen Umständen beibehalten müssen.

Wenn Sie andererseits glauben, von Zeit zu Zeit hart durchgreifen zu müssen – indem Sie Zusatzgebühren für weitere Dienstleistungen verlangen oder Ihren Kunden auf die Finger klopfen, um sie zur Ordnung zu rufen –, dann sollten Sie kein Geld dafür verschwenden, Ihr Unternehmen als kuschelige Wohlfühloase hinzustellen. In diesem Fall sollten Sie eine einfache Aussage treffen: Sagen Sie, was Sie anbieten und was Sie dafür erhalten wollen. Da Sie keine sozialen Normen aufstellen, können Sie auch nicht dagegen verstoßen, und da Sie keine sozialen Erwartungen wecken, können Sie sie auch nicht enttäuschen. Schließlich geht es nur um ein Geschäft.

Manche Unternehmen versuchen auch, soziale Normen in ihrer Belegschaft zu etablieren. Das war keineswegs immer so. Vor Jahren war die Arbeitskraft in den Vereinigten Staaten in erster Linie ein industrieller, nach Gesetzen des Marktes funktionierender Tauschwert, und man hatte im Allgemeinen einen geregelten Arbeitstag mit Stechuhr. Man gab 40 Stunden Arbeitskraft und erhielt dafür am Freitag seinen Lohn. Da die Arbeitenden nach Stunden bezahlt wurden, wussten sie genau, wie lange sie für ihren Lebensunterhalt arbeiteten. Wenn die Fabriksirene heulte (oder ein anderes in dem Unternehmen übliches Zeichen kam), war der Tausch vollzogen. Dies war ein klares Geschäft nach Kriterien des Marktes, das für beide Seiten einigermaßen befriedigend verlief.

Heute hingegen sehen manche Unternehmen einen Vorteil darin, ein soziales Tauschgeschäft zu machen. In der heutigen Wirtschaft sind wir die Schöpfer immaterieller Werte. Kreativität zählt mehr als Maschinen für die industrielle Fertigung. Auch die strikte Trennung zwischen Arbeit und Freizeit ist aufgehoben. Diejenigen, die den Arbeitsplatz zur Verfügung stellen, wollen erreichen, dass wir auch bei der Fahrt nach Hause und unter der Dusche an die Arbeit denken. Sie haben uns Laptops gegeben, Handys und Blackberrys, um die Lücke zwischen Arbeitsplatz und eigenem Zuhause zu überbrücken.

Auch der Trend vieler Unternehmen, von Stundenlöhnen zu monatlicher Bezahlung überzugehen, trägt dazu bei, die festen Arbeitszeiten abzuschaffen. Bei Arbeit rund um die Uhr und an sieben Tagen haben soziale Normen einen großen Vorteil: Sie bewirken meist, dass die Mitarbeiter ihre Aufgabe mit Interesse und großem Einsatz erledigen, flexibel und engagiert sind. In einem Markt, wo die Loyalität der Arbeitnehmer gegenüber ihren Arbeitgebern eher nachlässt, sind soziale Normen das beste Instrument, um diese Loyalität wiederherzustellen und die Arbeitnehmer zu motivieren.

Am Beispiel Open-Source-Software sehen wir, welches Potenzial in sozialen Normen steckt. Wenn Sie bei Linux und anderen Gemeinschaftsprojekten ein Problem mit Ihrer Software in eines der Foren einstellen, wird schnell jemand – oft auch viele Teilnehmer – reagieren und unter Opferung seiner Freizeit das Problem beheben. Ist dieser Service auch für Geld zu haben? Höchstwahrscheinlich. Aber wenn Sie jemanden mit denselben Kenntnissen damit beauftragen würden, würde Sie das ein Vermögen kosten. Die Mitglieder dieser Gemeinschaften hingegen sind gern bereit, ihre Zeit für die Allgemeinheit zur Verfügung zu stellen (woraus sie den gleichen sozialen Nutzen ziehen wie wir alle, wenn wir einem Freund beim Streichen eines Zimmers helfen). Was kann man daraus für die Geschäftswelt lernen? Es gibt andere soziale Vorteile, die in hohem Maße motivierend sind – und gerade sie finden in Unternehmen am wenigsten Berücksichtigung.

Wenn sich Arbeitnehmer bereit erklären, mehr zu arbeiten, um eine wichtige Frist einzuhalten (und dafür sogar familiäre Verpflichtungen hintanstellen), oder gebeten werden, ins nächste Flugzeug zu steigen, um an einer wichtigen Besprechung teilzunehmen, müssen sie dafür etwas Gleichwertiges bekommen – zum Beispiel Unterstützung im Krankheitsfall oder die Chance, ihre Stelle zu behalten, wenn aufgrund der Marktlage ein Stellenabbau droht.

Doch obwohl einige Unternehmen erfolgreich soziale Normen bei ihren Mitarbeitern etabliert haben, drohen die gegenwärtige Gier nach kurzfristigen Profiten, die Ausgliederung von Arbeitsplätzen und drakonische Sparmaßnahmen diese Normen zu unterminieren. Unter dem Vorzeichen des sozialen Austauschs gehen die Menschen schließlich (mit Recht) davon aus, dass die andere Seite, wenn sie etwas von sich hergegeben haben, für sie da ist, sie schützt und ihnen hilft. Auch wenn dies nicht ausdrücklich in einem Vertrag fixiert wird, besteht im Allgemeinen die Verpflichtung, in Zeiten der Not Fürsorge und Hilfe zu leisten.

Auch hier gilt der Grundsatz, dass Unternehmen nicht beides haben können. Besondere Sorge bereitet mir, dass die jüngsten Kürzungen der Sozialleistungen und die Beschneidung sozialer Vorteile für Arbeitnehmer – bei Kindergärten, Renten, Gleitzeit, Gymnastikräumen, in den Kantinen, bei Betriebsausflügen und so weiter – auf Kosten des sozialen Austauschs gehen und damit die Produktivität der Arbeitnehmer beeinträchtigen. Vor allem könnten die Kürzungen bei der Gesundheitsfürsorge bewirken, dass aus der sozialen Beziehung zwischen Arbeitgeber und Arbeitnehmer eine rein wirtschaftliche wird.

Wenn Unternehmen von den Vorteilen sozialer Normen profitieren wollen, müssen sie diese Normen mehr kultivieren als bisher. Medizinische Vorteile, insbesondere eine umfassende medizinische Versorgung, gehören für ein Unternehmen zu den besten Mitteln, zum Ausdruck zu bringen, dass es seinen Beitrag zum sozialen Austausch leisten will. Was aber tun viele Unternehmen? Sie verlangen eine umfangreiche Abzugsfähigkeit ihrer Versicherungsbeiträge und vermindern gleichzeitig ihre Leistungen. Einfach gesagt, unterminieren sie das soziale Abkommen zwischen ihnen und den Arbeitnehmern und ersetzen es durch Normen des Marktes. Wenn aber die Unternehmen eine Schieflage schaffen und die Arbeitnehmer von der Ebene der sozialen Normen auf die der Marktnormen rutschen, können wir ihnen dann verübeln, wenn sie von Bord gehen, sobald ein besseres Angebot auftaucht? Es überrascht wirklich nicht, dass die »Corporate Loyality«, die Loyalität der Arbeitnehmer gegenüber ihrem Unternehmen, inzwischen ein Widerspruch in sich ist.

Unternehmen können sich auch gezielt Gedanken darüber machen, wie Menschen auf soziale und Marktnormen reagieren. Sollte man einem Arbeitnehmer oder einer Arbeitnehmerin ein Geschenk im Wert von 1000 Dollar machen oder ihm oder ihr 1000 Dollar in bar geben? Was ist besser? Fragt man die Arbeitnehmer, wird die Mehrheit höchstwahrscheinlich das Geld bevorzugen. Aber auch das Geschenk hat seinen Wert, obwohl dies oft nicht gesehen wird – schließlich kann es die soziale Beziehung zwischen Arbeitgeber und Arbeitnehmer fördern und damit langfristig beiden Seiten von Nutzen sein. Betrachten wir es einmal so: Wer wird sich Ihrer Meinung nach mehr ins Zeug legen, loyaler sein und mehr echte Freude an seiner Arbeit haben – derjenige, der 1000 Dollar in bar erhält, oder jemand, der ein persönliches Geschenk bekommt?

Natürlich ist ein Geschenk eine symbolische Geste. Und natürlich geht niemand für Geschenke statt für ein Gehalt zur Arbeit. Schließlich will man Geld für seine Arbeit bekommen. Wenn man sich jedoch Unternehmen wie Google ansieht, die ihren Mitarbeitern die unterschiedlichsten Vorteile bieten (darunter auch kostenlose Feinschmeckergerichte zum Mittagessen), wird einem klarwerden, wie sehr durch die Betonung der sozialen Seite in der Beziehung zwischen Unternehmen und Arbeitnehmer der gute Wille gefördert wird. Es ist bemerkenswert, wie viel an Arbeitsleistung die Menschen für ein Unternehmen (insbesondere in den sogenannten Start-ups) erbringen, wenn soziale Normen (etwa die Begeisterung beim Aufbau der Firma) stärker sind als die Marktnormen (etwa die Gehaltserhöhung bei jeder Beförderung).

Würden sich Unternehmen an sozialen Normen orientieren, würden sie feststellen, dass diese Normen Loyalität erzeugen und – noch wichtiger – die Mitarbeiter motivieren, sich in einer Weise zu engagieren, wie es die Unternehmen heute brauchen: flexibel, interessiert und bereit, vollen Einsatz zu bringen.

Über soziale Normen am Arbeitsplatz sollte man öfter nachdenken. Die Produktivität eines Staats hängt in zunehmendem Maße vom Talent und Engagement der Arbeitnehmer ab. Inwieweit werden in diesem Bereich die sozialen Normen durch Marktnormen verdrängt? Denken die Arbeitnehmer eher ans Geld und weniger an soziale Werte wie Loyalität und Vertrauen? Welche Folgen hätte dies – betrachtet man den Aspekt der Kreativität und des Engagements der Arbeitnehmer – langfristig für die Produktivität? Und wie steht es mit dem »Gesellschaftsvertrag« zwischen Staat und Bürgern? Ist auch dieser in Gefahr?

Bis zu einem gewissen Grad kennen wir alle die Antworten. So ist uns beispielsweise klar, dass die Menschen nicht für Geld ihr Leben riskieren. Polizeibeamte, Feuerwehrleute, Soldaten – sie alle haben anderes im Sinn als nur das Geld. Vielmehr sind es soziale Werte – der Stolz auf ihren Beruf und Pflichtgefühl –, die sie dazu motivieren, ihre Gesundheit und ihr Leben aufs Spiel zu setzen. Ein Freund von mir, der in Miami lebt, begleitete einmal einen Zollbeamten auf einer Patrouillenfahrt im Küstengewässer. Der Beamte führte eine Kalaschnikow mit sich, mit der er zweifellos einem flüchtenden Drogendealer-Boot etliche Löcher in den Rumpf hätte schießen können. Aber hatte er das jemals getan? Nach eigener Aussage nicht. Er sei nicht willens, für das Gehalt, das er vom Staat bezog, das eigene Leben zu riskieren. Ja, er bekannte sogar, dass seine Leute eine stillschweigende Vereinbarung mit den Drogenkurieren getroffen hatten: Die Beamten des FBI würden nicht schießen, wenn die Drogenhändler es nicht täten. Vielleicht hören wir deshalb so wenig (wenn überhaupt) über Feuergefechte im Zusammenhang mit dem »Krieg gegen die Drogen«, den die USA führen.

Wie lässt sich dies ändern? Zunächst könnten wir das staatliche Gehalt so erhöhen, dass der Zollbeamte bereit wäre, dafür sein Leben aufs Spiel zu setzen. Aber wie hoch müsste die Summe sein? Müsste sie in etwa dem entsprechen, was der typische Drogendealer kassiert, wenn er mit seinem Schnellboot von den Bahamas nach Miami rast? Wir könnten aber auch das Niveau der sozialen Norm anheben und dem Beamten das Gefühl geben, dass seine Tätigkeit mehr wert ist als sein Grundgehalt – dass wir ihm (genauso wie unserer Polizei und unserer Feuerwehr) Respekt für seine Tätigkeit erweisen, die nicht nur unsere Gesellschaftsstruktur aufrechterhält, sondern auch unsere Kinder vor allen möglichen Gefahren bewahrt. Dazu bedürfte es selbstverständlich einer inspirierten Personalführung, aber es wäre möglich.

Ich möchte erläutern, wie derselbe Gedanke auch im Bereich der Bildung anzuwenden wäre. Kürzlich nahm ich an einem landesweiten Kongress über Anreize und Verantwortlichkeit im staatlichen Bildungssystem teil. Diesen Aspekt der sozialen beziehungsweise der Marktnormen möchte ich in den nächsten Jahren näher untersuchen. Unsere Aufgabe wird sein, das Gesetz »No Child Left Behind« einer Überprüfung zu unterziehen und Mittel und Wege zu finden, Studenten, Lehrer, die Behörden und Eltern zu motivieren.

Ich habe bislang den Eindruck gewonnen, dass standardisierte Prüfungen und Gehälter nach Leistung die staatliche Bildung aus dem Bereich sozialer Normen in den der Marktnormen verschieben. Die Vereinigten Staaten geben bereits mehr Geld pro Schüler aus als jedes andere westliche Land. Ist es klug, diesen Etat noch weiter zu erhöhen? Dieselbe Überlegung sollte man im Hinblick auf Prüfungen anstellen: Wir führen bereits sehr viele Prüfungen durch, und es würde wohl kaum die Qualität der Bildung erhöhen, wenn es noch mehr gäbe.

Ich vermute, eine Antwort wird im Bereich der sozialen Normen zu finden sein. Wie wir bei unseren Experimenten festgestellt haben, erreicht man mit Geld auch nicht unbedingt alles, während soziale Normen langfristig gesehen durchaus entscheidende Veränderungen herbeiführen können. Statt die Aufmerksamkeit von Lehrern, Eltern und Kindern auf Prüfungsergebnisse, Gehälter und Wettbewerb zu richten, wäre es vielleicht besser, bei uns allen Zielstrebigkeit, ein Bewusstsein für die große Aufgabe und Stolz auf Bildung zu wecken. Um dies zu erreichen, sind die Marktnormen nicht das geeignete Mittel. Vor geraumer Zeit sangen die Beatles: »Can't Buy Me Love«. Dies trifft auch auf die »Liebe« zum Lernen zu. Wenn man es versucht, vertreibt man sie womöglich.

Wie also lässt sich das Bildungssystem verbessern? Wahrscheinlich sollten wir die Schulpläne überdenken und sie deutlicher an sozialen Zielen ausrichten (Abschaffung der Armut, Verhinderung von Kriminalität, Beförderung der Menschenrechte und so weiter) sowie an technischen (Förderung des Energiesparens, der Weltraumforschung, der Nanotechnologie etc.) und medizinischen Zielen (Heilverfahren gegen Krebs, Diabetes, Fettleibigkeit etc.), die uns als Gesellschaft am Herzen liegen. Damit würden Schüler, Lehrer und Eltern den höheren Sinn der Bildung erkennen können und ihr mehr Begeisterung und Motivation entgegenbringen. Aber wir sollten auch viel Mühe darauf verwenden, Bildung als Wert an sich zu vermitteln, und aufhören, die Zahl der Unterrichtsstunden mit der Qualität der Bildung, die ein Schüler erhält, zu verwechseln. Kinder können sich für viele Dinge begeistern (zum Beispiel für Fußball), und es ist unsere gesellschaftliche Aufgabe, sie dazu zu bringen, dass sie genauso viel über Nobelpreisträger wissen wollen, wie sie schon über Fußballspieler wissen. Ich will damit nicht sagen, dass es leicht ist, Leidenschaft für Bildung zu wecken. Aber wenn es uns gelingt, könnte dies von immensem Wert sein.

Wie sich zeigt, ist Geld sehr oft das teuerste Mittel, um Menschen zu motivieren. Soziale Normen hingegen sind nicht nur billiger, sondern häufig auch wirksamer.

Wofür also ist das Geld gut? Früher erleichterte das Geld den Handel: Man musste sich nicht eine Gans auf den Rücken schnallen, wenn man zum Markt ging, oder entscheiden, welcher Teil der Gans einen Salatkopf wert war. Heute hat das Geld sogar noch mehr Vorteile: Es ermöglicht uns die Arbeitsteilung – wir können uns spezialisieren –, das Aufnehmen von Krediten und das Sparen.

Aber das Geld hat sich auch verselbständigt. Wie wir gesehen haben, kann es menschliche Interaktionen ihres besten Teils berauben. Brauchen wir also Geld? Natürlich, aber könnte es vielleicht Bereiche in unserem Leben geben, die ohne es in mancherlei Hinsicht besser aussähen?

Das ist ein radikaler Gedanke, und es ist sicher nicht leicht, sich das vorzustellen. Vor ein paar Jahren bekam ich jedoch einen Vorgeschmack davon. Damals erhielt ich einen Anruf von John Perry Barlow, ehemals Texter für die legendäre Rockband Grateful Dead. Er lud mich zu einer Veranstaltung ein, die sich als wichtige persönliche Erfahrung für mich, aber auch als interessantes Modell zur Schaffung einer geldlosen Gesellschaft erwies. Barlow erzählte mir, ich müsse unbedingt mit ihm zum Kunstfestival Burning Man fahren, dort würde ich mich wie zu Hause fühlen. Burning Man ist eine jährlich abgehaltene einwöchige Veranstaltung, bei der es um persönliche Ausdrucksformen und Selbstvertrauen geht. Der Schauplatz ist die Black-Rock-Wüste in Nevada, und in der Regel kommen über 40 000 Menschen zu diesem Ereignis. Burning Man fand erstmals 1986 am Baker Beach in San Francisco statt, wo eine kleine Gruppe die zweieinhalb Meter hohe Menschenstatue und einen kleineren Hund aus Holz gestalteten, aufstellten und am Ende verbrannten. Seither haben die Größe der Statue und die Zahl der Besucher beträchtlich zugenommen, und mittlerweile gehört Burning Man zu den größten Kunstfestivals, das zugleich ein laufendes Experiment des temporären Zusammenlebens ist.

Burning Man hat viele außergewöhnliche Aspekte, für mich der bemerkenswerteste ist jedoch die Ablehnung der Marktnormen. Bei Burning Man wird kein Geld angenommen. Alles funktioniert nach den Kriterien der Tauschwirtschaft – jeder gibt anderen etwas mit der Abmachung, dass er (oder jemand anderer in der Zukunft) im Gegenzug etwas dafür erhält. So können beispielsweise diejenigen, die kochen können, ein Mahl zubereiten. Psychologen bieten kostenlose Beratungsstunden an und Masseurinnen Massagen. Wer über Wasser verfügt, lässt andere bei sich duschen. Gehandelt werden auch Getränke, selbstgefertigter Schmuck und Umarmungen. (Ich bastelte in der Hobbywerkstatt des MIT Puzzles und bot sie bei Burning Man an. Den meisten machten sie großen Spaß.)

Anfangs fand ich das alles ziemlich seltsam, doch bald hatte ich mich an die Normen bei Burning Man gewöhnt. Zu meiner Überraschung stellte ich fest, dass Burning Man der offenste und sozialste Ort war, den ich jemals kennengelernt hatte. Zwar weiß ich nicht, ob ich ohne weiteres das ganze Jahr über dort leben könnte, aber die Erfahrungen, die ich dort machte, überzeugten mich davon, dass ein Leben mit weniger Markt- und mehr sozialen Normen befriedigender, kreativer, erfüllender wäre und mehr Spaß machen würde.

Die Lösung liegt meines Erachtens nicht darin, die Gesellschaft nach dem Vorbild von Burning Man umzugestalten, sondern darin, sich ins Gedächtnis zu rufen, dass soziale Normen in der Gesellschaft eine weitaus größere Rolle spielen könnten, als wir ihnen zugestehen. Wenn wir darüber nachdenken, dass in den letzten Jahrzehnten Marktnormen – mit den Schwerpunkten höhere Gehälter, mehr Einkommen und mehr Ausgaben – nach und nach die Herrschaft über unser Leben übernommen haben, werden wir vielleicht erkennen, dass eine Rückkehr zu manchen alten sozialen Normen gar nicht so schlecht wäre. Damit würden wir wohl ein bisschen mehr von der guten alten Höflichkeit und gegenseitigem Respekt zurückgewinnen.

FÜNF

Der Einfluss sexueller Erregung

Warum scharf viel schärfer macht,
als uns bewusst ist

Fragt man männliche Collegestudenten um die zwanzig, ob sie jemals wagen würden, ungeschützten Sex zu haben, werden einem die meisten sämtliche schrecklichen Krankheiten aufzählen, die man sich dabei zuziehen kann, von einer ungewollten Schwangerschaft ganz zu schweigen. Fragt man sie in einer neutralen Situation – während sie über ihren Büchern oder in einer Vorlesung sitzen –, ob sie sich gerne schlagen lassen würden oder Lust auf einen Dreier (mit noch einem Mann) hätten, werden sie die Augen verdrehen. Nie im Leben, werden sie antworten. Und sie werden einen mit zusammengekniffenen Augen mustern und denken: »Du musst ja ganz schön krank im Hirn sein, einem solche Fragen zu stellen!«

2001, während meines Gastjahrs in Berkeley, bat ich zusammen mit meinem Freund und langjährigen Mitarbeiter George Loewenstein, zugleich mein Vorbild als Wissenschaftler, ein paar aufgeweckte Studenten um Hilfe bei der Klärung der Frage, wie gut vernünftige, intelligente Menschen vorhersagen können, wie sich ihre Einstellung zu etwas verändert, wenn sie in erregtem Zustand sind. Für eine realitätsnahe Studie mussten wir die Reaktionen der Probanden unmittelbar in einem solchen emotionalen Zustand messen. Wir hätten unsere Probanden auch wütend oder hungrig, frustriert oder verärgert machen können. Doch wir zogen es vor, ihnen ein angenehmes Gefühl zu verschaffen.

Wir beschlossen, die Frage der Entscheidungsfindung im Zustand sexueller Erregung zu untersuchen – nicht weil wir selbst abartige Vorlieben hätten, sondern weil wir der Gesellschaft damit vielleicht helfen können, einige der brennendsten Probleme wie Teenagerschwangerschaften und die Ausbreitung des HI-Virus beziehungsweise von AIDS in den Griff zu bekommen. Wohin wir auch schauen, überall gibt es sexuelle Motivationen, und dennoch wissen wir nur wenig darüber, wie sie unsere Entscheidungsfindung beeinflussen.

Da wir überdies herausfinden wollten, ob die Probanden vorhersagen konnten, wie sie sich in einem bestimmten emotionalen Zustand verhalten würden, musste es eine Emotion sein, die ihnen bereits ziemlich vertraut war. Das hat uns die Entscheidung leichtgemacht. Wenn männlichen Collegestudenten um die zwanzig etwas vertraut ist – etwas, das sie selbst gut abschätzen können –, dann ist es die Tatsache, dass sie regelmäßig an Sex denken.

Roy, ein umgänglicher, fleißiger Biologiestudent in Berkeley, schwitzt ganz schön – aber nicht über dem Stoff für die Abschlussprüfung. Er sitzt, an die Wand gelehnt, auf dem schmalen Einzelbett in seinem abgedunkelten Zimmer im Wohnheim und masturbiert heftig mit der rechten Hand. Mit der linken bedient er über eine Einhandtastatur einen in Klarsichtfolie verpackten Laptop. Während er sich ohne Eile durch Bilder von üppigen nackten, sich in allen möglichen erotischen Posen räkelnden Frauen klickt, klopft sein Herz mit zunehmender Heftigkeit.

Seine wachsende Erregung teilt Roy dem »Erregungsmesser« auf dem Bildschirm mit, indem er den Balken nach oben schiebt. Als er in den tiefroten Bereich – »hoch« – kommt, erscheint auf dem Bildschirm eine Frage:

»Würde Ihnen Sex mit jemand Spaß machen, den Sie nicht ausstehen können?«

Roy geht mit der linken Hand zu einer Skala von »Nein« bis »Ja« und gibt seine Antwort ein. Dann erscheint die nächste Frage: »Würden Sie einer Frau heimlich eine Droge verabreichen, um die Chance zu erhöhen, dass Sie mit ihr Sex haben können?«

Wieder gibt Roy seine Antwort ein, und eine neue Frage erscheint: »Würden Sie immer ein Kondom verwenden?«

Die Stadt Berkeley ist gewissermaßen zweigeteilt. In den 1960er Jahren wurde hier der Aufstand gegen das Establishment geprobt, und die Bewohner der Bay Area nennen die bekanntermaßen politisch links von der Mitte anzusiedelnde Stadt spöttisch die »Volksrepublik Berkeley«. Dabei tummelt sich auf dem großen Universitätsgelände eine erstaunlich konformistische Population von hochbegabten Studenten. Bei einer 2004 durchgeführten Umfrage unter Erstsemestern betrachteten sich nur 51,2 Prozent der Befragten als linksliberal. Über ein Drittel (36 Prozent) rechneten sich zur gemäßigten Mitte, und 12 Prozent bezeichneten sich als konservativ. Als ich nach Berkeley kam, stellte ich zu meiner Überraschung fest, dass die Studenten im Allgemeinen nicht besonders ausgelassen, rebellisch oder risikofreudig waren.

Auf den Zetteln, die wir rund um die Sproul Plaza aufhängten, stand Folgendes zu lesen: »Gesucht: Männliche Versuchsteilnehmer, heterosexuell, +18 Jahre, für eine Studie über Entscheidungsfindung und Erregung.« Außerdem war vermerkt, dass die Probanden für jede Sitzung etwa eine Stunde Zeit aufwenden müssten, dass sie pro Sitzung ein Honorar von 10 Dollar bekämen und dass bei den Experimenten auch sexuell erregendes Material eingesetzt würde. Interessenten sollten sich per E-Mail an unseren wissenschaftlichen Assistenten Mike wenden.

Wir beschlossen, für diese Studie nur Männer zu nehmen. Sie sind, was Sex betrifft, wesentlich einfacher gestrickt als Frauen (zu diesem Schluss gelangten wir nach ausführlicher Diskussion mit unseren Assistenten männlichen wie weiblichen Geschlechts). Viel mehr als ein *Playboy*-Heft und einen abgedunkelten Raum würden wir zur erfolgreichen Durchführung unserer Studie nicht brauchen.

Eine andere Frage war, ob die Sloan School of Management des MIT (wo ich meine Hauptprofessur habe) das Projekt genehmigen würde. Es war eine Nervenprobe. Ehe er die Genehmigung erteilte, berief Dekan Richard Schmalensee einen überwiegend aus weiblichen Mitgliedern bestehenden Ausschuss, der unser Vorhaben prüfen sollte. Dieser Ausschuss äußerte mehrere Bedenken. Was, wenn bei einem Probanden infolge der Experimente verdrängte Erinnerungen an sexuellen Missbrauch hochkamen? Wenn ein Versuchsteilnehmer feststellte, dass er sexsüchtig war? Mir erschienen diese Fragen ungerechtfertigt, denn jeder Collegestudent mit einem Computer und Internetzugang kommt an die härteste Pornographie heran.

Damit hatten wir dem Ausschuss zwar den Wind aus den Segeln genommen, aber ich hatte zum Glück auch noch eine Stelle im MIT Media Laboratory, und dessen Leiter Walter Bender gab mir gerne seine Zustimmung zu dem Projekt. Ich konnte also loslegen. Aber die Erfahrung mit der Sloan School machte deutlich, dass Sex selbst ein halbes Jahrhundert nach Kinsey noch weitgehend ein Tabuthema für eine wissenschaftliche Studie ist – zumindest an manchen Wirtschaftshochschulen.

Jedenfalls wurden unsere Anzeigen aufgehängt, und da Collegestudenten nun mal sind, wie sie sind, hatten wir bald eine lange Liste forscher Burschen, die der Gelegenheit, an unserer Studie teilnehmen zu können, geradezu entgegenfieberten – darunter auch Roy.

Roy war ein typischer Vertreter der 25 Teilnehmer unserer Studie. Er war in San Francisco geboren und aufgewachsen, kultiviert, intelligent, nett – der Traum aller Schwiegermütter. Roy spielte Etüden von Chopin auf dem Klavier und tanzte gerne zu Technomusik. Er hatte an der Highschool Bestnoten gehabt und war Kapitän der Volleyball-Schulauswahl gewesen. Er sympathisierte mit libertären Ideen und wählte meistens die Republikaner. Seit einem Jahr hatte er eine feste Freundin. Er hatte vor, Medizin zu studieren, und besaß eine Schwäche für scharfe »California Roll«-Sushi und die Salate im Café Intermezzo.

Roy traf sich mit Mike, unserem wissenschaftlichen Assistenten, im Strada Coffeeshop – Berkeleys Intellektuellentreffpunkt, wo schon so manche geniale Theorie ausgebrütet wurde, unter anderem die Lösung für Fermats letztes Theorem. Mike war schlank und groß, hatte kurzes Haar, einen künstlerischen Touch und ein gewinnendes Lächeln.

Die beiden schüttelten sich die Hand und setzten sich. »Danke, dass du dich auf unsere Suchanzeige gemeldet hast, Roy«, sagte Mike, zog einige Blätter Papier aus seiner Mappe und legte sie auf den Tisch. »Erst mal die unerlässlichen Präliminarien, Einverständniserklärung und so.«

Mike las Roy die notwendigen Informationen und Vorschriften vor: dass es bei der Studie um Entscheidungsfindung und sexuelle Erregung ging, die Teilnahme freiwillig war, die Daten vertraulich behandelt würden. Dass die Teilnehmer jederzeit den Ausschuss, der sich um den Schutz der Rechte der teilnehmenden Personen kümmerte, kontaktieren könnten, und so weiter.

Roy nickte ein ums andre Mal. Einen bereitwilligeren und entgegenkommenderen Probanden hätten wir kaum finden können.

»Du kannst das Experiment jederzeit abbrechen«, schloss Mike. »Alles klar?«

»Ja«, erwiderte Roy, griff zum Stift und unterschrieb. Mike schüttelte ihm die Hand.

»Großartig!« Mike holte einen Stoffbeutel aus seinem Rucksack. »Es läuft folgendermaßen ab.« Er legte ein Apple-iBook auf den Tisch und öffnete es. Zusätzlich zur Standardtastatur bekam Roy ein mehrfarbiges Keypad mit zwölf Tasten.

»Dieses iBook hat eine Spezialausstattung«, erklärte Mike. »Bitte zum Antworten nur dieses Keypad verwenden.« Er tippte auf die farbigen Tasten. »Du bekommst von uns einen Code, den du eingibst, und damit startest du das Experiment. Während der Sitzung werden dir eine Reihe von Fragen gestellt, die du auf einer Skala zwischen ›Nein‹ und ›Ja‹ beantworten kannst. Wenn du denkst, dass dir die in der Frage beschriebene Sache gefallen würde, antwortest du mit ›Ja‹; wenn du meinst, dass das nicht der Fall sein würde, antwortest du mit ›Nein‹. Denk daran, dass du gebeten wirst, vorherzusagen, wie du dich verhalten würdest und welche Sachen dir gefallen würden, wenn du erregt bist.«

Roy nickte.

»Du sollst dabei auf deinem Bett sitzen, den Laptop stellst du auf einem Stuhl links vom Bett auf, in der Nähe, so dass du eine gute Sicht auf den Bildschirm hast«, fuhr Mike fort. »Das Keypad legst du links neben dich, damit du es problemlos bedienen kannst. Und sorg dafür, dass du nicht gestört wirst.«

Roy zwinkerte ein wenig.

»Wenn du die Sitzung beendet hast, schickst du mir eine Mail, dann treffen wir uns wieder, und du bekommst deine zehn Dollar.«

Über die Fragen selbst erfuhr Roy allerdings nichts von Mike. Zu Beginn der Sitzung wurde er gebeten, sich vorzustellen, er sei sexuell erregt, und dann die Fragen zu beantworten. Bei einem Fragenkomplex wurde nach sexuellen Vorlieben gefragt: beispielsweise, ob er Frauenschuhe erotisch finde; ob er sich vorstellen könne, sich zu einer 50-jährigen Frau hingezogen zu fühlen; ob ihm Sex mit einer extrem dicken Partnerin Spaß machen könnte; ob ihm Sex mit einem Menschen, den er nicht ausstehen könne, gefallen würde; ob er sich gerne fesseln lassen oder jemand anderen fesseln würde; ob »nur knutschen« frustrierend sei.

Im zweiten Fragenkomplex ging es um die Wahrscheinlichkeit, mit der sich der Proband zu unmoralischem Verhalten wie der Vergewaltigung der Rendezvous-Partnerin hinreißen lassen würde. Würde Roy einer Frau sagen, dass er sie liebe, um die Chance zu erhöhen, dass sie mit ihm schlief? Würde er eine Rendezvous-Partnerin zum Trinken animieren, um die Chance zu erhöhen, dass sie mit ihm schlief? Würde er eine Rendezvous-Partnerin weiter bedrängen, mit ihm zu schlafen, obwohl sie »Nein« gesagt hatte?

Beim dritten Fragenkreis wurde danach gefragt, mit welcher Wahrscheinlichkeit Roy sich beim Sex auf Risiken einlassen würde. Macht ein Kondom den Sex weniger lustvoll? Würde er immer ein Kondom benutzen, wenn er das sexuelle Vorleben einer neuen Partnerin nicht kannte? Würde er auch dann ein Kondom benutzen, wenn er Angst hätte, dass die Frau es sich anders überlegt, während er danach kramt?*

---

* Alle von uns gestellten Fragen finden Sie im Anhang zu diesem Kapitel.

Ein paar Tage später, nachdem er die Fragen im »kalten«, rationalen Zustand beantwortet hatte, traf Roy sich wieder mit Mike.

»Das waren ja interessante Fragen«, bemerkte Roy.

»Ja, ich weiß«, erwiderte Mike ruhig. »Im Vergleich zu uns war Kinsey ein Träumer. Übrigens, es gibt noch eine zweite Versuchsrunde. Wärst du interessiert, auch daran teilzunehmen?«

Roy lächelte ein wenig und nickte dann schulterzuckend.

Mike schob ihm ein paar Blätter zu. »Bitte unterschreib noch einmal die Einverständniserklärung, es ist die Gleiche wie zuvor, aber die Aufgabenstellung ist etwas anders. Dieses Mal sollst du dich in einen erregten Zustand bringen, indem du dir eine Reihe erotischer Bilder ansiehst und masturbierst. Du sollst dich stark erregen, aber nicht ejakulieren. Falls es doch dazu kommen sollte, ist der Laptop jedenfalls geschützt.«

Mike zog das iBook aus seinem Rucksack. Dieses Mal waren Tastatur und Bildschirm in Klarsichtfolie verpackt.

Roy schnitt eine Grimasse. »Ich habe gar nicht gewusst, dass Computer schwanger werden können.«

»Der hier bestimmt nicht«, entgegnete Mike lachend. »Der ist sterilisiert. Aber wir hätten gerne, dass er sauber bleibt.«

Roy sollte sich also durch eine Reihe von erotischen Bildern auf dem Laptop klicken, um sich in den erforderlichen Erregungszustand zu bringen, und dann dieselben Fragen beantworten wie beim ersten Mal.

Innerhalb von drei Monaten hatten etliche vortreffliche Berkeley-Studenten eine Reihe von Sitzungen in unterschiedlicher Reihenfolge absolviert. In der Versuchsrunde, bei der sie sich in einem »kalten«, emotionslosen Zustand befanden, gaben sie eine Prognose darüber ab, wie ihre sexuellen und moralischen Entscheidungen im erregten Zustand ausfallen würden. Bei der Versuchsrunde im erregten Zustand gaben sie ebenfalls eine Einschätzung ab, wie ihre Entscheidungen ausfallen würden – da sie sich dieses Mal jedoch tatsächlich im Zustand höchster sexueller Begierde befanden, traten ihre Vorlieben in diesem Zustand vermutlich klarer hervor. Die Schlussfolgerungen, die sich nach Abschluss unserer Experimente ergaben, waren in sich schlüssig und eindeutig – äußerst eindeutig, erschreckend eindeutig.

Unsere aufgeweckten jungen Probanden beantworteten die Fragen – einmal im erregten, einmal im »kalten« Zustand – ausnahmslos sehr unterschiedlich. Bei allen 19 Fragen zu sexuellen Vorlieben gaben Roy und alle anderen Versuchsteilnehmer im erregten Zustand beinahe doppelt so häufig (um 72 Prozent mehr) wie in »kaltem« Zustand vorhergesagt an, dass sie sich auf verschiedene, mehr oder weniger absonderliche sexuelle Praktiken einlassen würden. Beispielsweise war der Gedanke an einen sexuellen Kontakt mit Tieren im erregten Zustand mehr als doppelt so reizvoll wie im »kalten« Zustand. Bei den fünf Fragen zu ihrer Neigung, sich zu unmoralischem Handeln hinreißen zu lassen, lag die im erregten Zustand prognostizierte Neigung mehr als doppelt so hoch (136 Prozent) wie im »kalten« Zustand. Ähnlich sah es bei dem Fragenkomplex hinsichtlich der Benutzung von Kondomen aus. Trotz aller ihnen seit Jahren eingehämmerten Warnungen, wie wichtig Kondome sind, gaben sie im erregten Zustand häufiger (um 25 Prozent) als im »kalten« Zustand an, dass sie auf Kondome verzichten würden. Wieder hatten sie den Einfluss sexueller Erregung auf ihr Verhalten in Sachen Safer Sex falsch eingeschätzt.

Die Ergebnisse zeigten, dass Roy und die anderen Probanden Frauen mit Respekt begegneten, wenn sie im »kalten«, rationalen, vom Über-Ich gesteuerten Zustand waren: Sie interessierten sich nicht besonders für die absonderlichen sexuellen Praktiken, zu denen wir sie befragten; sie nahmen durchweg einen hochmoralischen Standpunkt ein; und sie gingen davon aus, dass sie immer ein Kondom benutzen würden. Sie meinten, sich selbst und ihre Vorlieben zu kennen und zu wissen, wozu sie fähig waren. Wie sich herausstellte, unterschätzten sie ihre Reaktionen vollkommen.

Egal, wie wir die Zahlen drehten und wendeten: Es war eindeutig, dass sich die Probanden erheblich falsch einschätzten. In erregtem Zustand gaben sie durch die Bank zu erkennen, dass sie sich ihres Verhaltens nicht bewusst waren. Vorbeugung, Schutz, Zurückhaltung und Moral waren vom Radarschirm verschwunden. Die Studenten waren nicht in der Lage, vorherzusehen, in welchem Maß sexuelle Erregung sie verändern würde.*

Stellen Sie sich vor, Sie wachen eines Morgens auf, schauen in den Spiegel und sehen – ein fremdes Wesen, wenn auch in menschlicher Gestalt. Sie sind hässlicher, kleiner, stärker behaart; Ihre Lippen sind schmaler, Ihre Schneidezähne länger, Ihre Nägel schmutzig, Ihr Gesicht flacher. Zwei kalte Reptilienaugen blicken Ihnen entgegen. Es drängt Sie, etwas zu zerschmettern, jemandem Gewalt anzutun. Sie sind nicht mehr Sie selbst. Sie sind ein Ungeheuer.

Bedrängt von dieser alptraumhaften Vision, schrie Robert Louis Stevenson in den frühen Morgenstunden eines Herbst-

---

*Diese Ergebnisse treffen am deutlichsten für sexuelle Erregung und ihren Einfluss auf unsere Persönlichkeit zu. Wir können jedoch davon ausgehen, dass andere emotional aufgeladene Zustände (Wut, Hunger, Aufregung, Eifersucht und so weiter) in ähnlicher Weise funktionieren und uns derart beeinflussen, dass wir uns nicht mehr wiedererkennen.

tages des Jahres 1885 im Schlaf gequält auf. Nachdem seine Frau ihn aufgeweckt hatte, setzte er sich hin und begann mit einer »feinen Schauergeschichte«, wie er sagte – Dr. Jekyll und Mr. Hyde –, in der er schrieb: »In Wahrheit ist der Mensch ein Doppelwesen.« Das Buch wurde über Nacht zu einem großen Erfolg, und das war kein Wunder. Die Geschichte nahm die Fantasie der Viktorianer gefangen, sie waren fasziniert von der Spaltung zwischen repressiver Korrektheit – verkörpert in dem freundlichen Arzt Dr. Jekyll – und unkontrollierbaren Trieben, personifiziert in dem mordgierigen Mr. Hyde. Dr. Jekyll glaubt zu wissen, wie er sich beherrschen kann. Doch dann gewinnt Mr. Hyde die Oberhand …

Eine fantasievolle und beängstigende Geschichte, aber im Grunde nichts Neues. Wir alle wissen, dass der Mensch im rationalen und irrationalen Zustand anders funktioniert. Lange vor Sophokles' *König Ödipus* und Shakespeares *Macbeth* war der innere Kampf zwischen Gut und Böse Gegenstand von Mythen, Religionen und Literatur. Nach Freudscher Sichtweise birgt jeder von uns ein dunkles Ich in sich, das Es – ein Tier, das dem Über-Ich urplötzlich die Kontrolle entreißen kann. Dann steuert der freundliche, nette Nachbar in einem Anfall von Aggression seinen Wagen auf einmal mit Vollgas in einen Sattelschlepper. Ein Teenager schnappt sich eine Waffe und erschießt seine Freunde. Ein Priester vergewaltigt einen kleinen Jungen. Alle diese im Normalzustand guten Menschen meinen, sich selbst zu kennen. Aber wenn die Leidenschaften, die Triebe hochkochen, legt sich innerlich plötzlich ein Schalter um, und alles wird anders.

Unser Experiment in Berkeley offenbarte nicht nur die alte Geschichte, dass wir alle etwas von Jekyll und Hyde in uns haben, sondern auch etwas Neues – dass wir alle, unabhängig davon, wie »gut« wir sind, den Einfluss starker Gefühle auf unser Verhalten unterschätzen. Unsere Probanden täuschten sich ausnahmslos hinsichtlich der eigenen Person. Selbst der intelligenteste, rationalste Mensch scheint unter dem Einfluss starker Emotionen ein vollkommen anderer zu sein, als er zuvor glaubte. Und die Leute schätzen sich nicht nur falsch ein – sie schätzen sich extrem falsch ein.

Dem Ergebnis unserer Studie zufolge ist Roy die meiste Zeit ein kluger, anständiger, vernünftiger, freundlicher und vertrauenswürdiger Mensch. Die Frontalhirnlappen funktionieren einwandfrei, der Manager im Kopf kontrolliert sein Verhalten. Ist er jedoch sexuell erregt und das Reptilienhirn gewinnt die Oberhand, erkennt er sich selbst nicht mehr wieder.

Roy glaubt zu wissen, wie er sich im erregten Zustand verhalten wird, aber sein Wissen ist begrenzt. Er weiß nicht, dass er vielleicht alle Vorsicht in den Wind schlägt, wenn sich bei ihm die sexuellen Triebkräfte in den Vordergrund drängen. Dann riskiert er möglicherweise um der sexuellen Befriedigung willen eine Geschlechtskrankheit oder eine ungewollte Schwangerschaft. Wenn die blinde Leidenschaft ihn beherrscht, verwischen seine Emotionen die Grenze zwischen dem, was richtig und was falsch ist. Eigentlich hat er überhaupt keine Ahnung, was für ein wildes Tier in ihm steckt, denn wenn er im einen Zustand sein Verhalten im anderen vorherzusagen versucht, liegt er ziemlich oft falsch.

Zudem ließ unsere Studie erkennen, dass sich unser mangelndes Wissen über uns selbst in einem anderen emotionalen Zustand durch Erfahrung offenbar nicht verbessert, selbst wenn wir so viel Zeit in diesem Zustand verbringen wie unsere Berkeley-Studenten in sexueller Erregung. Der Zustand sexueller Erregung ist uns vertraut, sehr menschlich und vollkommen alltäglich. Dennoch unterschätzen wir alle regelmäßig, in welchem Maß sexuelle Erregung unser Über-Ich negiert und dann Emotionen unser Verhalten steuern können.

Was geschieht also, wenn unser irrationales Ich in einem emotionalen Umfeld lebendig wird, das wir für vertraut halten, das uns in Wirklichkeit aber unvertraut ist? Wenn wir uns nicht wirklich kennen, ist es dann überhaupt möglich, irgendwie vorherzusagen, wie wir uns verhalten, wenn wir »von Sinnen« sind – vor Zorn, Hunger, Angst oder sexueller Erregung? Können wir etwas daran ändern?

Die Antworten auf diese Fragen sind tiefgreifend, denn sie weisen darauf hin, dass wir uns vor Situationen in Acht nehmen müssen, in denen unser Mr. Hyde das Ruder übernehmen könnte. Wenn der Chef uns vor versammelter Mannschaft kritisiert, sind wir vielleicht versucht, mit einer geharnischten E-Mail zu reagieren. Aber wäre es nicht besser, unsere Antwort erst einmal ein paar Tage im »Entwürfe«-Ordner zu speichern? Wenn wir nach einer Testfahrt mit einem Cabrio, bei der wir den Wind in den Haaren gespürt haben, ganz und gar von dem Wagen hingerissen sind, sollten wir uns nicht lieber eine Bedenkzeit nehmen – und noch einmal über den Plan unseres Partners, einen Kombi zu kaufen, diskutieren –, ehe wir den Kaufvertrag unterschreiben?

Hier noch einige Beispiele mehr, wie wir uns vor uns selbst schützen können:

SAFER SEX

Im »kalten«, rationalen Dr.-Jekyll-Zustand neigen viele Eltern und Teenager zu der Ansicht, dass das bloße Versprechen von Enthaltsamkeit – man denke an die bekannte »Just say no«-Kampagne – ausreichend Schutz vor Geschlechtskrankheiten und ungewollter Schwangerschaft bietet. Da sie davon ausgehen, dass sich dieser Gedanke auch dann noch durchsetzt, wenn die Emotionen den Siedepunkt erreichen, sehen die Befürworter der »Just say no«-Strategie keinen Grund, ein Kondom bei sich zu haben. Unsere Studie zeigt jedoch, dass wir alle in Gefahr sind, wenn uns die Leidenschaft übermannt, anstatt »Nein« in der nächsten Sekunde »Ja!« zu sagen; und wenn kein Kondom zur Hand ist, sagen wir vermutlich trotzdem ja, ohne Rücksicht auf die möglichen Folgen.

Was folgt aus alledem? Erstens müssen Kondome unbedingt leicht verfügbar sein. Wir sollten nicht mit kühlem Kopf entscheiden, ob wir Kondome mitnehmen oder nicht; sie müssen stets zur Hand sein, für alle Fälle. Zweitens: Wenn junge Menschen nicht verstehen lernen, wie sie in einem emotional aufgeladenen Zustand möglicherweise reagieren, werden sie nicht in der Lage sein, ihr Verhalten vorher einzuschätzen. Deshalb sollte der Sexualkundeunterricht den Schwerpunkt nicht so sehr auf Physiologie und Biologie des Fortpflanzungssystems legen als vielmehr auf Strategien für den Umgang mit den Emotionen, die mit sexueller Erregung einhergehen. Drittens müssen wir einräumen, dass Kondome in der Tasche und sogar ein annäherndes Wissen um den emotionalen Feuersturm bei sexueller Erregung möglicherweise nicht ausreichen.

Es gibt wahrscheinlich viele Situationen, in denen Teenager mit ihren Emotionen schlicht nicht umgehen können. Wer sichergehen will, dass Teenager keinen Sex haben, für den ist die bessere Strategie, ihnen beizubringen, dass sie sich vom Feuer der Begierde entfernen müssen, ehe sie ihm so nahe kommen, dass es sie erfasst. Diesen Ratschlag zu befolgen ist vielleicht nicht einfach, aber unserer Studie zufolge dürfte es für die jungen Leute einfacher sein, der Versuchung zu widerstehen, bevor sich das Feuer entfacht, und nicht erst wenn es schon die Finger nach ihnen ausgestreckt hat. Mit anderen Worten: Der Versuchung ganz aus dem Weg zu gehen ist einfacher, als gegen sie anzukämpfen.

Das klingt natürlich ziemlich nach der »Just say no«-Kampagne, die Teenager dazu auffordert, sich nicht auf Sex einzulassen, wenn die Versuchung lockt. Allerdings gehen ihre Befürworter davon aus, dass der Mensch seine leidenschaftlichen Gefühle jederzeit willentlich abstellen kann, wohingegen unsere Studie zeigt, dass diese Annahme falsch ist. Wenn wir einmal die Debatte über das Für und Wider von Teenager-Sex beiseitelassen, zeigt sich klar und deutlich, dass uns, wenn wir Teenager dabei unterstützen wollen, Sex, Geschlechtskrankheiten und ungewollte Schwangerschaften zu vermeiden, zwei mögliche Strategien zur Verfügung stehen. Wir können ihnen entweder beibringen, nein zu sagen, *bevor* die Versuchung zu stark wird und bevor die Situation sich so weit entwickelt, dass sie nicht mehr widerstehen können; oder wir können sie alternativ darauf vorbereiten, mit den Folgen eines Ja im Sturm der Gefühle umzugehen (indem sie ein Kondom bei sich haben, zum Beispiel). Eines ist sicher: Falls wir Jugendlichen nicht beibringen, wie sie sich in Sachen Sex verhalten sollen, wenn sie nur noch halb bei Verstand sind, dann machen wir nicht nur ihnen, sondern auch uns selbst etwas vor. In jedem Fall aber müssen wir ihnen begreiflich machen, dass sie im gelassen-kühlen Zustand anders reagieren als im Rausch der Hormone (das gilt natürlich auch für unser eigenes Verhalten).

SICHER AUTO FAHREN

Ebenso sollten wir Teenagern (und allen anderen) dringend raten, dass sie nicht Auto fahren sollen, wenn ihre Emotionen überkochen. Es liegt nicht nur an der mangelnden Erfahrung oder den Hormonen, dass so viele Teenager ihr eigenes oder das Auto ihrer Eltern zu Schrott fahren. Es liegt auch daran, dass die Freunde auf dem Rücksitz sich laut lachend amüsieren, der CD-Player mit Höchstlautstärke den Adrenalinpegel steigernde Musik wummert und der Fahrer mit der rechten Hand nach den Pommes frites oder dem Knie der Freundin tastet. Wer denkt in dieser Situation an Gefahr? Wahrscheinlich niemand. Bei einer kürzlich durchgeführten Studie zeigte sich, dass ein junger Fahrer, der allein unterwegs ist, mit um 40 Prozent höherer Wahrscheinlichkeit in einen Unfall verwickelt wird als ein älterer Erwachsener. Schon mit nur einem anderen Jugendlichen im Wagen war der Prozentsatz doppelt so hoch – und bei einem dritten jugendlichen Mitfahrer verdoppelte er sich noch einmal.[5]

Wenn wir dagegen etwas tun wollen, müssen wir hier in einer Weise eingreifen, bei der wir uns nicht darauf verlassen, dass die jungen Leute schon daran denken werden, wie sie sich im »kalten« Zustand in einem solchen Fall verhalten wollten (oder wie ihre Eltern es wollten), und sich an diese Vorsätze auch halten. Warum baut man in Autos nicht ein Sicherheitssystem ein, das eine riskante Fahrweise verhindert? Zum Beispiel ein modifiziertes Onstar-System, das der Jugendliche gemeinsam mit den Eltern im »kalten« Zustand« konfiguriert. Fährt der Jugendliche schneller als 100 Stundenkilometer auf der Autobahn oder mehr als 50 in Ortschaften, könnten bestimmte Folgen eintreten. Falls das Auto das Tempolimit überschreitet oder plötzliche Schlenker macht, könnte das Radio von 2Pac auf Schumanns Zweite Sinfonie umschalten (die die meisten Jugendlichen bremsen würde). Oder es könnte sich im Winter die Klimaanlage einschalten, im Sommer die Heizung, oder es könnte automatisch eine Telefonverbindung zu Mama hergestellt werden (ein echtes Dämpfungsmittel, wenn Freunde mit im Auto sitzen). Dann wäre dem Fahrer und seinen Freunden klar, dass Mr. Hyde schnellstens auf den Beifahrersitz rutschen und Dr. Jekyll fahren lassen sollte.

Dergleichen ist keineswegs Science-Fiction. Moderne Fahrzeuge stecken bereits voller Computerbauteile, die die Benzineinspritzung, die Klimaanlage und das Tonsystem steuern. Mit Onstar ausgestattete Autos sind bereits mit einem Funknetz verbunden. Mit der heutigen Technik wäre es für ein Auto kein Problem, automatisch Mama anzurufen.

Bessere Lebensentscheidungen

Es ist nicht ungewöhnlich, dass Frauen bei ihrer ersten Schwangerschaft ihrem Geburtshelfer – bevor die Wehen einsetzen – sagen, dass sie keinerlei Schmerzmittel wollen. Diese im »kalten« Zustand getroffene Entscheidung ist bewundernswert, aber diese Frauen sind nicht in der Lage, sich vorzustellen, mit welchen Schmerzen eine Geburt verbunden sein kann (ganz zu schweigen von den Herausforderungen, das Kind aufzuziehen). Wenn alles vorbei ist, hätten sie vielleicht doch lieber eine Epiduralanästhesie gehabt.

Mit diesem Gedanken im Hinterkopf beschlossen Sumi (meine entzückende Frau) und ich, als wir uns auf die Geburt unseres ersten Kindes vorbereiteten, vor der Entscheidung für oder gegen eine solche Anästhesie erst einmal unsere Belastungsfähigkeit zu testen. Dazu tauchte Sumi ihre Hände zwei Minuten lang in einen Eimer mit Eis (der Tipp stammte von der Leiterin unseres Schwangerschaftskurses, die schwor, dass die daraus resultierenden Schmerzen denen bei der Geburt sehr ähnlich seien, während ich sie beim Atmen unterstützte. Sollte Sumi diese Schmerzen nicht aushalten, so unsere Überlegung, würde sie die echte Geburt wahrscheinlich lieber unter Zuhilfenahme von Schmerzmitteln bewältigen. Nachdem sie ihre Hände zwei Minuten lang in den Eiseimer gehalten hatte, verstand Sumi sehr gut, wo der besondere Reiz einer Epiduralanästhesie lag. Während der Geburt selbst schenkte sie dann jedes Gramm Liebe, das sie jemals für ihren Ehemann empfunden hatte, dem Anästhesisten, der im entscheidenden Moment die Spritze setzte. (Bei unserem zweiten Kind kamen wir, erst zwei Minuten bevor Neta geboren wurde, in der Klinik an, und so bekam Sumi schließlich doch noch ihr schmerzmittelfreies Geburtserlebnis.)

Von einem emotionalen Zustand einen Blick auf einen anderen zu werfen ist schwierig. Es ist nicht immer möglich und, wie Sumi erfahren musste, oft schmerzhaft. Um jedoch sachlich begründete Entscheidungen treffen zu können, müssen wir den emotionalen Zustand, in dem wir uns auf der anderen Seite des jeweiligen Erlebnisses befinden, in irgendeiner Weise nachvollziehen und verstehen. Dass wir diese Kluft zu überbrücken lernen, ist eine wesentliche Voraussetzung für so manche wichtige Lebensentscheidung.

Es ist unwahrscheinlich, dass wir in eine andere Stadt umziehen würden, ohne dort lebende Freunde vorher zu fragen, wie es ihnen da gefällt, oder dass wir uns einen Kinofilm ansehen, ohne vorher ein paar Kritiken gelesen zu haben. Ist es nicht seltsam, dass wir so wenig Mühe investieren, um etwas über beide Seiten unserer Emotionen zu lernen? Warum sollten wir dieses Thema den Psychologiestudenten überlassen, wenn uns das mangelnde Wissen darum in vielen Lebensbereichen immer wieder auf die Nase fallen lässt? Wir müssen die beiden Seiten unserer Persönlichkeit erkunden; wir müssen den »kalten« und den »heißen« Zustand verstehen lernen; wir müssen erkennen, wie der Abstand zwischen dem »heißen« und dem »kalten« Zustand unserem Leben zum Vorteil gereicht und wo er uns in die Irre führt.

Welcher Schluss lässt sich aus unseren Experimenten ziehen? Es könnte sein, dass wir unsere Modelle vom menschlichen Verhalten überdenken müssen. So etwas wie eine vollkommen in sich ausgewogene Persönlichkeit gibt es nicht. Vielleicht sind wir tatsächlich ein Konglomerat mehrerer Persönlichkeiten. Wir können zwar nicht viel dazu tun, dass unser Dr. Jekyll sich der Kraft unseres Mr. Hyde voll bewusst wird, aber vielleicht hilft uns in irgendeiner Weise schon das Bewusstsein, dass wir in einem emotional aufgeladenen Zustand zu falschen Entscheidungen neigen, das Wissen über unser »Hyde«-Ich in unser Alltagsleben zu integrieren.

In Kapitel sechs werde ich diesen Gedanken noch näher erläutern.

ANHANG

Eine vollständige Auflistung unserer Fragen mit den durchschnittlichen Prozentsätzen bei den Antworten und der Differenz zwischen den beiden Zuständen. Jede Frage wurde mit einer visuell-analogen Skala versehen, die von »Nein« links außen (null) über »möglicherweise« in der Mitte (50) bis zu »Ja« rechts außen (100) reichte.

136

Tabelle 1

Bewerten Sie die Attraktivität verschiedener Vorstellungen

Frage	Nicht erregt	Erregt	Differenz in Prozent
Sind Frauenschuhe erotisch?	42	65	55
Können Sie sich vorstellen, sich von einem zwölfjährigen Mädchen angezogen zu fühlen?	23	46	100
Können Sie sich vorstellen, mit einer vierzigjährigen Frau zu schlafen?	58	77	33
Können Sie sich vorstellen, mit einer fünfzigjährigen Frau zu schlafen?	28	55	96
Können Sie sich vorstellen, mit einer sechzigjährigen Frau zu schlafen?	7	23	229
Können Sie sich vorstellen, mit einem Mann zu schlafen?	8	14	75
Könnte es Ihnen Spaß machen, mit einem extrem dicken Partner zu schlafen?	13	24	85
Könnte es Ihnen Spaß machen, mit jemandem zu schlafen, den Sie nicht ausstehen können?	53	77	45
Wenn Ihnen eine Frau, die Sie attraktiv finden, einen Dreier mit einem weiteren Mann vorschlagen würde – würden Sie mitmachen?	19	34	79
Ist eine schwitzende Frau sexy?	56	72	29
Ist der Geruch von Zigarettenrauch erregend?	13	22	69
Würde es Ihnen Spaß machen, sich von Ihrer Sexualpartnerin fesseln zu lassen?	63	81	29
Würde es Ihnen Spaß machen, Ihre Sexualpartnerin zu fesseln?	47	75	60

Würde es Ihnen Spaß machen, einer attraktiven Frau beim Urinieren zuzusehen?	25	32	28
Würden Sie es aufregend finden, Ihre Sexualpartnerin zu schlagen?	61	72	18
Würden Sie es aufregend finden, sich von einer attraktiven Frau schlagen zu lassen?	50	68	36
Würden Sie es aufregend finden, Analverkehr zu haben?	46	77	67
Können Sie sich vorstellen, durch Kontakt mit einem Tier sexuell erregt zu werden?	6	16	167
Ist »nur knutschen« frustrierend?	41	69	68

TABELLE 2

Schätzen Sie ein, mit welcher Wahrscheinlichkeit Sie sich zu unmoralischem Verhalten wie einer Vergewaltigung der Rendezvous-Partnerin hinreißen lassen würden. (Die Reihenfolge der Fragen richtet sich nicht nach der Schwere des moralischen Vergehens.)

Frage	Nicht erregt	Erregt	Differenz in Prozent
Würden Sie Ihre Rendezvous-Partnerin in ein schickes Restaurant ausführen, um Ihre Chance zu erhöhen, mit ihr schlafen zu können?	55	70	27
Würden Sie einer Frau sagen, dass Sie sie lieben, um die Chance zu erhöhen, dass sie mit Ihnen schläft?	30	51	70
Würden Sie Ihre Rendezvous-Partnerin zum Trinken animieren, um die Chance zu erhöhen, dass sie mit Ihnen schläft?	46	63	37

Würden Sie Ihre Rendezvous-Partnerin weiter bedrängen, mit Ihnen zu schlafen, obwohl sie schon nein gesagt hat?	20	45	125
Würden Sie einer Frau heimlich eine Droge verabreichen, um die Chance zu erhöhen, dass sie mit Ihnen schläft?	5	26	420

TABELLE 3

Schätzen Sie Ihre Tendenz zum Gebrauch eines Verhütungsmittels ein sowie die Folgen, wenn Sie darauf verzichten.

Frage	Nicht erregt	Erregt	Differenz in Prozent
Für Verhütung ist die Frau verantwortlich.	34	44	29
Mit Kondom ist Sex weniger lustvoll.	66	78	18
Ein Kondom stört die Spontaneität beim Sex.	58	73	26
Würden Sie immer ein Kondom benutzen, wenn Sie das sexuelle Vorleben einer neuen Sexualpartnerin nicht kennen?	88	69	22
Würden Sie auch dann ein Kondom benutzen, wenn Sie befürchten müssten, dass eine Frau es sich anders überlegt, während Sie danach suchen?	86	60	30

SECHS

Vom ewigen Aufschieben

Warum es uns nicht gelingt, zu tun,
was wir tun wollen

Zu den typisch amerikanischen Phänomenen – große Häuser, große Autos und Plasmafernseher mit riesigem Bildschirm – gesellt sich nun ein neues: der größte Rückgang der privaten Sparrate seit der Weltwirtschaftskrise.

Vor 25 Jahren waren zweistellige Sparraten die Regel. Noch 1994 lag sie bei fast fünf Prozent. Im Jahr 2006 jedoch sank sie unter null – auf minus ein Prozent. Nicht nur, dass die Amerikaner nicht mehr sparten; sie gaben auch noch mehr Geld aus, als sie einnahmen. Die Europäer schneiden wesentlich besser ab – sie sparen durchschnittlich 20 Prozent. In Japan liegt die Sparrate bei 25 Prozent, in China bei 50 Prozent. Was also ist los mit Amerika?

Eine mögliche Antwort ist, dass die Amerikaner einem zügellosen Konsumwahn erlegen sind. Denken Sie nur einmal an ein Haus aus der Zeit, als wir noch nicht alles haben mussten, und vergleichen Sie die Größe der Wandschränke. Unser Haus in Cambridge, Massachusetts, zum Beispiel, wurde 1890 erbaut und hat überhaupt keine Wandschränke. In den 1940er Jahren hatten die Häuser Wandschränke, in denen man kaum stehen konnte. In den 1970er Jahren wurden sie etwas größer und tief genug, dass ein Fonduetopf, ein Karton mit Acht-Spur-Tonbandkassetten und ein paar Discoklamotten Platz hatten. Die heutigen Wandschränke sind von einem ganz anderen Kaliber, nämlich »begehbar«, was bedeutet, dass Sie darin tatsächlich herumspazieren können. Und egal, wie tief diese Wandschränke sind, die Amerikaner finden einen Weg, sie bis zur Decke vollzustopfen.

Eine weitere Antwort – die andere Hälfte des Problems – ist die jüngste Explosion bei den Verbraucherkrediten. Die amerikanische Durchschnittsfamilie besitzt heute sechs Kreditkarten (allein 2005 wurden sechs Milliarden Werbebriefe für Kreditkarten verschickt). Beängstigend ist, dass jede Familie durchschnittlich rund 9000 Dollar Schulden auf ihrem Kreditkartenkonto angesammelt hat; und sieben von zehn Haushalten decken die Ausgaben für Grundbedürfnisse wie Nahrung, Energieversorgung und Kleidung über ihre Kreditkarte. Diese Tendenz zeigt sich zunehmend auch in anderen Ländern.

Wäre es nicht vernünftiger, wenn wir wieder lernen würden zu sparen – wie in der guten alten Zeit, indem wir ein wenig Bargeld in die Keksdose stecken und einige Käufe aufschieben, bis wir wirklich das Geld dafür haben? Warum sind viele Menschen außerstande, einen Teil ihres Gehalts auf die hohe Kante zu legen, obwohl sie wissen, dass sie es tun sollten? Warum sind sie nicht in der Lage, ihren Kaufwünschen zu widerstehen? Warum können sie nicht ein bisschen altmodische Selbstbeherrschung üben?

Der Weg zur Hölle, heißt es, ist mit guten Vorsätzen gepflastert. Und die meisten wissen sehr gut, was damit gemeint ist. Wir nehmen uns vor, für den Ruhestand zu sparen, geben das Geld aber für einen Urlaub aus. Wir haben die besten Absichten, Diät zu halten, erliegen aber den Verlockungen eines Dessertwagens. Wir wollen regelmäßig unseren Cholesterinspiegel überprüfen lassen und sagen dann den Termin beim Arzt ab.

Was alles verlieren wir, wenn wir uns durch flüchtige Impulse von unseren längerfristigen Zielen abbringen lassen? Wie sehr wird unsere Gesundheit durch all die nicht wahrgenommenen Termine und den Mangel an sportlicher Betätigung beeinträchtigt? Wie viel ärmer macht es uns, wenn wir unseren Vorsatz vergessen, mehr zu sparen und weniger zu konsumieren? Warum verlieren wir immer wieder den Kampf gegen das ewige Aufschieben?

Im letzten Kapitel sprachen wir darüber, wie Emotionen sich unser bemächtigen und uns die Welt aus einem anderen Blickwinkel sehen lassen. Das Auf-die-lange-Bank-Schieben wurzelt in demselben Problem. Wenn wir uns vornehmen, unser Geld zu sparen, sind wir in einem »kalten« Zustand. Wenn wir uns vornehmen, Sport zu treiben und auf unsere Ernährung zu achten, ebenfalls. Doch dann durchströmen uns plötzlich Emotionen wie heiße Lava: Gerade wenn wir uns vorgenommen haben zu sparen, sehen wir ein neues Auto, ein Mountainbike oder Schuhe, die wir unbedingt besitzen müssen. Gerade wenn wir uns dazu durchgerungen haben, regelmäßig Sport zu treiben, finden wir einen Grund, den ganzen Tag vor dem Fernseher zu sitzen. Und die Diät? Ich nehme jetzt noch ein Stück von dem Schokoladenkuchen, und morgen beginne ich ernsthaft mit der Diät. Unsere langfristigen Ziele der unmittelbaren Befriedigung zu opfern, das, liebe Freunde, ist Auf-die-lange-Bank-Schieben.

Als Universitätsprofessor kenne ich das Problem nur allzu gut. Zu Beginn jedes Semesters fassen meine Studenten heroische Vorsätze – dass sie die ihnen aufgegebene Literatur rechtzeitig lesen, ihre Arbeiten rechtzeitig abgeben und überhaupt alles im Griff behalten werden. Und jedes Semester erlebe ich, wie sie der Versuchung nicht widerstehen können, zu einem Rendezvous zu gehen, zu einem Treffen der Studentenvereinigung oder zum Skifahren in die Berge – während sie mit ihrem Arbeitspensum immer mehr hinterherhinken. Und am Ende gelingt es ihnen immer wieder, mich zu beeindrucken – nicht mit dem Einhalten von Terminen, sondern mit ihrer Kreativität beim Erfinden von Geschichten, Ausreden und Familientragödien als Erklärung für ihre Säumigkeit. (Warum ereignen sich Familientragödien immer in den letzten beiden Wochen des Semesters?)

Nachdem ich einige Jahre am MIT unterrichtet hatte, beschlossen mein Kollege Klaus Wertenbroch (Professor am Institut Européen d'Administration des Affaires, einer Wirtschaftshochschule in Paris) und ich, ein paar Untersuchungen auszuarbeiten, um dem Problem auf den Grund zu gehen und vielleicht eine Lösung für diese so häufige menschliche Schwäche zu finden. Versuchskaninchen würden dieses Mal die geschätzten Studenten in meinem Kurs über Verbraucherverhalten sein.

Während sich die Studenten an jenem ersten Vormittag auf ihren Stühlen niederließen, voller Erwartung (und zweifellos mit dem Vorsatz, den Überblick über ihre Aufgaben zu behalten), stellte ich ihnen meinen Seminarplan vor, und sie hörten aufmerksam zu. Im Lauf der zwölf Wochen, die das Semester dauerte, würden sie drei große Seminararbeiten schreiben müssen, erklärte ich, die zusammen einen Großteil ihrer Schlussnote ausmachten.

»Und wie sind die Abgabetermine?«, fragte einer von hinten. Ich lächelte. »Sie können Ihre Arbeiten jederzeit vor Semesterende abgeben«, antwortete ich. »Das liegt ganz bei Ihnen.« Die Studenten schauten mich verdutzt an.

»Ich mache Ihnen folgenden Vorschlag«, sagte ich. »Ende dieser Woche müssen Sie sich auf einen Abgabetermin für jede Arbeit festlegen. Danach kann dieser Termin nicht mehr geändert werden.« Bei verspätet eingereichten Arbeiten würde als Strafe für jeden Tag Verspätung ein Prozent von der Punktzahl abgezogen, erklärte ich. Natürlich könnten sie ihre Arbeiten jederzeit vor dem vereinbarten Termin abgeben, aber dadurch ergebe sich kein Vorteil bei der Benotung, weil ich alle Arbeiten erst zum Semesterende lesen würde.

Mit anderen Worten, jetzt waren meine Studenten am Ball. Würden sie die notwendige Selbstdisziplin aufbringen, mitzuspielen?

»Aber Professor Ariely«, meldete sich Gurev, ein gewitzter Master-Student mit einem charmanten indischen Akzent, »wäre es angesichts dieser Bedingungen für uns nicht am günstigsten, wenn wir den spätest möglichen Termin wählen?«

»Das können Sie natürlich tun«, antwortete ich. »Wenn Sie es sinnvoll finden, unbedingt.«

Was hätten Sie persönlich unter diesen Bedingungen getan?

Ich verspreche, die Arbeit 1 in Woche … abzugeben.
Ich verspreche, die Arbeit 2 in Woche … abzugeben.
Ich verspreche, die Arbeit 3 in Woche … abzugeben.

Für welche Abgabetermine entschieden sich die Studenten? Ein absolut rational handelnder Student würde Gurevs Rat befolgen und alle Termine auf den letzten Kurstag legen – schließlich konnte man seine Arbeiten jederzeit früher abgeben, ohne bestraft zu werden. Warum also etwas riskieren und sich ohne Not auf einen früheren Abgabetermin festlegen? Die Abgabe bis zum Ende des Kurses hinauszuschieben war eindeutig die beste Entscheidung, wenn die Studenten absolut rational handeln würden. Aber was, wenn die Studenten nicht der Vernunft folgen? Wenn sie Versuchungen erliegen und zum Aufschieben neigen? Und was, wenn sie sich dieser ihrer Schwäche bewusst sind? Wenn die Studenten nicht rational handeln und es wissen, dann könnten sie sich mit Hilfe der Abgabetermine zu einem vernünftigeren Verhalten zwingen. Sie könnten sich auf frühe Termine festlegen und sich dadurch zwingen, früher mit ihren Arbeiten zu beginnen.

Was taten meine Studenten? Sie machten sich das ihnen von mir an die Hand gegebene Planungsinstrument zunutze und verteilten ihre Abgabetermine über das gesamte Semester. Das ist gut und schön und lässt vermuten, dass den Studenten ihr Problem mit dem ewigen Aufschieben bewusst ist und dass sie, wenn sie Gelegenheit dazu bekommen, sich selbst zu disziplinieren versuchen. Doch die große Frage ist, ob dieses Instrument ihnen tatsächlich zu besseren Noten verhilft. Um das herauszufinden, mussten wir in anderen Kursen das gleiche Experiment in anderen Varianten durchführen und die Noten für die Arbeiten vergleichen.

Nachdem Gurev und seine Kommilitonen ihre jeweiligen Abgabetermine festgelegt hatten, ging ich – mit deutlich abweichenden Vorschlägen – in meine beiden anderen Kurse. Im zweiten Kurs sagte ich zu den Studenten, sie hätten überhaupt keine festen Abgabetermine während des Semesters. Sie brauchten ihre Arbeiten lediglich am Ende der letzten Stunde abzugeben. Natürlich könnten sie ihre Arbeiten auch früher einreichen, aber dadurch gebe es keinen Vorteil bei der Benotung. Eigentlich hätten sie doch zufrieden sein können: Ich ließ ihnen vollkommen freie Hand, sie konnten selbst entscheiden. Und nicht nur das: Für sie bestand nicht das geringste Risiko, sich wegen Versäumens eines Zwischentermins eine Strafe einzuhandeln.

Der dritte Kurs bekam, was man eine diktatorische Anordnung nennen könnte: Ich gab den Studenten für die drei Arbeiten drei feste Abgabetermine vor, und zwar in der vierten, achten und zwölften Woche. Meine Vorgaben ließen keinen Raum für Flexibilität oder eigene Entscheidungen.

Was meinen Sie, welcher der drei Kurse die besten Gesamtnoten erzielte? Gurev und seine Kommilitonen, die eine gewisse Flexibilität hatten? Oder der zweite Kurs mit einem einzigen Abgabetermin ganz zum Schluss, bei dem die Studenten völlig frei in ihrer Entscheidung waren? Oder der dritte Kurs, der die Abgabetermine von oben diktiert bekam, also nicht die geringsten Entscheidungsmöglichkeiten hatte? Welcher Kurs, denken Sie, hat am schlechtesten abgeschnitten?

Als das Semester beendet war und Jose Silva, der pädagogische Assistent in diesen Kursen (selbst Experte in Sachen Aufschieben und derzeit Professor an der University of California in Berkeley), den Studenten ihre Arbeiten zurückgegeben hatte, konnten wir endlich die unter den drei verschiedenen Abgabebedingungen erzielten Noten vergleichen. Wir stellten fest, dass die Studenten in dem Kurs mit den drei festen Abgabeterminen die besten Noten hatten; der Kurs, bei dem ich überhaupt keine Termine festlegte (außer dem Endtermin), hatte die schlechtesten Noten; und der Kurs, in dem Gurev und seine Kommilitonen ihre drei Abgabetermine selbst wählen durften (jedoch mit Punktabzug bestraft wurden, wenn sie sie nicht einhielten), lag bei den Noten für die drei Arbeiten und der Gesamtnote im Mittelfeld.

Was können wir aus diesen Ergebnissen schließen? Erstens, dass Studenten zum Hinausschieben neigen (eine große Neuigkeit); und zweitens, dass das beste Mittel gegen Hinausschieben ist, ihre Freiheit durch straffe Vorgaben (von oben diktierte Termine in gleichmäßigen Abständen) einzuschränken. Die größte Offenbarung aber ist, dass, wenn man den

Studenten schlicht ein Instrument anbot, mit dessen Hilfe sie selbst die Abgabetermine bestimmen konnten, sie bessere Noten erzielten.

Dieses Ergebnis impliziert, dass sich die Studenten im Großen und Ganzen ihres Problems mit dem Hinausschieben bewusst waren, etwas dagegen unternahmen, wenn sie die Chance dazu bekamen, und damit auch einen relativ guten Erfolg erzielten. Aber warum waren die Noten beim Kurs mit den selbst festgelegten Terminen nicht so gut wie die Noten in dem Kurs, bei dem die Termine diktatorisch (von außen) festgelegt wurden? Ich meine: Nicht jeder weiß von der eigenen Neigung, die Dinge hinauszuschieben, und selbst diejenigen, denen sie bewusst ist, erfassen das Problem vielleicht nicht in seiner Gänze. Die Menschen setzen sich jedoch Termine, aber nicht notwendigerweise solche Termine, die auch zur besten Leistung führen.

Als ich mir die von den Studenten in Gurevs Kurs selbst festgelegten Abgabetermine ansah, war das tatsächlich der Fall. Die überwiegende Mehrheit der Studenten in diesem Kurs verteilte die Termine großzügig über den gesamten Zeitraum (und die Noten waren hier ebenso gut wie bei den Studenten mit diktatorisch festgesetzten Terminen), ein kleinerer Teil ließ wenig Zeit dazwischen, und einige wenige legten sie knapp hintereinander. Die Studenten, die sich zwischen den Abgabeterminen nicht genügend Zeit ließen, zogen die Durchschnittsnote des Kurses nach unten. Waren die Termine nicht vernünftig verteilt – Termine, die die Studenten gezwungen hätten, sich früher im Semester mit ihren Arbeiten zu beschäftigen –, war die Abschlussarbeit im Allgemeinen hastig angefertigt und schlecht geschrieben und erbrachte auch ohne zusätzlichen Punktabzug als Strafe für jeden Tag Verspätung eine schlechtere Note.

Interessanterweise lassen diese Ergebnisse darauf schließen, dass zwar jeder Mensch Probleme mit dem Hinausschieben hat, dass aber diejenigen, die diese Schwäche erkannt und sich eingestanden haben, eher das Instrument der Selbstverpflichtung zur Überwindung dieser Schwäche einsetzen können.

So weit meine Erfahrungen mit meinen Studenten. Aber was haben sie mit dem Alltagsleben zu tun? Eine ganze Menge, denke ich. Versuchungen zu widerstehen und Selbstdisziplin zu üben sind allgemeine menschliche Ziele, und aus der Tatsache, dass wir immer wieder an ihnen scheitern, erwächst uns viel Leid. Um mich herum sehe ich überall Menschen, die sich wirklich bemühen, das Richtige zu tun, ob sie nun eine Diät halten wollen und sich schwören, den verführerischen Dessertwagen vorbeifahren zu lassen, oder Familien, die sich vornehmen, weniger auszugeben und mehr zu sparen. Der Kampf um Selbstdisziplin ist allgegenwärtig. Wir begegnen ihm in Büchern und Zeitschriften, Radio und Fernsehen bombardieren uns unablässig mit Botschaften zur persönlichen Weiterentwicklung und Selbsthilfe.

Und dennoch: Trotz all des elektronischen Geplappers und ausführlichster Behandlung des Themas in Druckerzeugnissen geraten wir immer wieder in dasselbe Dilemma wie meine Studenten – wir erreichen unsere langfristigen Ziele nicht. Warum? Weil wir ohne eine gewisse Selbstverpflichtung immer wieder der Versuchung erliegen.

Was wäre die Alternative? Aus den oben beschriebenen Experimenten lässt sich insbesondere der Schluss ziehen, dass, wenn eine »Stimme von außen« die Anweisungen erteilt, die meisten von uns sofort strammstehen. Schließlich schnitten die Studenten, denen ich die Termine vorgab – gewissermaßen als »elterliche« Stimme – am besten ab. Aber auch wenn es sehr wirkungsvoll sein mag, barsche Befehle zu erteilen; es ist nicht immer möglich oder wünschenswert. Wie könnte ein guter Kompromiss aussehen? Die beste Strategie scheint zu sein, den Menschen Gelegenheit zu geben, sich im Voraus auf die von ihnen bevorzugte Vorgehensweise festzulegen. Dieser Ansatz mag vielleicht nicht so effektiv sein wie ein diktatorisches Vorgehen, er kann aber helfen, uns in die richtige Richtung zu lenken (wahrscheinlich mit noch größerem Erfolg, wenn wir die Leute darin trainieren, so dass sie am eigenen Leibe erfahren, wie es ist, Termine selbst festzulegen).

Und das Fazit? Wir haben Probleme mit der Selbstdisziplin, wenn es um sofortige oder spätere Befriedigung geht – gar kein Zweifel. Aber für jedes Problem, mit dem wir konfrontiert werden, gibt es auch eine Methode der Selbstdisziplin. Wenn es uns nicht gelingt, einen Teil unseres Gehalts auf die hohe Kante zu legen, können wir das Angebot der automatischen Abbuchung eines bestimmten Betrages nutzen, das unser Arbeitgeber anbietet; wenn wir nicht die Willenskraft aufbringen, allein regelmäßig Sport zu treiben, können wir mit Freunden einen festen Termin für eine gemeinsame sportliche Aktivität vereinbaren. Diese Instrumente können wir uns zunutze machen, um mit ihrer Hilfe zu den Menschen zu werden, die wir sein wollen.

Welche anderen durch Hinausschieben entstehenden Probleme könnte eine solche Selbstverpflichtungsstrategie lösen helfen? Nehmen wir als Beispiele die Gesundheitsvorsorge und Verbraucherkredite.

GESUNDHEITSVORSORGE

Jedermann weiß, dass Gesundheitsvorsorge in der Regel – für den Einzelnen wie für die Gesellschaft – kosteneffektiver ist als unser gegenwärtiges System der Behandlung von Erkrankungen. Vorbeugung bedeutet, sich regelmäßig untersuchen zu lassen, bevor sich Krankheiten entwickeln. Aber eine Darmspiegelung oder Mammographie sind immer sehr belastend. Selbst eine Kontrolle des Cholesterinspiegels, für die Blut abgenommen werden muss, ist unangenehm. Während also auf lange Sicht unsere Gesundheit und ein langes Leben von solchen regelmäßigen Untersuchungen abhängen, schieben wir kurzfristig solche Dinge immer wieder auf die lange Bank.

Aber stellen Sie sich mal vor, wir würden alle rechtzeitig zu den notwendigen Vorsorgeuntersuchungen gehen! Bedenken Sie, wie viele schwerwiegende gesundheitliche Probleme man bei frühzeitiger Diagnose gleich im Keim ersticken könnte. Um wie viel die Ausgaben für Behandlungskosten reduziert werden könnten und wie viel Leid den Betroffenen dadurch erspart bliebe.

Wie lösen wir also dieses Problem? Nun, wir könnten uns für eine diktatorische Lösung entscheiden, bei der der Staat (im Orwellschen Sinn) uns regelmäßige Untersuchungen diktiert. Bei meinen Studenten, die einen festen Termin vorgegeben bekamen und dadurch gute Leistung brachten, hat diese Methode gut funktioniert. Gesellschaftlich betrachtet, wären wir zweifellos alle gesünder, wenn die Gesundheitspolizei mit einem Transporter ankäme und die Drückeberger zur Blutabnahme ins Ministerium für Cholesterinkontrolle bringen würde.

Das klingt vielleicht extrem, aber denken Sie nur an die

anderen Ge- und Verbote, die der Staat uns zu unserem Besten aufzwingt. Wir können eine Strafe bekommen, wenn wir verkehrswidrig über die Straße gehen oder im Auto den Sicherheitsgurt nicht anlegen. Vor zwanzig Jahren dachte kein Mensch daran, dass Rauchen in den meisten öffentlichen Gebäuden, in Restaurants und Bars einmal verboten werden könnte, aber heute ist es so – und man bekommt eine saftige Geldstrafe, wenn man sich eine Zigarette anzündet. Und neuerdings wird gegen Transfette mobilgemacht. (Sollte man den Leuten die arteriosklerosefördernden Pommes frites verbieten?)

Manchmal befürworten wir energisch Vorschriften, die unsere selbstzerstörerischen Verhaltensweisen bremsen, und dann wieder fordern wir ebenso energisch unsere persönliche Freiheit. In beiden Fällen bleibt etwas auf der Strecke.

Und wenn obligatorische Vorsorgeuntersuchungen von der Bevölkerung nicht akzeptiert werden, wie wäre es dann mit einem Mittelweg, wie bei den selbst festgelegten Abgabeterminen von Gurev und seinen Kommilitonen (die persönliche Wahlfreiheit erlaubten, jedoch mit Strafen für die zu spät Abgebenden verbunden waren)? Das könnte der ideale Kompromiss sein zwischen Autoritarismus auf der einen Seite und dem, was wir heute nur allzu häufig im Bereich der Gesundheitsvorsorge sehen – der völligen Freiheit, sie zu umgehen.

Angenommen, Ihr Arzt sagt Ihnen, dass Sie unbedingt Ihren Cholesterinspiegel überprüfen lassen sollten. Das bedeutet, dass Sie am Abend vor der Blutabnahme nichts essen dürfen, am folgenden Morgen mit leerem Magen in die Praxis fahren und im vollen Wartezimmer vermeintlich stundenlang herumsitzen müssen, bis endlich die Arzthelferin kommt und Sie abholt, um Ihnen eine Nadel in den Arm zu stechen. Bei diesen Aussichten beginnen Sie sofort, den Termin hinauszuschieben. Aber angenommen, der Arzt nimmt Ihnen im Voraus 100 Dollar Kaution für den Test ab, die nur zurückerstattet werden, wenn Sie zum vereinbarten Zeitpunkt erscheinen. Würden Sie den Test dann eher machen lassen?

Wenn der Arzt Sie fragen würde, ob Sie bereit sind, diese 100 Dollar Kaution für den Test zu bezahlen, würden Sie dieses selbstauferlegte Druckmittel akzeptieren? Würden Sie dann eher zu dem Test erscheinen? Angenommen, es geht um eine kompliziertere Prozedur – eine Darmspiegelung zum Beispiel. Wären Sie bereit, sich auf eine Kaution von 200 Dollar einzulassen, die nur zurückerstattet wird, wenn Sie rechtzeitig zu dem Termin erscheinen? Wenn ja, dann haben Sie genau die Bedingungen übernommen, die ich Gurevs Kurs anbot, Bedingungen, die die Studenten sicherlich motiviert haben, für ihre eigenen Entscheidungen Verantwortung zu übernehmen.

Auf welchem Wege können wir das Problem des Hinausschiebens im Gesundheitsbereich außerdem noch lösen? Angenommen, wir könnten unsere medizinischen und zahnmedizinischen Untersuchungen größtenteils bündeln, so dass wir sie zu einer bestimmten Zeit alle auf einmal machen könnten. Ich will Ihnen zur Veranschaulichung dieser Idee eine Geschichte erzählen.

Vor einigen Jahren suchte der Autohersteller Ford nach einem Weg, wie man Autobesitzer am besten zur routinemäßigen Inspektion in die Vertragswerkstatt locken könnte. Das Problem war, dass der Standard-Ford um die 18 000 Teile hatte, die möglicherweise einer Wartung bedurften, aber leider nicht alle zur selben Zeit (ein Ford-Ingenieur berechnete, dass ein bestimmter Achsbolzen alle 3602 Meilen eine Inspektion benötigte). Doch das war noch nicht alles: Da Ford mehr als 20 verschiedene Fahrzeugtypen herstellte, dazu noch unterschiedlicher Baujahre, war es schier unmöglich, bei der Wartung aller Teile auf einen Nenner zu kommen. Den Kunden und Serviceberatern blieb nichts anderes übrig, als dicke, mehrbändige Handbücher durchzublättern, um festzustellen, welche Wartung anstand.

Doch dann fiel Ford etwas bei den Honda-Vertragshändlern gegenüber auf. Auch die etwa 18 000 Teile der Honda-Wagen sollten idealerweise in denselben Zeiträumen gewartet werden wie die Ford-Wagen, aber Honda hatte sie zu drei »Inspektionsintervallen« zusammengefasst (zum Beispiel alle sechs Monate oder 5000 Meilen, alle zwölf Monate oder 10 000 Meilen und alle zwei Jahre oder 25 000 Meilen). Diese Liste hing im Empfangsraum der Serviceabteilung an der Wand. Man hatte die Hunderte von Wartungsarbeiten zu simplen, auf gefahrenen Meilen basierenden Servicepaketen geschnürt, die für alle Fahrzeugtypen und Baujahre galten. Auf dem Schild waren alle Wartungsarbeiten und ihre Abfolge gebündelt und mit Preisen versehen. Jeder konnte sehen, wann eine Inspektion fällig war und was sie kosten würde.

Doch dieses Schild war mehr als eine bequeme Information – es war eine echte Hilfe für Hinausschieber, denn es forderte die Kunden auf, die Inspektion zu bestimmten Zeiten und bei einem bestimmten Meilenstand durchführen zu lassen. Es nahm sie gewissermaßen an die Hand. Und alles war so klar dargestellt, dass jeder Kunde es verstehen konnte. Es gab keine Verwirrung mehr bei den Kunden. Sie schoben die Fahrt zur Werkstatt nicht mehr hinaus. Die Inspektion ihres Hondas war vollkommen unproblematisch geworden.

Etliche Leute bei Ford fanden diese Idee großartig, aber die Ingenieure sträubten sich anfangs dagegen. Sie mussten erst überzeugt werden, dass ein Ford zwar durchaus 9000 Meilen ohne Ölwechsel zurücklegen kann, dass man den Ölwechsel aber auch bei 5000 Meilen zusammen mit all dem anderen erledigen konnte, was zu diesem Zeitpunkt anstand. Sie mussten erst überzeugt werden, dass ein Mustang und ein F-250-Super-Duty-Geländewagen trotz ihrer technischen Unterschiede durchaus denselben Wartungsplan bekommen konnten. Sie mussten erst überzeugt werden, dass es, wenn sie die 18 000 Wartungsarbeiten zu drei praktischen Wartungspaketen bündelten – und die Inspektion eines Wagens damit so einfach machten wie die Bestellung eines Value Meals bei McDonald's –, nicht schlechte Organisation bedeutete, sondern guter Kundendienst (und ein gutes Geschäft, nicht zu vergessen). Das entscheidende Argument aber war, dass es doch besser ist, wenn die Kunden ihren Wagen in bestimmten Abständen zur Inspektion bringen, die eine Kompromisslösung darstellen, als überhaupt nicht!

Und dann geschah es: Ford bündelte seine Wartungstermine wie Honda. Die Kunden schoben die Inspektion ihres Wagens nicht mehr ewig hinaus. Fords Servicekapazität, die zu 40 Prozent nicht ausgelastet war, wurde nun viel häufiger genutzt. Die Händler machten Geld, und in nur drei Jahren hatte Ford in Sachen Wartungsleistungen mit Honda gleichgezogen.

Könnten wir nicht umfassende ärztliche Untersuchungen und Tests in der gleichen Weise vereinfachen – und durch zusätzliche, selbstauferlegte Geldstrafen (oder besser eine »elterliche« Stimme) unsere Gesundheit auf Vordermann bringen und die Gesamtkosten erheblich senken? Aus Fords Erfahrung können wir lernen, dass es wesentlich cleverer ist, unsere medizinischen Tests (und Untersuchungen) zu bündeln, damit die Leute nicht vergessen, sie machen zu lassen, anstatt ihnen willkürlich und ziellos Ratschläge zu erteilen, denen sie nicht bereit sind zu folgen. Daher die große Frage: Können wir dem medizinischen Morast nicht eine Form geben und das Ganze so einfach machen wie die Bestellung eines Happy Meal? Einstein schrieb bei einem seiner Aufsätze einmal an den Rand: »Vereinfachen! Vereinfachen!« Und Vereinfachung ist in der Tat ein Zeichen wahrer Genialität.

Sparen

Wir könnten den Menschen befehlen, kein Geld mehr auszugeben, sozusagen per Orwellschem Edikt – ähnlich wie bei meiner dritten Gruppe von Studenten, denen ich die Abgabetermine für ihre Arbeiten diktierte. Aber gibt es vielleicht cleverere Methoden, die Menschen dazu zu bringen, ihre Ausgaben besser in den Griff zu bekommen? Vor einigen Jahren hörte ich beispielsweise von der »Eisglas«-Methode, mit der man den Einsatz seiner Kreditkarte begrenzen kann. Es ist eine Art Hausmittel für Spontankäufer. Man gibt seine Kreditkarte in ein Glas Wasser und stellt es in das Tiefkühlfach. Wenn man dann einen spontanen Kauf tätigen will, muss man erst warten, bis das Eis aufgetaut ist, ehe man die Karte benutzen kann. Bis dahin hat sich der unbezähmbare Drang, den betreffenden Gegenstand kaufen zu müssen, meistens gelegt. (Das Glas in der Mikrowelle zu erhitzen hilft übrigens nichts, denn dadurch wird der Magnetstreifen zerstört.)

Besser und sicher zeitgemäßer ist wohl die folgende Methode. John Leland schrieb in einem sehr interessanten Artikel in der *New York Times* über den wachsenden Trend zur Selbstentblößung: »Als eine Frau, die sich selbst Tricia nennt, letzte Woche entdeckte, dass auf ihren Kreditkarten ein Minus von 22 302 Dollar aufgelaufen war, konnte sie es gar nicht erwarten, ihren Mitmenschen diese Neuigkeit mitzuteilen. Aber Tricia, 29, erzählt nicht ihrer Familie oder ihren Freunden

155

von ihrer desaströsen Finanzlage und sagt ihnen, dass sie sich für ihre Schulden schämt. In der Waschküche ihres Hauses im Norden von Michigan macht Tricia etwas, das noch vor einer Generation undenkbar – und unmöglich – gewesen wäre: Sie geht online und postet intime Details ihrer finanziellen Situation, unter anderem ihr Reinvermögen (derzeit minus 38 691 Dollar), ihren Kontostand samt Überziehungszinsen ihrer Kreditkartenkonten und den exakten Betrag an Schulden (15 312 Dollar), den sie seit vergangenem Jahr, als sie ihren Blog startete, zurückgezahlt hat.«

Aus dem Artikel wurde deutlich, dass Tricias Blog einen allgemeinen Trend widerspiegelt. Es gab offenbar Dutzende von Webseiten (vielleicht sind es inzwischen schon Tausende), die Blogs zu demselben Thema enthielten (von »Poorer than You« unter kgazette.blogspot.com und »We're in Debt« unter wereindebt.com bis zu »Make Love Not Debt« unter makelovenotdebt.com und Tricias Webseite: bloggingaway-debt.com). Dazu bemerkte John Leland: »Die Verbraucher fordern andere damit auf, eine gewisse Selbstdisziplin zu entwickeln, weil so viele Firmen keinerlei Beschränkungen setzen.«[6]

Es ist wichtig und nützlich, sich in Blogs zum Thema Geldausgeben und Schuldenmachen zu äußern, aber wie wir in Kapitel fünf über Gefühle gesehen haben, brauchen wir eigentlich eine Methode, um unseren Konsum im Augenblick der Versuchung zu bremsen, statt einer Möglichkeit, hinterher darüber zu jammern.

Was könnten wir tun? Könnten wir etwas kreieren, das den Bedingungen von Gurevs Seminar entspricht, mit einem gewissen Maß an Wahlfreiheit, aber auch mit eingebauten Grenzen? Ich begann über eine neue Art von Kreditkarte nachzudenken – eine Kreditkarte *mit Selbstkontrolle,* die es ihren

Besitzern ermöglicht, ihre Ausgaben besser zu steuern. Die Kartennutzer könnten im Voraus entscheiden, wie viel Geld sie in jedem einzelnen Bereich, in jedem Laden und in jedem Zeitabschnitt ausgeben möchten. Beispielsweise könnten sie ihre Ausgaben für Kaffee auf 20 Dollar pro Woche begrenzen, die Ausgaben für Kleidung auf 600 Dollar alle sechs Monate. Sie können das Limit für Lebensmittel auf 200 Dollar pro Woche festlegen, die Ausgaben für Unterhaltung auf 60 Dollar im Monat und den Kauf von Süßigkeiten zwischen zwei und fünf Uhr nachmittags generell nicht gestatten. Und was würde bei Überschreitung des Limits geschehen? Das könnten die Karteninhaber selbst entscheiden. Sie könnten zum Beispiel festlegen, dass die Karte dann nicht angenommen werden soll; oder sich selbst besteuern und den entsprechenden Betrag an Habitat for Humanity, an einen Freund oder auf ein Festgeldkonto überweisen lassen. Es ließe sich auch eine Art »Eisglas« in das System einbauen, als Nachdenkphase vor größeren Käufen; bei einer Limitüberschreitung könnte sogar eine automatische E-Mail an den Ehepartner, die Mutter oder einen Freund ausgelöst werden:

Liebe Sumi,
mit dieser E-Mail wollen wir Sie darauf aufmerksam machen, dass Ihr Ehemann Dan Ariely, im Großen und Ganzen ein aufrechter Staatsbürger, sein Limit für Schokolade von monatlich 50 Dollar um 73,25 Dollar überschritten hat.
Mit besten Grüßen
das Selbstkontrolle-Kreditkartenteam

Das klingt jetzt vielleicht nach einem Hirngespinst, aber das ist es keineswegs. Denken Sie nur an das Potenzial von Smart Cards (flache, handtellergroße Karten mit beeindruckender

Rechnerkapazität), die allmählich den Markt erobern. Diese Karten lassen sich nach den Bedürfnissen des Benutzers individuell programmieren und können den Leuten helfen, mit ihrem Kreditvolumen vernünftig zu haushalten. Warum könnte eine Karte beispielsweise nicht auch einen Ausgaben-»Regler« haben (wie die Geschwindigkeitsregler in Kraftfahrzeugen), mit dessen Hilfe Geldtransaktionen unter bestimmten Bedingungen begrenzt werden? Warum könnte sie nicht mit einem Pendant zur Retard-Tablette ausgestattet sein, so dass die Verbraucher sie auf eine zeitlich verzögerte Freigabe ihres Kreditvolumens programmieren können, um ihr Ausgabeverhalten dadurch besser zu steuern?

Vor einigen Jahren war ich von der Idee einer Kreditkarte »mit Kontrolle« so überzeugt, dass ich bei einer Großbank um einen Termin bat, um sie vorzustellen. Zu meiner Freude erhielt ich eine Antwort von dem ehrwürdigen Bankinstitut, in der man mir vorschlug, in die New Yorker Firmenzentrale zu kommen.

Ein paar Wochen später fand ich mich dort ein und wurde, nach einem kurzen Aufenthalt am Empfangsschalter, in einen modernen Konferenzraum geführt. Von dort oben hatte ich den ganzen Finanzdistrikt Manhattans im Blick und einen Strom gelber Taxis, der sich durch den Regen wälzte. Innerhalb weniger Minuten hatte sich der Raum mit einem halben Dutzend hochrangiger Bankleute gefüllt, darunter den Leiter der Kreditkartenabteilung.

Als Erstes beschrieb ich den Herren, welche Probleme jedermann durch das ewige Hinausschieben entstehen. Im Bereich der persönlichen Finanzen, sagte ich, führe es dazu, dass wir versäumten zu sparen – während sich durch die verlockenden, leicht erhältlichen Kredite unsere Schränke mit Waren füllen, die wir eigentlich nicht brauchten. Ich merkte schnell, dass sich damit alle persönlich angesprochen fühlten.

Dann erklärte ich, dass die Amerikaner in eine schreckliche Abhängigkeit von Kreditkarten geraten seien, dass die Schulden sie bei lebendigem Leib auffräßen und wie sie darum kämpften, einen Ausweg aus diesem Dilemma zu finden. Zu den am stärksten betroffenen Gruppen gehören die amerikanischen Senioren. Tatsächlich ist zwischen 1992 und 2004 das Schuldenvolumen der Amerikaner im Alter über fünfundfünfzig Jahren schneller gestiegen als bei jeder anderen Gruppe. Manche zahlten sogar die Beiträge für ihre Krankenversicherung per Kreditkarte. Anderen drohte die Zwangsversteigerung ihres Hauses.

Langsam kam ich mir vor wie George Bailey in dem Film *Ist das Leben nicht schön?*, als er um Darlehenserlass bittet. Nach und nach meldeten sich die Bankmanager zu Wort. Die meisten wussten Geschichten von Verwandten, Partnern und Freunden zu erzählen (nicht von sich selbst, natürlich), die ebenfalls Probleme wegen zu hoher Kreditkartenschulden gehabt hatten. Wir sprachen ausführlich darüber.

Damit war der Boden bereitet, und ich begann meine Idee von der Kreditkarte mit der eingebauten Selbstkontrolle zu erläutern, die den Verbrauchern helfen sollte, weniger auszugeben und mehr zu sparen. Ich glaube, die Banker waren anfangs etwas irritiert. Ich schlug ihnen vor, den Leuten zu helfen, sich beim Geldausgeben zu bremsen. War mir denn nicht bewusst, dass Banken und Kreditkartenunternehmen pro Jahr 17 Milliarden Dollar an Zinsen aus diesen Kreditkarten kassieren? Konnte das denn wahr sein? Sollten sie etwa darauf verzichten?

Nun, so naiv war ich nun doch nicht. Ich erklärte den Bankern, dass meine Idee ein großes Geschäft versprach. »Schauen Sie«, sagte ich, »das Kreditkartengeschäft ist mörderisch. Sie verschicken jedes Jahr sechs Milliarden Werbebriefe, und die Angebote sind alle ziemlich gleich.« Sie stimmten mir widerstrebend zu. »Aber angenommen, ein Kreditkartenunternehmen schert aus dem Rudel aus«, fuhr ich fort, »und stellt sich als Freund und Helfer dar, als Fürsprecher für den von Krediten geradezu erdrückten Verbraucher? Angenommen, ein Unternehmen hätte den Mut, eine Karte anzubieten, die ihren Inhabern hilft, ihren Kreditrahmen vernünftig zu nutzen und, noch besser, einen Teil ihres Geldes langfristig anzulegen?« Ich warf einen Blick in die Runde. »Ich wette, Tausende von Kreditkarteninhabern würden ihre anderen Kartenverträge kündigen – und bei Ihnen unterschreiben!«

Erregung breitete sich aus. Die Banker nickten und begannen, eifrig miteinander zu reden. Das war ja revolutionär! Kurz darauf gingen wir auseinander. Sie schüttelten mir herzlich die Hand und versicherten, wir würden uns bald wieder unterhalten.

Nun, bis jetzt haben sie nicht angerufen. (Vielleicht hatten sie Angst, ihre 17 Milliarden Dollar an Zinsen zu verlieren, oder vielleicht war es nur das gute alte Auf-die-lange-Bank-Schieben.) Aber die Idee einer Kreditkarte mit eingebauter Selbstkontrolle steht nach wie vor im Raum, und vielleicht wird eines Tages irgendjemand den nächsten Schritt tun.

SIEBEN

Der hohe Preis des Besitzes

*Warum wir überbewerten,
was wir haben*

An der Duke University ist Basketball etwa in der Mitte zwischen einer leidenschaftlich betriebenen Freizeitbeschäftigung und einer religiösen Erfahrung angesiedelt. Das Stadion ist klein und alt und hat eine schlechte Akustik – von der Art, dass der Beifall des Publikums wie Donner klingt und dabei der Adrenalinpegel in die Höhe schnellt. Die geringe Größe schafft zwar eine gewisse Intimität, aber sie bedeutet auch, dass es nicht genügend Plätze gibt, um alle Fans unterzubringen, die die Spiele sehen wollen. Doch der Universität gefällt es so – sie hat kaum Interesse daran, das kleine, intime Stadion gegen ein größeres einzutauschen. Für den Verkauf der Eintrittskarten wurde im Lauf der Jahre ein ausgeklügeltes Auswahlverfahren entwickelt, um die wirklich echten Fans vom Rest unterscheiden zu können.

Schon vor Beginn des Frühjahrssemesters stellen Studenten, die zu den Spielen wollen, auf der Wiese vor dem Stadion Zelte auf, in denen bis zu zehn Personen unterkommen. Die Camper, die als Erste eintreffen, bekommen die Plätze, die dem Eingang zum Stadion am nächsten liegen, alle Nachfolgenden die Plätze dahinter. Die so entstehende Gemeinschaft heißt Krzyzewskiville als Ehrenbezeugung der Studenten für Trainer K – Mike Krzyzewski – und als Ausdruck ihrer Hoffnung auf den Sieg in der kommenden Saison.

Damit die ernsthaften Basketballfans von denen ohne

161

»Duke-blaues« Blut in den Adern geschieden werden können, ertönt hin und wieder ein Signalhorn. In diesem Moment beginnt der Countdown: Innerhalb der nächsten fünf Minuten muss mindestens eine Person pro Zelt bei der Vereinsleitung antreten und sich registrieren lassen. Wenn ein Zelt dies nicht schafft, landet die ganze Truppe am Ende der Zeltreihen. Diese Prozedur zieht sich fast über das ganze Semester hin und intensiviert sich in den letzten 48 Stunden vor Beginn des Spiels.

In diesen 48 Stunden nämlich geht es nicht mehr um die Zelte, sondern um Einzelanwärter. Das Zelt ist dann nur noch eine soziale Einheit: Wenn das Horn ertönt, muss jeder Student bei der Vereinsleitung erscheinen. Wer eine dieser »Anspruchsmeldungen« verpasst, muss damit rechnen, auf die hinteren Plätze verbannt zu werden. Während das Signalhorn vor regulären Spielen nur gelegentlich zu hören ist, ertönt es vor den wirklich großen Kämpfen (etwa vor Spielen gegen die University of North Carolina-Chapel Hill und bei den Nationalligaspielen) Tag und Nacht jede Stunde.

Aber es wird noch kurioser. Bei den wirklich wichtigen Spielen nämlich, etwa bei Landesmeisterschaften, bekommen selbst die Studenten aus der ersten Reihe noch keine Karten, sondern jeweils eine Losnummer. Erst später versammeln sie sich im Studentenclub, wo eine Liste der Gewinner hängt und sie sehen können, ob sie wirklich und wahrhaftig eine Eintrittskarte für ein begehrtes Endspiel erhalten.

Als Ziv Carmon (Professor am INSEAD in Paris) und ich im Frühjahr 1994 in der Zeltstadt das Signalhorn hörten, waren wir fasziniert von dem Echtzeit-Experiment, das sich direkt vor unseren Augen abspielte. Die Studenten, die in den Zelten lebten, wünschten sich allesamt leidenschaftlich, das Basketballspiel miterleben zu können, und hatten schon lange auf dem Gelände campiert. Doch wenn das Lotteriespiel vorbei war, würden nur einige von ihnen im Besitz einer Eintrittskarte sein, während die anderen leer ausgingen.

Die Frage lautete für uns: Würden die Studenten, die eine Eintrittskarte »gewonnen« hatten – das heißt, in den Besitz eines Tickets gelangt waren –, dieses Ticket mehr wertschätzen als diejenigen, die nicht das große Los gezogen hatten? Unsere Hypothese war, dass dies der Fall sein würde, dass wir unseren Besitz – ob es sich um ein Auto oder eine Geige, eine Katze oder ein Basketballticket handelt – höher schätzen als andere.

Denken Sie einen Moment darüber nach. Warum schätzt der Verkäufer eines Hauses in der Regel sein Eigentum höher ein als der potenzielle Käufer? Warum stellt sich der Verkäufer eines Autos einen höheren Preis vor als der Käufer? Warum will bei einer Transaktion der Besitzer in der Regel mehr Geld, als der potenzielle zukünftige Besitzer zu zahlen bereit ist? Ein altes Sprichwort lautet: »Was dem einen sein Uhl, ist dem andern sein Nachtigall.« Es kommt eben auf die Perspektive an – darauf, wie man eine Sache sieht.

Natürlich ist das nicht immer so. Ich habe zum Beispiel einen Freund, der bei einem privaten Flohmarkt eine ganze Kiste mit Schallplattenalben anschleppte, einfach, weil er sie nicht mehr herumstehen haben wollte. Der Erste, der Interesse zeigte, bot 25 Dollar für die ganze Sammlung (ohne sich auch nur die Titel anzusehen), und mein Freund schlug in den Handel ein. Wahrscheinlich erzielte der Käufer damit am nächsten Tag das Zehnfache. Wenn wir immer überbewerten würden, was wir besitzen, gäbe es so etwas wie Antique Roadshows nicht. (»Wie viel haben Sie für dieses Pulverhorn bezahlt? Fünf Dollar? Ich sagen Ihnen, Sie besitzen hier eine echte Kostbarkeit.«)

Trotz solcher Einwände waren wir aber nach wie vor überzeugt, dass im Allgemeinen das Eigentum an einer Sache dessen Wert in den Augen ihres Besitzers erhöht. Hatten wir recht damit? Bewerteten die Studenten der Duke University, die Eintrittskarten bekommen hatten – die nun die Vorfreude auf volle Tribünen und die über den Platz rennenden Spieler genießen konnten –, diese Tickets höher als die Studenten, die bei der Lotterie nicht gewonnen hatten? Es gab nur eine Möglichkeit, dies herauszufinden: ein Experiment.

Ziv und ich wollten versuchen, den Studenten, die zu den glücklichen Gewinnern zählten, Eintrittskarten abzukaufen – und sie dann denen anzubieten, die keine bekommen hatten. Genau: Wir würden uns als Schwarzhändler betätigen.

Am Abend besorgten wir uns die Liste der Studenten, die bei der Lotterie gewonnen hatten, sowie eine Aufstellung der Verlierer und hängten uns ans Telefon. Unser erster Proband war William, ein höheres Semester, der Chemie im Hauptfach studierte. William hatte ziemlich viel zu tun. Nachdem er die vergangene Woche im Zelt gelebt hatte, musste er eine Menge Lernstoff nachholen und etliche E-Mails beantworten. Aber er war auch ein wenig frustriert, da er zwar bis zur ersten Reihe vorgedrungen war, aber trotzdem nicht zu den Glücklichen zählte, die in der Lotterie den Anspruch auf eine Eintrittskarte erworben hatten.

»Hallo, William«, sagte ich. »Ich habe erfahren, dass Sie kein Ticket für das Halbfinale bekommen haben.«

»Ja, das stimmt.«

»Wir könnten Ihnen ein Ticket verkaufen.«

»Super.«

»Wie viel wären Sie bereit, dafür zu zahlen?«

»Wie wär's mit hundert Dollar?«

»Zu wenig.« Ich lachte. »Sie müssen mehr bieten.«

»Einhundertfünfzig?«

»Sie müssen noch höher gehen«, insistierte ich. »Was ist Ihr Höchstpreis?«

William dachte eine Weile nach. »Einhundertfünfundsiebzig.«

»Nicht mehr?«

»Nein. Keinen Cent mehr.«

»Gut, ich setze Sie auf meine Liste und werde Ihnen Bescheid geben«, sagte ich. »Übrigens, wie sind Sie auf hundertfünfundsiebzig gekommen?«

Er stelle sich vor, antwortete William, für 175 Dollar das Spiel genauso gut in einer Sportbar ansehen zu können, und zwar kostenlos. Dabei würde er nur etwas für Bier und Essen ausgeben. Am Ende hätte er immer noch eine Menge für CDs übrig oder sogar für Schuhe. Das Spiel würde zweifellos spannend, sagte er, aber 175 Dollar seien auch viel Geld.

Als Nächsten riefen wir Joseph an. Auch er war nach einer Woche im Zelt mit seinen Hausaufgaben im Hintertreffen. Aber es war ihm egal – er hatte bei der Lotterie gewonnen und würde in wenigen Tagen live erleben, wie die Spieler der Duke University um den Landestitel kämpften.

»Hallo, Joseph«, sagte ich. »Vielleicht können wir Ihnen eine Gelegenheit bieten, Ihr Ticket zu verkaufen. Was ist Ihr unterster Preis?«

»Ich habe keinen.«

»Alles hat einen Preis«, erwiderte ich in bester Al-Pacino-Manier.

Zuerst nannte er 3000 Dollar.

»Also wirklich«, sagte ich. »Das ist viel zu viel. Seien Sie vernünftig. Dafür kriegen Sie sie nicht los.«

»Gut«, antwortete er, »zweitausendvierhundert.«

»Sind Sie sich sicher?«

»Weiter runter werde ich nicht gehen.«

»Gut. Wenn ich für diese Summe einen Käufer finde, rufe ich Sie an. Übrigens«, setzte ich hinzu, »wie sind Sie auf diesen Preis gekommen?«

»Der Basketball hier am Duke macht einen großen Teil meines Lebens aus«, erwiderte er voller Begeisterung. Dann erklärte er mir, das Spiel würde eine prägende Erinnerung seiner Zeit an der Duke University sein, ein Erlebnis, von dem er noch seinen Kindern und Enkeln erzählen werde. »Wie soll man dafür einen Preis nennen?«, fragte er. »Kann man Erinnerungen mit Geld aufwiegen?«

William und Joseph waren nur zwei von über 100 Studenten, die wir anriefen. Insgesamt waren die Studenten, die ohne Ticket dastanden, bereit, etwa 170 Dollar für eine Karte zu bezahlen. Der Preis war, wie in Williams Fall, gemäßigt aufgrund alternativer Verwendungszwecke für das Geld (zum Beispiel für Getränke und Essen in einer Sportbar). Diejenigen hingegen, die im Besitz einer Eintrittskarte waren, verlangten im Schnitt 2400 Dollar dafür. Wie Joseph nannten sie als Grund die Bedeutung des Ereignisses und die lebenslangen Erinnerungen daran.

Was jedoch wirklich überraschte, war die Tatsache, dass in keinem unserer Telefongespräche jemand bereit war, eine Eintrittskarte zu einem Preis zu verkaufen, den auch jemand zu zahlen bereit war. Womit hatten wir es hier zu tun? Wir hatten eine Gruppe von Studenten, die vor der Auslosung alle auf ein Basketballticket scharf gewesen waren und sich dann – peng – unmittelbar nach der Ziehung der Lose in zwei Gruppen geteilt hatten, die Ticketbesitzer und die Nichtbesitzer. Ein emotionaler Riss entstand zwischen jenen, die sich nun das wunderbare Spiel ausmalten, und jenen, die sich vorstellten, was sie mit dem Geld für die Eintrittskarte anderes kaufen könnten. Zugleich war es ein Zahlenriss – das durchschnittliche Verkaufsangebot (etwa 2400 Dollar) lag um das Vierzehnfache über dem durchschnittlichen Kaufangebot (etwa 175 Dollar).

Aus rationaler Sicht hätten sowohl die Ticketbesitzer als auch die Nichtbesitzer genau dasselbe über das Spiel denken müssen. Schließlich sollte man doch annehmen, dass die erwartete Atmosphäre beim Spiel und die Freude, die man an diesem Erlebnis haben würde, nicht vom Gewinn bei einer Lotterie abhängen würden. Wie also kam es, dass das zufällige Ergebnis einer Losziehung die Meinung zu dem Spiel – und den Wert der Eintrittskarten – so drastisch veränderte?

Besitz durchdringt unser Leben und prägt auf seltsame Weise vieles von dem, was wir tun. Adam Smith schrieb: »So lebt eigentlich jeder vom Tausch, oder er wird in gewissem Sinne ein Kaufmann, und das Gemeinwesen entwickelt sich zu einer kommerziellen Gesellschaft.« Das ist ein beeindruckender Gedanke. Ein Großteil unserer Lebensgeschichte lässt sich als ein Hin und Her von Besitztümern beschreiben – wir erwerben etwas und stoßen etwas anderes ab. Beispielsweise kaufen wir Kleidung und Nahrung, Autos und Häuser. Aber wir verkaufen auch Dinge – Häuser und Autos und, in unserem Berufsleben, unsere Zeit.

Da also ein Großteil unseres Lebens dem Besitz gewidmet ist, wäre es da nicht schön, in dieser Hinsicht die bestmögliche Entscheidung treffen zu können? Wäre es nicht angenehm, genau zu wissen, in welchem Maße wir uns über ein neues Heim, einen neuen Wagen, ein anderes Sofa und einen Armani-Anzug freuen würden, so dass wir präzise Entscheidungen treffen könnten, ob wir diese Dinge tatsächlich besitzen wollen? Leider ist dies jedoch selten der Fall. Meist tappen wir hier im Dunkeln. Und warum? Wegen dreier Launen der menschlichen Natur.

Die erste besteht darin, dass wir uns, wie wir bei den Basketballtickets gesehen haben, in das verlieben, was wir bereits besitzen. Nehmen wir einmal an, Sie wollten Ihren alten VW-Bus verkaufen. Was machen Sie als Erstes? Noch bevor Sie ein Schild am Autofenster anbringen, dass der Wagen zu verkaufen ist, denken Sie an die Reisen, die Sie damit unternommen haben. Damals waren Sie natürlich noch um etliches jünger, und die Kinder waren noch nicht zu Teenagern herangewachsen. Ein warmer Strom der Erinnerung umhüllt Sie und das Auto. Natürlich gilt dies nicht nur für VW-Busse, sondern für alles andere auch. Und das kann ziemlich schnell gehen.

So erzählten mir beispielsweise Freunde, die ein Kind aus China adoptiert hatten, die bemerkenswerte Geschichte, wie die Prozedur abgelaufen war. Sie waren mit zwölf anderen Paaren nach China gefahren. Als sie in dem Waisenhaus eintrafen, führte die Direktorin jedes Paar einzeln in einen Raum und stellte ihnen ihre zukünftige Tochter vor. Als die Paare am nächsten Morgen zurückkehrten, waren sie sich über die Klugheit der Direktorin einig: Irgendwie wusste sie genau, welches Mädchen sie welchem Paar geben wollte. Und es passte hundertprozentig, meinten sie. Meine Freunde waren ebenfalls dieser Ansicht, aber sie erkannten auch, dass die Auswahl nach dem Zufallsprinzip stattgefunden hatte. Was die jeweilige Zuordnung eines Mädchens zu einem Paar so genial machte, war nicht die Begabung der Chinesin, sondern die Fähigkeit der Natur, uns augenblicklich Zuneigung zu dem empfinden zu lassen, was wir besitzen.

Die zweite Laune unserer Natur besteht darin, dass wir uns auf das fixieren, was wir verlieren, statt auf das, was wir gewinnen könnten. Wenn wir daher den Preis unseres geliebten VWs beziffern, denken wir eher an das, was wir damit verlieren (seinen Nutzen), statt an das, was wir gewinnen werden (Geld, mit dem wir etwas anderes kaufen können). Deshalb bieten wir ihn zu einem unrealistisch hohen Preis an. Genauso kann der Besitzer einer Eintrittskarte nur an das Erlebnis im Stadion denken, statt sich die Freude auszumalen, Geld zu bekommen, oder das, was man damit kaufen kann. Unsere Abneigung gegen einen Verlust ist ein starkes Gefühl, und wie wir später sehen werden, führt es gelegentlich dazu, dass wir falsche Entscheidungen treffen. Fragen Sie sich nicht auch, warum wir uns sträuben, etwas von unserem geliebten Plunder zu verkaufen, und wenn wir es dann doch tun, ein Schild mit einem exorbitanten Preis daranheften? Häufig beklagen wir in diesem Augenblick bereits seinen Verlust.

Die dritte Laune besteht in unserer Annahme, dass andere die Transaktion aus derselben Perspektive betrachten wie wir selbst. Irgendwie erwarten wir, dass derjenige, der sich für unseren VW interessiert, unsere Gefühle, Emotionen und Erinnerungen teilt. Oder wir gehen davon aus, dass der Käufer unseres Hauses zu schätzen weiß, wie das Sonnenlicht durch die Küchenfenster scheint. Doch leider ist damit zu rechnen, dass der Käufer des VWs vor allem das Rauchwölkchen sieht, das aus dem Auspuff kommt, wenn wir vom ersten in den zweiten Gang schalten, und der Käufer des Hauses bemerkt wahrscheinlich eher den schwarzen Schimmelstreifen in der Ecke. Es fällt uns einfach schwer, einzusehen, dass der Mensch auf der anderen Seite der Transaktion, ob Käufer oder Verkäufer, die Welt nicht so wahrnimmt wie wir.

Besitztum hat außerdem gewisse »Eigentümlichkeiten«, wie ich es nennen würde. Zum einen wächst das Gefühl, eine Sache zu besitzen, umso mehr, je mehr Arbeit man hineinsteckt. Denken Sie nur einmal an das letzte Mal, als Sie Möbel zusammengebaut haben. Sich vorzustellen, welches Teil wohin muss und welche Schraube in welches Loch passt, steigert das Besitzergefühl.

Ich möchte sogar behaupten, dass sich der Grad an Besitzerstolz umgekehrt proportional zu der Leichtigkeit verhält, mit der man das Möbelstück zusammenbaut, den HD-Fernseher an das Surround-Sound-System anschließt, eine Software installiert oder das Baby badet, abtrocknet, pudert, es wickelt und in die Wiege legt. Mein Freund und Kollege Mike Norton (Professor in Harvard) und ich nennen dieses Phänomen »Ikea-Effekt«.

Eine weitere Eigentümlichkeit ist, dass wir Besitzergefühle entwickeln können, noch bevor wir eine Sache unser Eigen nennen. So passiert es manchmal bei einer Internet-Auktion. Nehmen wir einmal an, Sie geben Ihr erstes Gebot für eine Armbanduhr am Montagmorgen ab und sind zu diesem Zeitpunkt der Höchstbietende. Am Abend loggen Sie sich ein und sind immer noch der Spitzenreiter. Ebenso am folgenden Abend. Sie fangen an, über die elegante Uhr nachzudenken, sehen sie vor Ihrem geistigen Auge schon an Ihrem Arm und stellen sich die Komplimente vor, die Sie damit ernten. Schließlich gehen Sie eine Stunde vor dem Ende der Auktion erneut ins Internet. Und siehe da: Irgendein Schuft hat Sie überboten! Er wird Ihnen Ihre Uhr vor der Nase wegschnappen! Also erhöhen Sie Ihr Gebot über den Betrag hinaus, den Sie ursprünglich ausgeben wollten.

Ist dieses Vorgefühl der Besitzerschaft vielleicht ein Grund für die Aufwärtsspirale, die man oft bei Internet-Auktionen beobachten kann? Stimmt es, dass mit zunehmender Dauer der Auktion die Mitbietenden umso mehr von der virtuellen

Besitzerschaft gepackt werden und sie umso mehr Geld auszugeben bereit sind? Vor einigen Jahren führten James Heyman, Yesim Orhun (Professor an der University of Chicago) und ich ein Experiment durch, um herauszufinden, wie die Dauer einer Auktion die Teilnehmer mehr und mehr beeinflusst und sie dazu bringt, bis zum bitteren Ende mitzubieten. Wie wir vermutet hatten, hatten diejenigen, die über die längste Zeitspanne hinweg die höchsten Gebote abgaben, am Ende das stärkste Gefühl virtueller Besitzerschaft. Natürlich waren sie anfällig für diese Aufwärtsspirale, denn sobald sie sich einmal in die Rolle des Besitzers hineinversetzt hatten, waren sie gezwungen zu verhindern, dass sie ihre Position verloren, und boten immer höher.

»Virtueller Besitz« ist natürlich die wichtigste Triebfeder, die sich die Werbeindustrie zunutze macht. Wir sehen ein glückliches Paar, das in einem BMW-Cabrio die kalifornische Küste entlangfährt, und stellen uns vor, wir wären an seiner Stelle. Wir bekommen von der Firma Patagonia einen Katalog für Wanderkleidung, entdecken darin einen Fleece-Pullover und – wusch – schon stellen wir uns vor, er gehöre uns. Die Falle ist aufgestellt, und wir tappen bereitwillig hinein. Wir werden zu partiellen Besitzern einer Sache, noch bevor sie uns gehört.

Es gibt noch eine weitere Art, uns in die Besitzerschaft hineinzuziehen. Häufig locken uns Unternehmen mit »Test«-Angeboten. Wenn wir beispielsweise einen einfachen Kabelanschluss fürs Fernsehen haben, lassen wir uns womöglich mit einem speziellen »Test«-Preis für ein »Digital-Gold-Paket« (nur 59 Dollar im Monat anstatt der üblichen 89 Dollar) ködern. Schließlich, so sagen wir uns, können wie jederzeit zum einfachen Kabelanschluss zurückkehren oder auf das »Silber-Paket« umsteigen.

Sobald wir aber das Gold-Paket ausprobiert haben, fühlen wir uns schon als sein Besitzer. Werden wir wirklich die Stärke aufbringen, wieder zum Grundpaket oder auch nur zu »Digital-Silber« zurückzugehen? Das steht zu bezweifeln. Anfangs denken wir vielleicht, es sei ein Leichtes, sich wieder auf das Grundpaket zu beschränken, doch sobald wir uns an das digitale Bild gewöhnt haben, verleiben wir den Besitzerstolz darauf unserer Weltsicht und unserem Selbstbild ein und rationalisieren die zusätzlichen Kosten in null Komma nichts weg. Mehr noch, die Angst vor einem Verlust – vor dem Verlust dieses schönen, gestochen scharfen »Gold-Paket«-Bilds – ist uns unerträglich. Mit anderen Worten: Bevor wir wechseln, sind wir vielleicht noch unsicher, ob die Vorteile des digitalen Gold-Pakets den vollen Preis wert sind; doch sobald wir es einmal haben, macht sich ein Besitzergefühl breit und sagt uns, dass sich der Verlust des »digitalen Golds« nicht so leicht verschmerzen lässt wie die paar Doller Mehrkosten im Monat. Zum alten Anschluss zurückzukehren ist in Wirklichkeit viel schwerer, als wir uns vorgestellt haben.

Ein weiteres Beispiel für denselben Haken ist die »30-Tage-Rückgabegarantie«. Wenn wir nicht so genau wissen, ob wir uns ein neues Sofa kaufen sollen, räumt die Garantie, später unsere Meinung wieder ändern zu können, unsere Bedenken aus dem Weg, so dass wir am Ende eins kaufen. Wahrscheinlich können wir nicht einschätzen, wie sich unsere Sicht ändert, sobald wir es einmal in der Wohnung stehen haben; wir wissen nicht, wie wir es betrachten werden – als unser Eigentum –, und wir ahnen nicht, dass wir folglich die Rückgabe als Verlust ansehen.

Besitztum ist nicht auf materielle Dinge beschränkt. Es kann sich auch auf Sichtweisen beziehen. Was tun wir, wenn wir eine Idee als unsere eigene betrachten? Vielleicht lieben wir sie mehr, als wir sollten, und schätzen sie höher ein, als sie wert ist. Jedenfalls fällt es uns meistens schwer, wieder von ihr zu lassen – weil wir den Gedanken an ihren Verlust nicht ertragen. Was aber haben wir dann eigentlich? Eine Ideologie – starr und unverrückbar.

Für die Krankheit des Besitzdenkens gibt es keine Heilmethode. Es ist in unser Leben eingewoben, wie Adam Smith sagte. Aber allein, sich dessen bewusst zu sein, ist vielleicht schon eine Hilfe. Um uns herum begegnen wir überall dem Versprechen, dass es unsere Lebensqualität verbessert, wenn wir ein größeres Haus, einen zweiten Wagen, eine Spülmaschine, einen Rasenmäher und so weiter kaufen. Doch sobald wir uns neuen Besitz zulegen, fällt es uns schwer, unsere Ansprüche wieder zurückzuschrauben. Wie ich vorher schon sagte: Besitz verändert einfach unsere Sichtweise. Plötzlich erscheint uns der Schritt zurück in den Zustand des Nichtbesitzens als Verlust, den wir nicht hinnehmen können. Und während wir so beständig unsere Lebensqualität erhöhen, geben wir uns der Illusion hin, dass wir uns notfalls jederzeit wieder auf eine niedrigere Stufe begeben können, obwohl das in Wirklichkeit nicht möglich ist. Sich »verschlechtern« und in ein kleineres Haus oder eine kleinere Wohnung zu ziehen wird beispielsweise als Verlust empfunden; es verursacht psychischen Schmerz, und wir sind bereit, alle möglichen Opfer zu bringen, um solch einen Verlust zu vermeiden – selbst wenn uns wegen der monatlichen Hypothek mit der Zeit das Wasser bis zum Hals steht.

Ich selbst versuche, mich bei jeder Transaktion (insbesondere bei einer größeren) zu verhalten, als wäre ich ein Besitzloser, um so ein wenig Distanz zwischen mir und dem

Gegenstand meines Interesses herzustellen. Dabei bin ich mir zwar nicht sicher, ob ich dieselbe Interesselosigkeit gegenüber materiellen Dingen erreiche wie ein hinduistischer Sannyasin, aber zumindest gebe ich mir Mühe, in dieser Hinsicht so gleichmütig wie möglich zu sein.

ACHT

Ein Hintertürchen offenhalten

*Warum uns Wahlmöglichkeiten
von unserem Ziel ablenken*

Im Jahr 210 v. Chr. führte ein chinesischer Heereskommandeur namens Xiang Yu seine Truppen über den Jangtse, um die Armee der Qin-Dynastie anzugreifen. Nachdem seine Truppen am Flussufer die Nacht verbracht hatten, entdeckten sie am Morgen zu ihrem Schrecken, dass ihre Schiffe brannten. Eilig standen sie auf, um sich gegen die Angreifer zur Wehr zu setzen, doch bald stellten sie fest, dass Xiang Yu selbst die Schiffe in Brand gesteckt und außerdem die Zerstörung aller Kochtöpfe angeordnet hatte.

Xiang Yu erklärte seinen Männern, dass sie ohne die Kochtöpfe und ohne Schiffe keine andere Wahl hätten, als bis zum Sieg zu kämpfen oder unterzugehen. Dieses Vorgehen brachte ihm zwar keinen Platz auf der Liste der beliebtesten Befehlshaber in der chinesischen Armee ein, bewirkte aber eine enorme Konzentration der Soldaten: Sie packten ihre Lanzen und Pfeile und Bögen, stürmten voller Ingrimm gegen den Feind an, gewannen neun Schlachten in Folge und fügten den Hauptkampfeinheiten der Qin-Dynastie eine vernichtende Niederlage zu.

Diese Anekdote über Xiang Yu ist deshalb bemerkenswert, weil sie dem normalen menschlichen Verhalten völlig widerspricht. In der Regel können wir den Gedanken, keine Wahlmöglichkeit zu haben, nicht ertragen. Mit anderen Worten: Die meisten Menschen hätten an Xiang Yus Stelle einen Teil der Armee losgeschickt, die Schiffe zu bewachen für den Fall, dass man sie für den Rückzug brauchte; und sie hätten einen anderen Teil zum Kochen abgestellt für den Fall, dass die Armee ein paar Wochen festsitzen sollte. Anderen Soldaten hätten sie befohlen, Papierrollen aus Reis zu stampfen für den Fall, dass der mächtige Qin ihre Kapitulationsbedingungen unterzeichnen musste (was natürlich höchst unwahrscheinlich war).

In der heutigen Welt arbeiten wir stets fieberhaft daran, uns alle Möglichkeiten offenzuhalten. Wir kaufen einen ausbaufähigen Computer für den Fall, dass wir unbedingt den neuesten Hightech-Schnickschnack brauchen. Wir schließen die Versicherung ab, die zusammen mit dem hochauflösenden Plasmafernseher angeboten wird, für den Fall, dass der große Bildschirm kaputtgeht. Wir lassen unsere Kinder an allen erdenklichen Aktivitäten teilnehmen für den Fall, dass eine davon ihre Leidenschaft für Sport, Klavierspielen, Französisch, biologischen Gartenbau oder Taekwondo entfacht. Und wir kaufen uns einen Luxus-Geländewagen, nicht weil wir wirklich damit rechnen, einmal querfeldein zu fahren, sondern weil wir, für den Fall, dass wir es doch tun, etwas Spielraum unter den Achsen haben möchten.

Auch wenn wir uns dessen nicht immer bewusst sind, zahlen wir einen Preis dafür, mehrere Optionen zu haben. Wir legen uns einen Computer zu, der mehr Funktionen hat, als wir benötigen, oder eine Stereoanlage mit einer unnötigen, teuren Zusatzgarantie. Und wir vergeben die Zeit unserer Kinder und unsere eigene – und die Chance, dass sie in einer Sache richtig gut werden –, wenn wir versuchen, ihnen Erfahrung in allen möglichen Bereichen zu verschaffen. Indem wir zwischen den Dingen hin und her springen, die wichtig sein könnten, vergessen wir, die notwendige Zeit für die Dinge aufzuwenden, die wirklich wichtig sind. Es ist ein Selbsttäuschungsmanöver, und zwar eines, in dem wir bemerkenswert geübt sind.

Vor diesem Problem stand auch einer meiner Studenten, ein äußerst begabter junger Mann namens Joe. Er hatte soeben die erforderlichen Proseminare hinter sich gebracht und musste sich nun für ein Hauptfach entscheiden. Aber welches sollte er wählen? Ihn faszinierte alles, was mit Architektur zu tun hatte; er besichtigte an den Wochenenden die Gebäude mit den eklektizistischen Fassaden in der Bostoner Umgebung und malte sich schon aus, wie er selbst solch stolze Bauten entwarf. Zugleich interessierte er sich für Informatik, und ihm gefiel besonders die Freiheit und Flexibilität, die dieser Bereich eröffnete. Und so sah er sich bereits in einem gutbezahlten Job bei einer dynamischen, spannenden Firma wie Google. Seine Eltern wollten, dass er Informatik studierte – außerdem, wer geht schon ans MIT, um dann Architekt zu werden? Dabei ist die Architektur-Fakultät dort sehr gut. Joes Liebe zur Architektur war nach wie vor groß.

Während ich mit Joe sprach, rang er frustriert die Hände. Die Seminare in Informatik und Architektur waren nicht miteinander vereinbar. Für das Fach Informatik musste er an Kursen über theoretische Informatik, künstliche Intelligenz, Computertechnik, Schaltkreise und Elektronik, Zeichen und Systeme und abstrakte Syntax teilnehmen, und er brauchte ein Labor für Softwareentwicklung. Für das Hauptfach Architektur musste er Kurse zur »Praxis des Architekturbüros«, »Grundlagen der bildenden Künste«, eine »Einführung in die Bautechnik«, eine »Einführung in die Bauinformatik«, eine »Einführung in Architekturgeschichte und -theorie« belegen und benötigte entsprechende Arbeitsräume.

Wie sollte er die eine oder die andere Laufbahn ausschließen? Hatte er erst einmal das Informatikstudium begonnen, würde es schwer sein, zur Architektur zu wechseln, und umgekehrt sah es nicht besser aus. Wenn er sich jedoch in beiden Fächern einschrieb, würde er wahrscheinlich nach den üblichen vier Jahren am MIT ohne Abschluss dastehen und ein weiteres (von seinen Eltern bezahltes) Jahr absolvieren müssen, um diesen nachzuholen. (Am Ende promovierte er in Informatik, fand aber bei seiner ersten Stelle die ideale Mischung: Er konstruierte Atom-U-Boote für die Marine.)

Dana, eine meiner Studentinnen, hatte ein ähnliches Problem – allerdings ging es bei ihr um zwei Liebhaber. Sollte sie ihre Energie und Leidenschaft einem Menschen widmen, den sie erst kürzlich kennengelernt hatte, um, wie sie hoffte, mit ihm eine dauerhafte Beziehung aufzubauen? Oder sollte sie weiterhin Zeit und Kraft in eine ältere Beziehung stecken, die bereits in ihren letzten Zügen lag? Ohne Zweifel gefiel ihr der neue Freund besser als der frühere – aber sie konnte sich nicht aus der alten Beziehung lösen.

Inzwischen wurde ihr neuer Freund schon nervös. »Wollen Sie wirklich riskieren, den Mann zu verlieren, den Sie lieben?«, fragte ich sie. »Nur weil die entfernte Möglichkeit besteht, irgendwann in der Zukunft zu entdecken, dass Sie Ihren früheren Freund mehr lieben?« Sie schüttelte den Kopf und brach in Tränen aus.*

Warum können wir uns so schwer entscheiden? Warum empfinden wir den unwiderstehlichen Drang, uns so viele Türen wie möglich offenzuhalten – selbst wenn der Preis dafür

---

* Ich bin immer wieder überrascht, wie sehr die Menschen mir vertrauen. Wahrscheinlich liegt es zum Teil an meinen Narben, die verraten, dass ich etwas Schlimmes durchgemacht habe. Dabei würde ich gern glauben, dass die Menschein einfach meinen einzigartigen Einblick in die menschliche Psyche erkennen und deshalb meinen Rat suchen. Jedenfalls habe ich aus den Geschichten, die sie mir erzählt haben, viel gelernt.

hoch ist? Warum können wir uns nicht einfach auf eine Sache festlegen?*

Um diese Fragen zu beantworten, dachten Jiwoong Shin (Professor in Yale) und ich uns eine Versuchsreihe aus, die das Dilemma, in dem sich Joe und Dana befanden, erfasste. Wir verwendeten ein Computerspiel, um, wie wir hofften, einen Teil der Komplexität, die das Leben mit sich bringt, auszublenden und eine direkte Antwort auf die Frage zu erhalten, ob Menschen dazu neigen, sich zu lange möglichst viele Optionen offenzuhalten. Wir nannten es das »Türenspiel«. Als Ort des Geschehens wählten wir einen dunklen, trostlosen Raum – eine Höhle, die selbst Xiang Yus Armee nur widerwillig betreten hätte.

Das Studentenwohnheim auf dem Ost-Campus des MIT ist ein furchterregender Ort, wo Hacker, Hardware-Freaks, komische Käuze und sonstige Außenseiter zu Hause sind – und Sie können mir glauben, man muss schon sehr, sehr unangepasst sein, um am MIT als Außenseiter zu gelten. Dort gibt es einen Saal, in dem man laut Musik machen, wilde Partys veranstalten und sogar nackt auftreten kann. In einem anderen Raum treffen sich alle möglichen Technikstudenten, und überall stehen deren Modelle herum – von Brücken bis hin zu Achterbahnen. (Sollten Sie einmal dorthin kommen, drücken Sie auf den Knopf mit der Aufschrift »emergency pizza«, dann wird Ihnen kurze Zeit später eine Pizza geliefert.) Ein dritter Raum ist vollkommen schwarz gestrichen. In einem vierten befinden sich Toiletten, deren Wände mit den verschie-

---

* Die Ehe ist ein soziales Instrument, das anscheinend den Einzelnen zwingt, andere Optionen auszuschließen; doch wie wir wissen, ist dies nicht immer der Fall.

densten Wandmalereien geschmückt sind: Wenn man auf die Palme oder den Sambatänzer drückt, erschallt Musik, die auf dem Computer im Partyraum gespeichert ist (natürlich legal aus dem Internet heruntergeladen).

Vor wenigen Jahren streifte Kim, eine meiner Forschungsassistentinnen, eines Nachmittags mit einem Laptop unter dem Arm durch die Flure auf dem Ost-Campus. Sie klopfte an jede Tür und fragte die Studenten, ob sie sich etwas Geld verdienen wollten, indem sie sich an einem kurzen Experiment beteiligten. Wenn die Antwort positiv ausfiel, trat sie ein und suchte sich (manchmal mühsam) einen Platz, wo sie ihren Laptop aufstellen konnte.

Wenn das Programm für das Experiment hochgeladen war, erschienen auf dem Bildschirm drei Türen: eine rote, eine blaue und eine grüne. Dann erklärte Kim den Teilnehmern, sie könnten einen der Räume betreten, indem sie einfach eine bestimmte Tür (rot, blau oder grün) anklickten. Mit jedem weiteren Klick in dem jeweiligen Raum konnten sie eine bestimmte Geldsumme verdienen. Wenn zum Beispiel in einem Raum zwischen einem und zehn Cent geboten wurden, bekamen sie mit jedem Mausklick einen Betrag innerhalb dieser Spanne. Auf dem Bildschirm erschien dann jeweils der Gesamtbetrag, den sie angehäuft hatten.

Um bei diesem Experiment die Höchstsumme zu erzielen, mussten die Studenten den Raum mit den größten Zahlungen finden und darin so oft wie möglich die Maustaste betätigen. Das war keineswegs so banal, wie es sich anhören mag. Bei jedem Wechsel in einen anderen Raum wurde ein Klick verbraucht (insgesamt durfte jeder Teilnehmer hundert Mal klicken). Einerseits war der Wechsel zwischen den Räumen eine gute Strategie, um den höchstmöglichen Gewinn herauszufinden. Doch wenn man andererseits hektisch von einer Tür zur nächsten rannte (und von Raum zu Raum), verbrauchte man Klicks, mit denen man ansonsten hätte Geld verdienen können.

Albert, ein Geigenspieler (er wohnte im Haus der Verehrer von Dark Lord Krotus), war einer der Ersten, der sich für das Experiment zur Verfügung stellte. Er war sehr leistungsorientiert und entschlossen, mehr Geld bei dem Spiel zu gewinnen als alle anderen. Als Erstes wählte er die rote Tür und betrat den würfelförmigen Raum.

Kaum war er drinnen, klickte er die Maus an. Auf dem Bildschirm wurden 3,5 Cent angezeigt. Erneutes Anklicken: 4,1 Cent. Beim dritten Klicken erhielt er einen Cent. Nachdem er noch ein paar weitere Beträge in diesem Raum eingeheimst hatte, wandte er sich der grünen Tür zu, klickte sie sofort an und trat ein.

Hier erhielt er 3,7 Cent für den ersten Klick, 5,8 Cent für den zweiten und 6,5 Cent für den dritten. Unten auf dem Bildschirm wuchs sein Gewinn. Der grüne Raum schien besser zu sein als der rote – was aber war mit dem blauen? Albert betrat mit einem Klick diesen letzten unerforschten Raum. Hier erzielte er bei vier Klicks jeweils unter vier Cent. Das konnte man vergessen. Rasch kehrte er zur grünen Tür zurück (wo es etwa fünf Cent pro Klick gab), verbrauchte den Rest seiner 100 Klicks in diesem Raum und erhöhte damit seinen Gewinn. Am Ende fragte Albert, wie er abgeschnitten habe. Kim lächelte und sagte, er sei bis jetzt einer der Besten.

Albert hatte unsere Vermutung hinsichtlich des menschlichen Verhaltens bestätigt: Bei einer einfachen Versuchsanordnung und einer klaren Zielvorgabe – in diesem Fall, Geld zu verdienen – finden wir mit großem Geschick die Quelle, die uns zu diesem Ziel führt. Auf Liebesbeziehungen übertragen, hatte

Albert im Grunde ein Rendezvous mit einem Mädchen ausprobiert, dann ein zweites mit einem anderen Mädchen und sich schließlich noch auf einen kurzen Flirt mit einem dritten eingelassen. Doch nach diesen Versuchen war er zum besten Rendezvous zurückgekehrt – wo er für den Rest des Spiels blieb.

Aber, um ehrlich zu sein, Albert hatte es ausgesprochen leicht gehabt. Selbst als er sich mit anderen Mädchen herumtrieb, warteten die übrigen geduldig darauf, dass er in ihre Arme zurückkehrte. Doch was, wenn die anderen Mädchen sich nach einer gewissen Zeit vernachlässigt fühlten und drohten, ihm den Rücken zuzukehren? Angenommen, seine Wahlmöglichkeiten würden eingeschränkt. Würde Albert darauf verzichten, oder würde er versuchen, so lange wie möglich alle Wahlmöglichkeiten offenzulassen? Würde er einen Teil seines sicheren Gewinns für das Privileg opfern, diese anderen Optionen aufrechtzuerhalten?

Um dies herauszufinden, veränderten wir die Spielregeln. Dieses Mal würde jede Tür, die nach zwölf Klicks nicht geöffnet wurde, ein für alle Mal von der Bildfläche verschwinden.

Sam, der im Haus der Hacker wohnte, war unser erster Proband unter diesen neuen Bedingungen. Er wählte zunächst die blaue Tür und klickte in dem Raum drei Mal. Seine Einnahmen stiegen, aber die Anzeige am unteren Rand des Bildschirms war nicht das Einzige, worauf sich seine Aufmerksamkeit richtete. Mit jedem weiteren Klick verkleinerten sich die anderen Türen um ein Zwölftel, ein Hinweis darauf, dass sie verschwinden würden, wenn sie in nächster Zeit nicht angeklickt wurden. Noch acht Klicks, und sie würden sich für immer schließen.

Aber Sam hatte nicht vor, dies zuzulassen. Er wanderte mit

dem Cursor über den Bildschirm, klickte die rote Tür an, so dass sie wieder in ihrer vollen Größe erschien, und verbrauchte in dem Raum drei Klicks. Doch jetzt fiel sein Blick auf die grüne Tür – noch drei Klicks, und sie würde verschwinden. Rasch zog er den Cursor hinüber und stellte ihre volle Größe wieder her.

Die grüne Tür brachte anscheinend den höchsten Gewinn. Sollte er also in diesem Raum bleiben? Bedenken Sie, dass jeder Raum eine gewisse Gewinnspanne hatte. Daher hatte Sam keine Gewissheit darüber, ob die grüne Tür tatsächlich die beste war. Vielleicht war ja doch die blaue einträglicher, möglicherweise auch die rote. Mit hektischem Blick ließ Sam den Cursor über den Bildschirm sausen. Er klickte die rote Tür an und sah zu, wie die blaue kontinuierlich schrumpfte. Nach wenigen Klicks im roten Raum sprang er zum blauen hinüber. Aber jetzt wurde die grüne bedenklich kleiner – also wechselte er rasch zu dieser.

Es dauerte nicht lange, bis Sam mit vorgebeugtem Oberkörper angespannt von Tür zu Tür raste. Vor meinem geistigen Auge sah ich gehetzte Eltern, die ihre Kinder von einer Aktivität zur nächsten jagten.

Ist dies eine sinnvolle Art, unser Leben zu führen – besonders, wenn jede Woche ein oder zwei Türen hinzukommen? Natürlich kann ich die Frage nicht im Hinblick auf Ihr persönliches Leben beantworten, aber bei unseren Experimenten war deutlich zu erkennen, dass es nicht nur stressig, sondern auch unökonomisch ist, von Pontius zu Pilatus zu laufen. Besessen von dem Versuch, zu verhindern, dass sich eine Tür schloss, erzielten unsere Teilnehmer wesentlich geringere Gewinne (etwa 15 Prozent weniger) als die Studenten, die es nicht mit verschwindenden Türen zu tun hatten. Es war nämlich so, dass sie mehr Geld hätten verdienen können, wenn sie sich einen Raum auserkoren hätten – egal, welchen – und einfach für die Dauer des gesamten Experiments dort geblieben wären! (Vielleicht denken Sie einmal darüber nach, was dies übertragen auf Ihr Leben oder Ihre Karriere bedeutet.)

Auch als Jiwoong und ich das Experiment so veränderten, dass sich jeder Versuch, die Türen offenzuhalten, negativ auswirkte, waren die Ergebnisse dieselben. Beispielsweise richteten wir es so ein, dass jeder Türklick drei Cent kostete. Es verringerte sich also nicht nur die Zahl der übrigbleibenden Klicks (als die Möglichkeiten eingeschränkt wurden), sondern es war auch ein direkter finanzieller Verlust damit verbunden. Unsere Teilnehmer verhielten sich jedoch genauso wie bei den vorherigen Versuchen. Sie waren trotz dieser Bedingungen geradezu besessen von dem irrationalen Wunsch, sich ihre Wahlmöglichkeiten offenzuhalten.

Beim nächsten Versuch teilten wir den Teilnehmern mit, welchen Geldbetrag sie in den einzelnen Räumen zu erwarten hatten. Auch jetzt war das Ergebnis dasselbe. Sie konnten es einfach nicht ertragen, zuzuschauen, wie sich eine Tür schloss. Außerdem erlaubten wir einigen Probanden, Hunderte Versuche zu machen, bevor das eigentliche Experiment begann. Nun, so dachten wir, würden sie gewiss begreifen, dass es klug war, sich nicht um die sich schließenden Türen zu scheren. Aber wir hatten uns geirrt. Sobald sie feststellten, dass ihre Wahlmöglichkeiten eingeschränkt wurden, konnten sich unsere MIT-Studenten – die angeblich zu den besten und klügsten jungen Menschen gehören – nicht mehr auf eine Sache konzentrieren. In dem Versuch, mehr zu gewinnen, pickten sie wie Hühner auf einem Bauernhof an jeder Tür und erhielten am Ende weniger.

Schließlich versuchten wir es noch mit einem anderen Experiment, das vielleicht ein wenig an Wiedergeburt erinnert.

Diesmal würde wieder jede Tür vom Bildschirm verschwinden, die im Lauf von zwölf Klicks nicht geöffnet wurde. Aber sie war nicht für immer weg: Mit einem einzigen Mausklick konnte sie wieder zurückgeholt werden. Mit anderen Worten, man konnte eine Tür vernachlässigen, ohne einen Verlust befürchten zu müssen. Würde dies unsere Teilnehmer davon abhalten, die entsprechende Tür anzuklicken? Nein. Zu unserer Verwunderung verschwendeten sie ihre Klicks darauf, die entsprechende Tür zurückzuholen, obwohl ihr Verschwinden keinerlei Bedeutung hatte und ohne weiteres rückgängig gemacht werden konnte. Die Studenten konnten einfach den Gedanken an den Verlust nicht ertragen, und so unternahmen sie alles Nötige, um zu verhindern, dass ihre Türen zufielen.

Wie können wir diesen irrationalen Impuls, wertlosen Optionen nachzujagen, abschütteln? 1941 verfasste der Philosoph, Psychoanalytiker und Soziologe Erich Fromm ein Buch mit dem Titel *Die Furcht vor der Freiheit*. In einer modernen Demokratie, schrieb er, litten die Menschen nicht unter einem Mangel an Möglichkeiten, sondern unter einer schwindelerregenden Fülle derselben. Für unsere heutige Gesellschaft gilt dies noch mehr. Ständig wird uns weisgemacht, dass wir alles machen und sein können, wonach uns der Sinn steht. Das Problem besteht allerdings darin, dass es nicht leicht ist, diesen Traum umzusetzen. Wir müssen uns in jeder erdenklichen Hinsicht entwickeln, müssen jeden Aspekt des Lebens kennenlernen; wir müssen dafür sorgen, dass wir von den 1000 Dingen, die wir sehen wollen, bevor wir sterben, nicht bei 999 aufgehört haben. Doch damit stehen wir vor einer großen Schwierigkeit – wir können uns leicht verzetteln und zwischen den vielen Möglichkeiten zerrieben werden. Der von Fromm geschilderten Verführung erlagen, so meine ich, auch die Teilnehmer unseres Experiments, die hektisch von einer Tür zur anderen wechselten.

Dieses Herumhetzen ist etwas Seltsames. Doch noch unverständlicher ist der zwanghafte Versuch, auch Optionen von geringem Wert nachzujagen – Gelegenheiten, die sich beinahe schon überlebt haben oder die uns eigentlich nicht mehr besonders interessieren sollten. Meine Studentin Dana beispielsweise hatte bereits erkannt, dass einer ihrer Liebhaber die Mühe nicht mehr wert war. Warum gefährdete sie dann ihr Verhältnis zu dem anderen jungen Mann, indem sie weiterhin an der einschlafenden Beziehung mit dem weniger attraktiven Liebespartner festhielt? Und wie oft haben wir nicht schon etwas zu einem herabgesetzten Preis gekauft, nicht weil wir es wirklich brauchten, sondern weil am Ende der Rabattaktion all die vielen Dinge nicht mehr da sind und wir sie nicht mehr zu diesem günstigen Preis erwerben können?

Die Kehrseite dieser Tragödie zeigt sich, wenn wir nicht merken, dass manche Dinge wirklich verschwindende Türen sind und unsere sofortige Aufmerksamkeit erfordern. So machen wir vielleicht laufend Überstunden, ohne zu bedenken, dass die Kindheit unserer Söhne und Töchter nicht ewig währt. Manchmal schließen sich solche Türen so langsam, dass wir es gar nicht mitbekommen. Einer meiner Freunde erzählte mir beispielsweise, dass sein schönstes Ehejahr jenes gewesen sei, als er in New York und seine Frau in Boston gewohnt und sie sich nur an den Wochenenden gesehen hätten. Davor hatten sie in Boston zusammengewohnt und sich an den Wochenenden auf ihre Arbeit gestürzt, statt ihre Zeit gemeinsam zu genießen. Doch sobald sich ihre Lebensumstände änderten und sie wussten, dass ihnen fürs Zusammensein nur die Wochenenden zur Verfügung standen, war ihre gemeinsame Zeit begrenzt und hatte ein unverrückbares Ende (vorgegeben durch den Zugfahrplan). Da ihnen klar war, dass die Uhr tickte, verbrachten sie mehr Zeit miteinander, statt sich ihrer Arbeit zuzuwenden.

Ich plädiere nicht dafür, die Arbeit um der Kinder willen aufzugeben oder in eine andere Stadt zu ziehen, um angenehmere Wochenenden mit dem Ehepartner zu verbringen (obwohl das einige Vorteile haben könnte). Aber wäre es nicht schön, wenn wir eine eingebaute Alarmglocke besäßen, die uns warnt, wenn die Türen zu unseren wichtigsten Entscheidungsmöglichkeiten zuschlagen?

Was also können wir tun? Unsere Experimente zeigen, dass wir uns mit überstürzten Versuchen, das Zufallen einer Tür zu verhindern, selbst zum Narren halten. Es strapaziert nicht nur unsere Nerven, sondern auch unseren Geldbeutel. Daher sollten wir unbedingt ganz bewusst einige Türen schließen. Bei kleinen Türen ist das natürlich nicht schwer. Es ist leicht, ein paar Namen aus der Liste derjenigen zu streichen, denen wir eine Ansichtskarte aus dem Urlaub schicken wollen, oder das Taekwondo aus der Reihe der zahllosen Aktivitäten unserer Tochter herauszunehmen.

Die großen Türen hingegen (oder diejenigen, die uns groß vorkommen) sind schon schwerer zu schließen – Türen beispielsweise, die in einen neuen Beruf oder zu einer besseren Arbeitsstelle führen könnten. Auch Türen, die mit unseren Träumen verbunden sind, lassen sich nicht so leicht zuschlagen. Beispielsweise fällt es schwer, die Beziehungen zu bestimmten Menschen zu beenden – selbst wenn sie zu nichts zu führen scheinen.

Wir haben einen irrationalen Drang, alle möglichen Türen offenzuhalten. So sind wir nun einmal gestrickt. Aber das heißt

nicht, dass wir nicht versuchen sollten, unsere Wahlmöglichkeiten einzuschränken. Erinnern Sie sich noch an die Szene aus
dem Róman *Vom Winde verweht,* in der Rhett Butler Scarlett
O'Hara verlässt, sie sich an ihn klammert und klagt: »Wohin
soll ich denn jetzt? Was soll ich tun?« Worauf Rhett, der von
Scarlett viel hat erdulden müssen und schließlich genug davon
hat, antwortet: »Ehrlich gesagt, es ist mir vollkommen gleich-
gültig.« Es ist kein Zufall, dass dieser Dialog in der Verfilmung
des Romans von Margaret Mitchell zu den denkwürdigsten in
der Filmgeschichte zählt. Gerade das entschiedene Zuschlagen
einer Tür macht diese Szene so eindrucksvoll. Sie sollte uns
allen ins Gedächtnis rufen, dass wir große und kleine Türen
haben, die wir besser zumachen sollten.

Wir müssen uns von der Mitarbeit in Komitees verab-
schieden, die nichts als Zeitverschwendung ist, und aufhören,
Ansichtskarten an Leute zu verschicken, die inzwischen ein
anderes Leben führen und andere Freundschaften pflegen.
Wir müssen uns entscheiden, ob wir wirklich die Zeit haben, uns ein Basketballspiel anzusehen und sowohl Golf als
auch Squash zu spielen und dazu noch unsere Familie zusam-
menzuhalten. Vielleicht sollten wir den Sport ganz aufgeben.
Wir sollten diese Türen schließen, weil sie unsere Kraft und
unser Engagement in Anspruch nehmen, die wir brauchen,
damit andere Türen offen bleiben – und weil sie uns verrückt
machen.

Nehmen wir einmal an, Sie hätten so viele Türen geschlossen,
dass nur noch zwei übrig bleiben. Ich wünschte, ich könnte
behaupten, dass Sie sich jetzt leichter entscheiden können,
aber meist ist das nicht der Fall. Im Gegenteil: Zwischen zwei
Dingen zu wählen, die gleichermaßen verlockend sind, gehört
zu den schwierigsten Entscheidungen überhaupt. In diesem

Fall haben wir unsere Wahl nicht nur zu lange hinausgezögert, wir sind unentschlossen bis zu dem Punkt, dass wir am Ende dafür büßen müssen. Lassen Sie mich eine Geschichte erzählen, um dies zu erläutern.

Ein hungriger Esel trabt auf eine Scheune mit Heu zu; dort entdeckt er zwei Heuhaufen gleicher Größe an den gegenüberliegenden Wänden. Der Esel bleibt in der Mitte stehen und weiß nicht, auf welchen er sich stürzen soll. Es vergehen Stunden, aber er kommt zu keiner Entscheidung. Am Ende stirbt er den Hungertod.

Natürlich ist dies eine hypothetische Geschichte, die unfairerweise die Intelligenz von Eseln in ein schlechtes Licht rückt. Vielleicht liefert der US-Kongress ein besseres Beispiel. Er bindet sich nämlich häufig selbst die Hände, nicht im Hinblick auf die Gesetzgebung im Großen – die Erneuerung der alternden Highways im Land, Einwanderung, den Schutz gefährdeter Arten und so weiter –, sondern im Detail. Häufig erscheinen jedem vernunftbegabten Menschen die Parteilinien hinsichtlich dieser Fragen wie die beiden Heuhaufen. Trotzdem oder gerade deswegen bleibt der Kongress häufig auf halbem Wege stecken. Wäre eine rasche Entscheidung nicht für alle besser?

Noch ein weiteres Beispiel: Einer meiner Freunde brauchte drei Monate, um sich zwischen zwei fast identischen Modellen einer Digitalkamera zu entscheiden. Als er schließlich seine Wahl getroffen hatte, fragte ich ihn, wie viele Gelegenheiten er verpasst habe, Aufnahmen zu machen, wie viel wertvolle Zeit er für die Auswahl verschwendet habe und wie viel er dafür geben würde, digitale Bilder seiner Familie und Freunde von den letzten drei Monaten zu besitzen. Mehr, als die Kamera gekostet habe, erwiderte er. Ist Ihnen so etwas auch schon einmal passiert?

Was mein Freund genauso wie der Esel und der Kongress versäumten, als sie sich auf unbedeutende Ähnlichkeiten und Unterschiede zwischen zwei Dingen fixierten, war, die Folgen der Unentschlossenheit in Betracht zu ziehen. Der Esel dachte nicht ans Verhungern, der Kongress vergaß die Verkehrsteilnehmer, die starben, während er über neue Gesetze für die Highways debattierte, und mein Freund berücksichtigte nicht, wie viele Aufnahmen er hätte machen können und wie viel Zeit er verlor, während er sich bei Best Buy aufhielt. Vor allem aber bedachten alle drei nicht, wie gering die Unterschiede zwischen den jeweiligen Entscheidungsmöglichkeiten waren.

Mein Freund wäre sicher mit der einen Kamera genauso zufrieden gewesen wie mit der anderen; der Esel hätte den einen wie den anderen Heuhaufen fressen können, und die Kongressmitglieder hätten ungeachtet geringfügiger Kostenunterschiede stolz sein können auf ihre Leistungen. Mit anderen Worten: Alle drei hätten sich die Entscheidung leichter machen sollen. Sie hätten sogar eine Münze werfen (im Falle des Esels natürlich nur bildlich gesprochen) und sich anderen Dingen zuwenden können. Aber so verhält sich der Mensch nicht, weil er einfach nicht die eine Tür zumachen kann.

Obwohl die Entscheidung zwischen zwei sehr ähnlichen Optionen theoretisch einfach ist, sieht es in der Wirklichkeit anders aus. Erst vor ein paar Jahren fiel ich selbst diesem Problem zum Opfer, als ich überlegte, ob ich am MIT bleiben oder nach Stanford gehen sollte (am Ende entschied ich mich für das MIT). Mehrere Wochen lang stellte ich Vergleiche zwischen den beiden Hochschulen an, wobei ich feststellte, dass sie beide in etwa gleich attraktiv für mich waren. Und was tat ich? Zunächst kam ich zu dem Schluss, dass ich noch weitere Informationen benötigte und mich an Ort und Stelle umsehen musste. Also stattete ich beiden Institutionen einen Besuch ab, traf mich mit Dozenten und Studenten und fragte sie, wie es ihnen dort gefalle. Ich sah mir verschiedene Stadtviertel an sowie in Frage kommende Schulen für unsere Kinder. Sumi und ich überlegten, wie die beiden Optionen sich mit dem Leben vereinbaren ließen, das wir führen wollten. Schon nach kurzer Zeit war ich so von der Sache in Anspruch genommen, dass meine wissenschaftliche Forschung und meine Produktivität darunter litten. Es war paradox: Während ich nach dem geeignetsten Platz suchte, um meinem Beruf nachzugehen, vernachlässigte ich meine Forschung.

Da Sie wahrscheinlich Geld investiert haben, um Zugang zu meinen Erkenntnissen in Form dieses Buches zu bekommen (ganz zu schweigen von der Zeit sowie den anderen Aktivitäten, auf die Sie dafür verzichtet haben), sollte ich wahrscheinlich nicht zugeben, dass ich mich nicht anders verhielt als der Esel, der die Unterschiede zwischen den beiden Heuhaufen herausbekommen will. Aber genauso war es.

Am Ende war ich trotz all meiner Kenntnisse über die Probleme der Entscheidungsfindung genauso irrational wie jeder andere.

NEUN

Der Effekt von Erwartungen

Warum wir bekommen, was wir erwarten

Nehmen wir einmal an, Sie sind ein Fan der Philadelphia Eagles und sehen zusammen mit einem Freund, der leider in New York City aufgewachsen und fanatischer Anhänger der Giants ist, ein Football-Spiel. Sie verstehen gar nicht so richtig, wieso Sie Freunde geworden sind, doch nachdem Sie ein Semester lang mit ihm das Zimmer geteilt haben, mögen Sie ihn allmählich, obwohl Sie der Ansicht sind, dass er, was Football betrifft, ein bisschen neben der Spur ist.

Die Eagles sind in Ballbesitz, um fünf Punkte im Rückstand und haben keine Auszeiten mehr. Es ist das vierte Spielviertel, und die Uhr zeigt an, dass noch sechs Sekunden zu spielen sind. Jetzt befindet sich der Ball auf der Zwölfmeterlinie. Vier Wide Receiver (Passempfänger) stellen sich für den letzten Spielzug auf. Der Quarterback (Spielmacher) hebt den Ball und lässt sich ins Pocket (durch Blocker gedeckte Zone, in der sich der Quarterback bewegen kann) zurückfallen. Während die Receiver (Fänger) zur Endzone laufen, wirft der Quarterback in der letzten Spielsekunde einen hohen Pass. Ein Wide Receiver der Eagles nahe der Ecke der Endzone hechtet nach dem Ball und fängt ihn in einem spektakulären Manöver.

Der Schiedsrichter zeigt einen Touchdown an, und alle Spieler der Eagles laufen triumphierend aufs Feld. Doch halt! War der Receiver mit beiden Beinen drin? Auf der Video-leinwand sah es knapp aus, der Kommentator bittet um eine Wiederholung der Szene. Sie wenden sich an Ihren Freund:

»Schau dir das an! Was für ein super Catch! Er war ganz drin. Warum zeigen sie es überhaupt noch mal?« Ihr Freund sieht Sie finster an. »Der war komplett draußen. Ich kann gar nicht glauben, dass der Schiedsrichter es nicht gesehen hat! Du bist ja total verrückt, zu glauben, der war drin!«

Was ist hier passiert? War Ihr Freund und Fan der Giants Opfer seines Wunschdenkens? Machte er sich vielleicht etwas vor? Schlimmer noch, log er? Oder hatte die Loyalität zu seinem Team – und die Erwartung des Sieges – seine Urteilsfähigkeit komplett, wirklich und wahrhaftig und zutiefst getrübt?

Darüber dachte ich nach, als ich eines Abends durch Cambridge zum Walker-Memorial-Gebäude des MIT schlenderte. Wie konnten zwei Freunde – zwei ehrliche Kerle – ein und denselben Steilpass so völlig unterschiedlich wahrnehmen? Ja, wie konnten überhaupt zwei Parteien ein und dasselbe Ereignis, dem sie beiwohnten, so interpretieren, dass damit ihre jeweils gegensätzliche Sicht untermauert wurde? Wie konnten Demokraten und Republikaner angesichts derselben leseunfähigen Schulkinder so völlig entgegengesetzte Positionen einnehmen? Wie konnte ein streitendes Paar die Ursachen für seine Auseinandersetzung so unterschiedlich sehen?

Einer meiner Freunde, der als Auslandskorrespondent einige Zeit in Belfast verbracht hatte, schilderte mir einmal ein Treffen mit Mitgliedern der IRA, das er arrangiert hatte. Während des Gesprächs kam die Nachricht, dass der Anstaltsleiter des Gefängnisses in Maze, in dessen schäbigen Zellen viele IRA-Funktionäre einsaßen, umgebracht worden sei. Verständlicherweise nahmen die IRA-Mitglieder, die sich um meinen Freund scharten, die Nachricht mit Genugtuung auf – sozusagen als Sieg für ihre Sache. Die Briten sahen die Angelegenheit natürlich in völlig anderem Licht. Am nächsten

Tag ergingen sich die Londoner Zeitungen in wütenden Kommentaren, man forderte Vergeltung. Ich bin Israeli und daher vertraut mit sich aufschaukelnder Gewalt. Die Gewalt ist Alltag, und wir halten kaum jemals inne und fragen uns, warum das so ist. Wie kommt es zu Gewalt? Ist sie eine Folge der Geschichte? Sind Rassismus oder Politik die Ursache, oder gibt es in uns etwas fundamental Irrationales, das den Konflikt fördert – etwas, das dazu führt, dass wir je nach Perspektive ein und dasselbe Ereignis völlig unterschiedlich beurteilen?

Auf der Suche nach einer Antwort auf diese tiefgreifenden Fragen, nach den Wurzeln dieser menschlichen Verhaltensweise, beschlossen Leonard Lee, Professor an der Columbia University, Shane Frederick, Professor am MIT, und ich, eine einfache Versuchsreihe durchzuführen. Wir wollten herausfinden, wie einmal gewonnene Einstellungen unsere Sicht trüben. Zuerst machten wir einen einfachen Test, in dem weder Religion noch Politik und nicht einmal Sport als Indikatoren dienen sollten, sondern – ein Glas Bier.

Um in das Walker-Gebäude zu gelangen, muss man eine Reihe breiter Stufen zwischen hohen griechischen Säulen erklimmen. Wenn man drinnen ist und sich nach rechts wendet, betritt man zwei Räume mit Teppichen aus der Zeit der Erfindung des elektrischen Lichts, dazu passenden Möbeln und einem Geruch, der Alkoholkonsum, ganze Packungen Erdnüsse und angenehme Gesellschaft verheißt. Willkommen im Muddy Charles, einem der beiden Kneipen des MIT, dem Ort für unsere Testreihe in den nächsten Wochen. Wir wollten wissen, ob die Erwartung der Gäste, eine bestimmte Sorte Bier zu bekommen, die Beurteilung des Geschmacks beeinflusste.

Lassen Sie mich das näher erläutern. Eines der Biere, die den Gästen des Muddy Charles angeboten werden sollten, würde ein Budweiser sein, das zweite war eines, das wir liebevoll MIT-Bräu nannten. Was ist ein MIT-Bräu? Im Wesentlichen ebenfalls ein Budweiser, aber mit einem »geheimen Zusatz« – 20 Tropfen Balsamico-Essig auf ein kleines Bier (0,3 l). (Einige MIT-Studenten fanden, das Budweiser verdiene nicht die Bezeichnung »Bier«; deshalb verwendeten wir bei allen folgenden Tests Sam Adams – eine Sorte, die von Bostonern schon eher als »Bier« akzeptiert wird.)

Gegen sieben Uhr am Abend hatte Jeffrey, ein Informatikstudent im zweiten Jahr, das Glück, im Muddy Charles vorbeizuschauen. »Darf ich Ihnen zwei kleine Gläser Bier zum Probieren anbieten?«, fragte ihn Leonard und trat auf ihn zu. Als Jeffrey das bejahte, führte ihn Leonard zu einem Tisch, auf dem zwei Krüge mit dem schaumigen Getränk standen. Der eine war mit dem Buchstaben A, der andere mit B beschriftet. Jeffrey probierte einen Schluck von dem einen, ließ ihn langsam im Mund kreisen und ging dann zum anderen über. »Welches möchten Sie?«, fragte Leonard. »Von dem schenke ich Ihnen ein großes ein.« Jeffrey dachte nach. Ein kostenloses Glas Bier in Aussicht, wollte er sichergehen, dass er seine unmittelbare Zukunft mit dem richtigen Gerstensaft verbrachte.

Jeffrey entschied sich eindeutig für Bier B und ging dann mit seinem Glas zu seinen Freunden (sie waren in ein Gespräch über einen Canon-Stecker vertieft, den sich eine Gruppe MIT-Studenten kürzlich vom Campus des California Institute of Technology »geborgt« hatte). Bei den beiden Bieren hatte es sich um Budweiser und MIT-Bräu gehandelt, und er hatte das mit Balsamico versetzte MIT-Bräu gewählt. Aber davon erfuhr er nichts.

Wenige Minuten später betrat Nina, eine Gaststudentin aus Deutschland, das Lokal. »Ein kostenloses Bier vielleicht?«, fragte Leonard sie. Sie antwortete mit einem Lächeln und nickte. Dieses Mal gab Leonard mehr Informationen. Bier A, erklärte er, sei ein gewöhnliches, handelsübliches Bier, Bier B hingegen sei mit ein paar Tropfen Balsamico versehen. Nina probierte die beiden Biere, rümpfte beim mit Essig versetzten Bier B die Nase und entschied sich für A. Leonard schenkte ihr ein großes Glas von dem handelsüblichen Bier ein, und sie ging zufrieden zu ihren Freunden, die bereits an einem Tisch saßen.

Nina und Jeffrey waren nur zwei von Hunderten Studenten, die an diesem Experiment teilnahmen. Aber ihr Verhalten war typisch: Von denen, die nichts von dem Essig wussten, wählten die meisten das essighaltige MIT-Bräu. Doch diejenigen, die vorher erfuhren, dass das MIT-Bräu mit Balsamico versetzt worden war, reagierten völlig anders. Beim ersten Schluck des gepanschten Biers zogen sie die Nase kraus, signalisierten Abneigung und entschieden sich lieber für das Budweiser. Daraus lässt sich, wie Sie sicher nicht anders erwarten, der Schluss ziehen, dass, wenn man jemandem vorher sagt, dass etwas ekelhaft schmecken könnte, er aller Wahrscheinlichkeit genau das bestätigen wird – nicht weil er es so empfindet, sondern weil er es so erwartet.

Sollten Sie überlegen, ob Sie vielleicht eine neue Brauerei gründen sollten, insbesondere eine, die sich auf Bier mit ein wenig Balsamico spezialisiert, empfiehlt es sich, Folgendes zu berücksichtigen: 1. Sobald potenzielle Käufer das Etikett lesen oder auf anderem Wege erfahren, welche Zutaten das Bier enthält, werden sie Ihr Bier höchstwahrscheinlich verabscheuen. 2. Balsamico ist zurzeit ziemlich teuer – selbst wenn er also den Geschmack des Biers verfeinern sollte, machen sich die Kosten wohl kaum bezahlt. Brauen Sie stattdessen lieber ein besseres Bier.

Doch das war erst der Anfang unserer Versuche. Die MBA-Studenten des Sloan School of Management des MIT trinken auch eine Menge Kaffee. Daher eröffneten Elie Ofek (Professor an der Harvard Business School), Marco Bertini (Professor an der London Business School) und ich einen improvisierten Coffeeshop, in dem wir den Studenten einen kostenlosen Kaffee anboten, wenn sie ein paar Fragen dazu beantworteten. Rasch bildete sich eine Schlange. Wir schenkten den Kaffee aus und führten die Teilnehmer zu einem Tisch, auf dem alle möglichen Zusätze standen – Milch, Sahne, weißer und brauner Zucker sowie ein paar ungewöhnliche Gewürze, nämlich Nelken, Muskatnuss, Orangenschale, Anis, süßer Paprika und Kardamom –, von denen unsere Kaffeetrinker sich jeweils etwas in ihre Tassen rühren konnten.

Nachdem sich die Teilnehmer bedient (unsere ausgefallenen Gewürzzutaten blieben völlig unangetastet) und den Kaffee probiert hatten, füllten sie einen Fragebogen aus, auf dem sie angeben sollten, wie ihnen der Kaffee geschmeckt hatte, ob sie ihn zukünftig in der Cafeteria serviert bekommen wollten, sowie den Höchstpreis, den sie für genau dieses Angebot zu bezahlen bereit waren.

Auch in den nächsten Tagen gaben wir unseren Kaffee aus, doch von Zeit zu Zeit wechselten wir die Behältnisse für die ausgefallenen Zutaten aus. Manchmal füllten wir die Gewürze in schöne Glas-Metall-Gefäße mit kleinen Silberlöffeln und hübsch gestalteten Etiketten und stellten sie auf Chromtabletts. Dann wieder füllten wir dieselben Gewürze in weiße Styroporbecher, die mit rotem Filzstift beschriftet waren. Wir gingen sogar noch weiter, verkleinerten die Becher, indem wir den Rand abschnitten, und verpassten ihnen auch noch mit der Hand abgesägte, gezackte Ränder.

Und was kam dabei heraus? Nein, die schönen Gefäße animierten keinen der Teilnehmer dazu, die eigenwilligen Gewürze in ihren Kaffee zu rühren (ich nehme an, dass in absehbarer Zeit kein Kaffee mit süßem Paprika auf den Markt kommt). Das Interessante aber war, dass die Kaffeetrinker, wenn die Gewürze in geschmackvollen Gefäßen offeriert wurden, eher zu der Aussage neigten, der Kaffee schmecke ihnen sehr gut; sie wären bereit, viel dafür zu bezahlen, und sie würden dazu raten, die neue Mischung in der Cafeteria anzubieten. Mit anderen Worten, wenn das Drum und Dran hochwertig erschien, schmeckte auch der Kaffee besser.

Wenn wir schon im Voraus annehmen, dass etwas gut ist, wird es im Allgemeinen auch gut sein (und wenn wir denken, es ist schlecht, wird es schlecht sein). Doch wie tief gehen diese Einflüsse? Wirken sie sich lediglich auf unser Urteil aus, oder verändern sie die physiologische Erfahrung selbst? Anders ausgedrückt: Kann Vorwissen tatsächlich die dem Geschmackssinn zugrunde liegende Nervenaktivität modifizieren, so dass etwas gut oder schlecht schmeckt, je nachdem, was wir erwarten?

Um das zu prüfen, führten Leonard, Shane und ich das Bierexperiment noch einmal durch, diesmal jedoch mit einer entscheidenden Veränderung. Wir hatten ja bereits unser MIT-Bräu auf zweierlei Weise getestet – zum einen, indem wir unsere Teilnehmer vor dem Probieren über den Essigzusatz informierten, zum anderen, indem wir ihnen nichts davon sagten. Nehmen wir hingegen einmal an, wir hätten ihnen anfangs nichts von dem Essig erzählt, sie dann das Bier probieren lassen, sie anschließend aufgeklärt und sie erst dann nach ihrem Urteil gefragt. Hätte diese erst nach dem Verkosten gegebene Information zu einer anderen Antwort geführt als bei jenen Teilnehmern, die wir vor der Geschmacksprobe informiert hatten?

Wenden wir uns kurz einem anderen Beispiel zu. Nehmen wir einmal an, Sie hätten gehört, es sei fantastisch und aufregend, einen bestimmten Sportwagen zu fahren, würden eine Testfahrt damit machen und dann Ihr Urteil abgeben. Würde es anders ausfallen als bei denjenigen, die nichts über den Sportwagen wussten, die Testfahrt machten, dann erfuhren, dass es ein toller Wagen sei, und anschließend ihren Eindruck zu Protokoll gaben? Mit anderen Worten, spielt es eine Rolle, ob das Wissen vor oder nach der Erfahrung kommt? Und wenn ja, was von beiden hat mehr Gewicht?

Wenn Wissen uns lediglich über einen Tatbestand informiert, dann sollte es egal sein, ob wir die Information über den Essigzusatz vor oder nach dem Probieren des Biers bekommen. Anders ausgedrückt: Wenn wir den Probanden vor der Verkostung sagten, dass das Bier Essig enthielt, hätte das ihr Urteil über das Bier beeinflussen müssen. Und wenn wir es ihnen danach sagten, hätte das ebenfalls der Fall sein müssen. Schließlich hatten sie ja beide dieselbe Mitteilung erhalten. Ebendies wäre zu erwarten, falls Wissen lediglich eine Information über einen Tatbestand wäre.

Doch wenn die Information über den Essigzusatz bei unseren Teilnehmern die Sinneswahrnehmung dahingehend beeinflusste, dass sie mit dieser Information in Einklang gebracht wurde, mussten diejenigen, die gleich zu Anfang von der Beimischung des Essigs erfuhren, eine deutlich andere Meinung zu dem Bier äußern als diejenigen, die einen Schluck davon tranken und dann die Information erhielten. Man könnte es auch so sagen: Wenn Wissen tatsächlich den Geschmack beeinflusst, musste den Teilnehmern, die das Bier tranken, bevor sie die Information über das Bier erhielten, das Bier genauso schmecken wie denjenigen im »Blindtest« (also denen, die gar nichts von dem Essig erfuhren). Sie erhielten erst nach der Geschmacksbeurteilung die Information über den Essig, so dass das Wissen nicht mehr die Sinneswahrnehmung beeinflussen konnte.

Mochten also die Studenten, die erst nach dem Probieren des Biers von dem Essigzusatz erfuhren, dieses Bier genauso wenig wie die Studenten, die von uns davor darüber informiert worden waren? Schmeckte es ihnen genauso wie den Studenten, die überhaupt nichts von dem Essig erfuhren? Was glauben Sie?

Wie sich herausstellte, schmeckte denjenigen, die von dem Essig erst nach dem Probieren des Biers erfuhren, dieses Bier besser als denjenigen, die schon vorher von dem Essigzusatz wussten. Und sie beurteilten das Bier genauso wie die Probanden, die gar nichts von dem Essig wussten.

Welchen Schluss können wir daraus ziehen? Lassen Sie mich ein anderes Beispiel heranziehen. Nehmen wir einmal an, Tante Darcy veranstaltet einen Flohmarkt, um etliches von dem Krempel loszuwerden, der sich im Lauf ihres langen Lebens angesammelt hat. Irgendwann fährt ein Wagen vor, die Leute steigen aus, und nach kurzer Zeit versammeln sie sich um eins der Ölgemälde, die an der Wand lehnen. Ja, Sie stimmen ihnen zu, dass es sich um ein schönes Beispiel des frühen amerikanischen Primitivismus handelt. Aber sagen Sie ihnen auch, dass Tante Darcy es erst vor ein paar Jahren von einem Foto abgemalt hat?

Ich selbst würde, da ich ein ehrlicher, anständiger Mensch bin, es ihnen sagen. Aber soll man es tun, bevor sie das Bild ausgiebig bewundert haben, oder danach? Unseren Experimenten mit dem Bier zufolge käme Tante Darcy besser weg, wenn sie die potenziellen Käufer erst aufklären würde, nachdem sie sich das Bild genauer angesehen hätten. Damit möchte ich nicht sagen, dass Besucher auf diese Weise verleitet würden, Tausende Dollar für das Gemälde zu bezahlen (obwohl unser mit Essig versetztes Bier bei denen, die nach dem Probieren darüber aufgeklärt wurden, genauso gut ankam wie bei denen, die es nicht erfuhren), aber sicherlich würde Tante Darcys Kunstwerk einen höheren Preis erzielen.

Übrigens führten wir auch noch eine drastischere Variante unseres Experiments durch. Dabei informierten wir eine von zwei Gruppen vor dem Probieren von dem Essigzusatz (der »Vorher«-Test) und die zweite Gruppe danach (der »Nachher«-Test). Doch anstatt ihnen anschließend ein großes Glas der von ihnen bevorzugten Sorte einzuschenken, gaben wir ihnen einen großen Becher mit reinem Bier, etwas Essig, einen Tropfer und das Rezept für das MIT-Bräu (20 Tropfen Essig auf 0,3 l). Wir wollten sehen, ob die Leute ihrem Bier von sich aus Essig hinzufügen würden, wenn ja, wie viel, und inwiefern beides davon abhing, ob die Teilnehmer die Information über den Essig vor oder nach dem Probieren des Biers erhalten hatten.

Was passierte? Die Zahl derjenigen, die ihrem Bier Essig beifügten, war bei der Gruppe, die nach dem Probieren die Information über den Essigzusatz erhalten hatte, doppelt so hoch wie bei der Gruppe, die vor dem Probieren davon erfahren hatte. Für die Teilnehmer des »Nachher«-Tests schmeckte das Bier mit Essig beim ersten Mal gar nicht so schlecht (offenbar konnten sie vernünftig denken), und so hatten sie nichts dagegen, es erneut zu versuchen.*

Wie man sieht, können sich Erwartungen auf nahezu jeden Aspekt des Lebens auswirken. Stellen Sie sich einmal vor, Sie brauchten eine Catering-Firma für die Hochzeit Ihrer Tochter.

---

* Wie erwähnt, wollten wir außerdem ermitteln, wie viel Essig die Studenten in das Bier gaben. Aber alle hielten sich streng an das Rezept.

Josephine's Catering rühmt sich seines »köstlichen asiatischen Ingwer-Hähnchens« und seines »aromatischen griechischen Salats mit Kalamata-Oliven und Feta«. Ein anderes Catering-Unternehmen namens Culinary Sensations bietet »saftige biologische Hähnchenbrust, auf den Punkt gebraten und mit einem Hauch von Merlot-Demi-glace, auf einem israelischen Couscous-Bett mit Kräutern« an sowie eine »Mischung aus jungen italienischen Kirschtomaten und knackigen grünen Salaten mit einem Kranz aus warmem Ziegenkäse in fruchtiger Himbeer-Vinaigrette«.

Obwohl es unmöglich ist, zu entscheiden, ob das Essen von Culinary Sensations besser ist als das von Josephine's, bewirkt schon allein die ausführliche Beschreibung, dass wir von dem einfachen gemischten Salat mit Ziegenkäse Größeres erwarten. Entsprechend erhöht sich die Chance, dass wir (und unsere Gäste, sofern wir ihnen die Beschreibung des Gerichts mitliefern) darüber ins Schwärmen geraten.

Dieses für Catering-Unternehmen ausgesprochen wirksame Prinzip kann sich jeder zu eigen machen. Wir können unseren Gerichten Kleinigkeiten mit exotisch und modern klingenden Namen hinzufügen (Chili-Mango-Sauce scheint im Moment der letzte Schrei zu sein; Sie können es aber auch mit Büffel statt Rind versuchen). Bei einem Blindtest mögen diese Zutaten das Gericht nicht unbedingt besser abschneiden lassen, aber mit dem entsprechenden Vorwissen beeinflussen sie unsere Erwartungen und damit auch unseren Geschmackssinn.

Diese Methode ist besonders nützlich, wenn Sie zu einem Abendessen einladen – oder Kinder überreden wollen, ein Gericht zu essen, das sie noch nicht kennen. Ebenso können Sie den Geschmack eines Gerichts verbessern, wenn Sie die Tatsache verschweigen, dass Sie für den Kuchen eine Fertigbackmischung genommen, den Cocktail mit einem No-Name- statt mit einem Markenorangensaft gemixt haben oder, bei Kindern, die Gelatine im Pudding aus Kuhhufen gemacht wurde. (Damit möchte ich nicht sagen, dass ich solch ein Vorgehen moralisch billige, sondern nur auf das zu erwartende Ergebnis hinweisen.)

Schließlich sollte man auch die Wirkung der Präsentation nicht unterschätzen. Es hat seinen Grund, dass in Kochkursen genauso viel Wert darauf gelegt wird, das Gericht kunstvoll auf dem Teller zu arrangieren, wie aufs richtige Braten und Backen. Auch wenn Sie ein Gericht zum Mitnehmen kaufen, sollten Sie die Styroporpackung entfernen, das Essen auf schönen Tellern servieren und garnieren – insbesondere, wenn Sie nicht allein sind. Es macht viel aus.

Diese Vorschläge liegen mir besonders am Herzen, weil ich neben meinem Beruf als Verhaltensökonom auch hoffnungsvoller Autor eines (noch nicht erschienenen) Ratgebers mit dem Arbeitstitel »Speisen, ohne Krümel zu hinterlassen: Die Kunst, über dem Spülbecken zu essen« bin. Und noch ein Rat: Wenn Sie Ihren Gästen ein besonderes Erlebnis verschaffen wollen, sollten Sie etwas Geld in ein paar schöne Weingläser investieren.

Sollten Sie großen Wert auf Wein legen, rate ich Ihnen darüber hinaus, sich jeweils verschiedene Gläser für Burgunder, Chardonnay, Champagner und so weiter zuzulegen. Jede Glasform soll dem Wein die richtige Umgebung geben, damit er sich voll entfalten kann (dass die Form des Glases, wie kontrollierte Versuche gezeigt haben, bei objektiven Blindtests nicht die geringste Rolle spielt, hält die Leute nicht davon ab, einen bedeutenden Unterschied festzustellen, wenn man ihnen das »richtige« Glas reicht). Außerdem können Sie vielleicht selbst in dem jeweils passenden feinen Glas den Wein besser genießen, wenn Sie vergessen, dass die Form des Glases wirklich keinerlei Einfluss auf den Geschmack des Weins hat.

Natürlich spielen Erwartungen auch anderswo eine Rolle. Wenn Sie jemanden ins Kino einladen, können Sie sein Vergnügen steigern, indem Sie erwähnen, dass der Film großartige Kritiken bekommen hat. Das ist auch ein wesentlicher Aspekt beim Imageaufbau für eine Marke oder ein Produkt, denn beim Marketing geht es um nichts anderes als darum, den Konsumenten Informationen zu geben, die den zu erwartenden oder tatsächlichen Genuss erhöhen. Aber ist es wirklich so, dass die durch Werbung geweckten Erwartungen eine Rolle dabei spielen, ob etwas uns gefällt beziehungsweise schmeckt oder nicht?

Sicher erinnern Sie sich an die berühmte Werbekampagne »Mach den Pepsi-Test« im Fernsehen (oder Sie haben zumindest davon gehört). Die Werbespots zeigten nach dem Zufallsprinzip ausgewählte Personen, die Coca-Cola und Pepsi-Cola probierten und dann sagten, welche von beiden ihnen besser schmeckte. Natürlich zogen die Leute bei dem von Pepsi produzierten Werbefilm Pepsi vor. Gleichzeitig hieß es jedoch in der Coca-Cola-Werbung, die Leute zögen Coke vor. Wie konnte das sein? Hatten die beiden Unternehmen ihre Statistiken frisiert?

Die Antwort lautet, dass die beiden Firmen ihr Produkt unterschiedlich testeten. Bei Coca-Cola sollen die Testpersonen gesehen haben, was sie tranken, auch das berühmte rote Logo. Pepsi hingegen arbeitete mit Blindtests und handelsüblichen Plastikbechern, die mit M und Q gekennzeichnet waren. Könnte es sein, dass Pepsi bei Blindtests besser schmeckte und Coke bei identifizierten Tests (also bei Kenntnis der konsumierten Marke)?

Um das Rätsel um Coke versus Pepsi zu entschlüsseln,

führte eine Gruppe herausragender Neurowissenschaftler – Sam McClure, Jian Li, Damon Tomlin, Kim Cypert, Latané Montague und Read Montague – eigene Blind- beziehungsweise identifizierte Tests durch. Das Moderne bei diesen Versuchen war die Anwendung der sogenannten funktionellen Magnetresonanztomographie (fMRT), eines bildgebenden Verfahrens, mit dem die Forscher die Gehirnaktivität der Teilnehmer darstellen konnten, während diese das jeweilige Getränk zu sich nahmen.

Das war übrigens nicht einfach, weil die Probanden dabei vollkommen ruhig liegen mussten. Um dieses Problem zu lösen, legten Sam und seine Kollegen den Teilnehmern jeweils einen langen Schlauch in den Mund und flößten ihnen aus der Entfernung das Getränk (Pepsi oder Coke) ein. Währenddessen wurden die Versuchspersonen auf visuellem Weg informiert, wenn Coke oder Pepsi beziehungsweise eines der beiden ohne Nennung der Marke kam. Auf diese Weise konnten die Forscher die Aktivierung des Gehirns der Probanden beobachten, während sie Coke oder Pepsi tranken – sowohl mit dem Wissen, um welches der beiden Getränke es sich handelte, als auch ohne dieses Wissen.

Und wie sah das Ergebnis aus? Übereinstimmend mit den Werbespots im Fernsehen zeigte sich, dass die Aktivität des Gehirns unterschiedlich ausfiel, je nachdem, ob der Name des Getränks genannt wurde oder nicht: Immer wenn die Probanden einen Schluck Coke oder Pepsi erhielten, wurde der Gehirnbereich, der emotionale Reaktionen steuert und verarbeitet – der sogenannte ventromediale präfrontale Kortex (VMPFC) –, stimuliert. Doch wenn die Teilnehmer wussten, dass sie einen Schluck Coke bekommen würden, geschah noch etwas anderes. Dann nämlich wurde zusätzlich auch der vordere Bereich des Gehirns aktiviert, nämlich der dorsolaterale

Teil des präfrontalen Kortex oder DLPFC, ein Bereich, der an höheren Gehirnfunktionen wie etwa dem Arbeitsgedächtnis, Assoziationen sowie Erkenntnissen und Gedanken höherer Ordnung beteiligt ist. Selbstverständlich geschah dies auch beim Trinken der Pepsi, bei Coke jedoch in höherem Maße (und natürlich war die Reaktion bei denen, die eine starke Vorliebe für Coke hatten, stärker).

Die Reaktion des Gehirns auf den elementaren Genusswert (im Wesentlichen Zucker) war bei beiden Getränken gleich. Die stärkere Reaktion bei Coke beruhte auf der Marke – sie aktivierte die Gehirnfunktionen höherer Ordnung. Diese Zusammenhänge und nicht die chemischen Eigenschaften des Getränks verschafften Coca-Cola seinen Marktvorteil.

Interessant ist aber auch, wie der vordere Gehirnbereich mit dem Lustzentrum zusammenhängt. Es gibt eine Dopaminverbindung, über die der vordere Gehirnbereich das Lustzentrum aktiviert und steuert. Das ist vermutlich der Grund, warum Coke bevorzugt wurde, wenn der Markenname bekannt war – die Assoziationen waren stärker, so dass der Teil des Gehirns, der für diese Assoziationen zuständig ist, die Aktivität des Lustzentrums im Gehirn verstärken konnte. Das müsste natürlich eine gute Nachricht für jede Werbeagentur sein, denn es bedeutet, dass die leuchtend rote Dose mit dem schwungvollen Schriftzug und die zahllosen Botschaften, die im Lauf der Jahre auf die Konsumenten herabgeregnet sind (wie »Mach mal Pause ... trink Coca-Cola«), ebenso verantwortlich sind für die verbreitete Vorliebe für Coca-Cola wie das braune, sprudelnde Zeug, das sich darin befindet.

Erwartungen führen auch zur Entstehung von Stereotypen. Schließlich handelt es sich bei einem Stereotyp um die Kategorisierung von Informationen mit dem Ziel, Erfahrungen vorherzusehen. Das Gehirn kann nicht in jeder neuen Situation bei null anfangen. Es muss auf dem aufbauen, was es zuvor wahrgenommen hat. Aus diesem Grund sind Stereotypen nicht von Haus aus schlecht. In dem nie endenden Versuch, unsere komplexe Umwelt zu verstehen und zu ordnen, beschleunigen sie sozusagen die »Erkenntnis«. Darum erwarten wir beispielsweise, dass ein älterer Mensch Hilfe beim Umgang mit dem Computer braucht oder dass ein Harvard-Student intelligent ist.* Da uns ein Stereotyp jedoch zu bestimmten Erwartungen hinsichtlich der Mitglieder einer Gruppe veranlasst, kann es unsere Wahrnehmung und unser Verhalten auch negativ beeinflussen.

Die Erforschung der Stereotypen zeigt nicht nur, dass wir anders reagieren, wenn wir eine bestimmte Gruppe von Menschen mit einem Stereotyp belegen, sondern dass die auf diese Weise kategorisierten Menschen selbst ihr Verhalten ändern, wenn sie sich des Etiketts bewusst werden, das ihnen aufgedrückt wird (die Psychologen sprechen in einem solchen Fall von »Priming«, einer Art Vorprägung). Ein Stereotyp für Amerikaner mit asiatischem Hintergrund ist beispielsweise, dass sie eine besondere Begabung für Mathematik und Naturwissenschaften besitzen. Ein übliches Stereotyp für Frauen lautet, dass sie schwach in Mathematik sind. Das bedeutet, dass Amerikanerinnen mit asiatischem Hintergrund von beiden Vorstellungen beeinflusst werden.

Dies wird durch Tests bestätigt. In einem bemerkenswerten Experiment baten Margaret Shin, Todd Pittinsky und Nalini Ambady Frauen aus der genannten Bevölkerungsgruppe, an einer objektiven Mathematikprüfung teilzunehmen. Doch zu-

---

* In der Buchhandlung des MIT gibt es ein hübsches T-Shirt zu kaufen mit der Aufschrift: »Harvard: Weil nicht jeder es ans MIT schafft.«

nächst teilten sie die Frauen in zwei Gruppen ein. Den Frauen der ersten Gruppe wurden Fragen vorgelegt, die mit ihrem Geschlecht zu tun hatten – etwa, was sie von gemischten Studentenheimen hielten, so dass ihre Gedanken auf geschlechtsbezogene Themen »vorgeprägt« wurden. Den Frauen der zweiten Gruppe wurden Fragen in Zusammenhang mit ihrer ethnischen Zugehörigkeit gestellt, zum Beispiel welche Sprachen sie beherrschten, welche Sprache sie zu Hause sprächen und wie es ihrer Familie in den Vereinigten Staaten seit der Einwanderung ergangen sei. Auf diese Weise wurden ihre Gedanken auf ethnische Themen »vorgeprägt«.

Die Ergebnisse der beiden Gruppen unterschieden sich entsprechend der jeweiligen Stereotypen für Frauen beziehungsweise Amerikaner mit asiatischem Hintergrund: Diejenigen, die man durch die Fragen daran erinnert hatte, dass sie Frauen waren, schnitten schlechter ab als diejenigen, denen man ihre Herkunft ins Gedächtnis gerufen hatte. Dies zeigt, dass auch unser eigenes Verhalten durch die uns auferlegten Stereotypen beeinflusst werden kann. Die Aktivierung dieser Stereotypen hängt davon ab, in welcher geistigen Verfassung wir uns in dem Augenblick befinden und wie wir uns selbst sehen.

Vielleicht noch erstaunlicher ist die Tatsache, dass sich Stereotypen auch auf das Verhalten von Menschen auswirken können, die gar nicht einer stereotypisierten Gruppe angehören. In einer interessanten Studie ließen John Bargh, Mark Chen und Lara Burrows die Teilnehmer wahllos aneinandergereihte Satzteile neu zusammensetzen (eine Aufgabe, wie wir sie bereits in Kapitel vier beschrieben haben). Ein Teil der Probanden erhielt Satzelemente mit Wörtern wie *aggressiv, grob, unangenehm* und *stören,* ein anderer Teil Wörter wie *Ehre, taktvoll, höflich* und *sensibel.* Durch die Bildung von Sätzen aus diesen Wortreihen sollten die Gedanken der Teilnehmer auf Höflichkeit beziehungsweise Grobheit gerichtet werden (eine verbreitete Methode in der Sozialpsychologie, die erstaunlich gut funktioniert).

Als sie damit fertig waren, wurden die Probanden in ein anderes Labor geführt, wo sie vorgeblich eine zweite Aufgabe lösen sollten. Dort war der Versuchsleiter offenbar gerade damit beschäftigt, einem begriffsstutzigen Teilnehmer, der einfach nichts verstand, die Aufgabe zu erklären (bei dem angeblichen Teilnehmer handelte es sich um einen Assistenten des Versuchsleiters). Was glauben Sie, wie lange es dauerte, bis die echten Probanden das Gespräch unterbrachen und fragten, was sie als Nächstes tun sollten?

Wie lange sie warteten, hing davon ab, welche Art von Wörtern ihnen man für die Satzbildung vorgelegt hatte. Diejenigen, die mit Ausdrücken freundlichen Verhaltens gearbeitet hatten, warteten ungefähr 9,3 Minuten lang geduldig, bevor sie unterbrachen; diejenigen hingegen, die mit den Ausdrücken rüden Verhaltens gearbeitet hatten, nur etwa 5,5 Minuten.

In einem zweiten Experiment, dem derselbe Gedanke zugrunde lag, wurde bei den Teilnehmern die Vorstellung von älteren Leuten angebahnt, indem man ihnen Wörter wie *Florida, Bingo* und *betagt* vorlegte. Doch als sie die Aufgabe erledigt hatten, den Raum verließen und glaubten, das Experiment sei beendet, begann erst der entscheidende Teil. Denn eigentlich interessierte die Forscher, wie lange die Probanden durch den Flur zum Ausgang brauchten. Natürlich waren die Teilnehmer der Versuchsgruppe von den Wörtern, die mit »älteren Menschen« in Zusammenhang standen, beeinflusst: Ihr Gehtempo war beträchtlich langsamer als das einer Kontrollgruppe ohne Priming. Dabei darf man nicht vergessen, dass die derart vorgeprägten Teilnehmer selbst keine älteren

Menschen waren, die etwa an ihre Gebrechlichkeit erinnert worden wären, sondern Studenten in den ersten Semestern an der New York University.

All diese Experimente zeigen uns, dass Erwartungen mehr sind als die bloße Vorwegnahme der Belebung durch eine sprudelnde Cola. Erwartungen befähigen uns, ein Gespräch zu verfolgen, auch wenn rundherum Lärm herrscht und wir hier und da ein Wort nicht mitbekommen; oder eine SMS auf unserem Handy zu lesen, auch wenn einige Wörter abgekürzt sind. Erwartungen können uns zwar von Zeit zu Zeit auch dumm aussehen lassen, aber sie sind ausgesprochen wirksam und nützlich.

Was ist nun mit unseren beiden Football-Fans und dem entscheidenden Pass, der zum Sieg führte? Beide haben dasselbe Spiel gesehen – jedoch durch deutlich unterschiedliche Brillen. Für den einen stand der Fänger mit beiden Beinen im Endfeld, für den anderen nicht. Beim Sport richten solche Streits keinen besonderen Schaden an – ja, sie können sogar Spaß machen. Das Problem ist nur, dass genau dieselben Prozesse der Vorurteilsbildung auch in anderen Lebensbereichen stattfinden können. Sie sind die Hauptursache für die Eskalation in nahezu allen Konflikten, sei es zwischen Israelis und Palästinensern, zwischen Serben und Kroaten, zwischen den USA und dem Irak oder zwischen Indien und Pakistan.

In all diesen Fällen ist es äußerst unwahrscheinlich, auf beiden Seiten Menschen zu finden, die sich einig darüber sind, wer den Streit begonnen hat, wer schuld ist, wer als Nächster Konzessionen machen muss und so weiter, auch wenn sie dieselben Geschichtsbücher gelesen haben und man sie sogar dieselben Fakten gelehrt hat. Bei derartigen Angelegenheiten sind wir weitaus stärker beteiligt als im Bereich des Sports und halten deshalb hartnäckig an unseren Überzeugungen fest. So sinkt die Wahrscheinlichkeit einer Einigung über die »Fakten« mit zunehmender persönlicher Beteiligung an dem Problem. Das ist äußerst beunruhigend. Man möchte gern glauben, wir müssten uns nur zusammen an einen Tisch setzen, um die Differenzen auszuräumen und gegenseitig Zugeständnisse zu machen. Aber die Geschichte zeigt uns, dass das unwahrscheinlich ist. Und jetzt kennen wir auch die Gründe für dieses katastrophale Scheitern.

Aber es besteht auch Grund zur Hoffnung. Das Probieren des Biers ohne Kenntnis der Tatsache, dass es mit Essig versetzt war, ermöglichte in unserem Experiment, dass der eigentliche Geschmack zur Geltung kam. Genauso sollte man bei der Beilegung von Konflikten vorgehen: Beide Seiten stellen ohne irgendwelche Zuschreibungen ihre Sicht dar – die Fakten kommen auf den Tisch, nicht aber, welche Seite was gemacht hat. Diese Art Blindtest könnte uns womöglich helfen, die Wahrheit besser zu erkennen.

Wenn es nicht möglich ist, unsere Vorurteile abzulegen und unsere bisherigen Erfahrungen zurückzustellen, sollten wir wenigstens einräumen, dass wir voreingenommen sind. Dann sind wir vielleicht in der Lage, den Gedanken zu akzeptieren, dass zur Lösung eines Konflikts im Allgemeinen eine neutrale dritte Partei notwendig ist, die die Regeln und Vorschriften für die Auseinandersetzung festlegt. Wir sind in unserer Sicht gefangen, was uns zum Teil blind macht für die Wahrheit; eine dritte Partei aber ist nicht mit unseren Erwartungen behaftet. Natürlich ist es nicht leicht und auch nicht immer möglich, das Wort eines Schlichters zu akzeptieren. Aber wenn wir in der Lage sind, es anzunehmen, werden wir davon enorm profitieren. Und schon allein aus diesem Grund müssen wir es immer wieder versuchen.

ZEHN

Die Macht des Preises

Warum ein Aspirin für 50 Cent besser wirkt
als ein Aspirin für 1 Cent

Hätten Sie im Jahr 1950 eine Angina Pectoris gehabt, dann hätte es gut sein können, dass Ihnen Ihr Kardiologe eine Operation vorschlägt, die sich Ligatur der inneren Brustwandarterie nennt. Dazu wird der Patient in Narkose gelegt, der Brustkorb am Brustbein eröffnet und die innere Brustwandarterie unterbunden. Voilà! Der Druck in der Arteria pericardiacophrenica wird erhöht, der Blutfluss zum Herzmuskel verbessert, und alle gehen glücklich und zufrieden nach Hause.[7]

Es handelte sich also um eine offenbar erfolgreiche Operation, und sie wurde in den letzten 20 Jahren ziemlich häufig durchgeführt. Doch eines Tages im Jahr 1955 wurden Leonard Cobb, Kardiologe in Seattle, und einige seiner Kollegen misstrauisch. War es tatsächlich ein wirksames Verfahren? Brachte es wirklich eine Besserung? Cobb beschloss, die Wirksamkeit des Eingriffs zu überprüfen, und zwar mit einem gewagten Verfahren: Bei der einen Hälfte seiner Patienten würde er die Operation durchführen, bei der anderen Hälfte nur simulieren. Dann würde er sehen, welche Gruppe sich besser fühlte und wessen Gesundheitszustand sich tatsächlich verbesserte. Mit anderen Worten, nachdem sie Patienten 25 Jahre lang wie Fische filetiert hatten, würden die Herzchirurgen endlich durch einen kontrollierten Versuch Aufschluss darüber erhalten, wie effektiv der Eingriff tatsächlich war.

Dr. Cobb führte also bei einigen Patienten den herkömmlichen Eingriff durch, bei den anderen nur eine Placebooperation. Der echte Eingriff bestand darin, wie schon erwähnt, dass der Brustkorb des Patienten geöffnet und die innere Brustwandarterie unterbunden wurde. Bei der Placebooperation setzte der Chirurg dem Patient an der entsprechenden Stelle lediglich zwei Schnitte mit dem Skalpell. Weiter geschah nichts.

Das Ergebnis war frappierend. Sowohl die tatsächlich operierten Patienten als auch diejenigen, bei denen die Brustwandarterie nicht unterbunden worden war, berichteten von einer sofortigen Linderung ihrer Brustschmerzen. Bei beiden Gruppen hielt die Besserung rund drei Monate an, dann begannen die Patienten erneut über Schmerzen in der Brust zu klagen. Aber die Elektrokardiogramme zeigten keinen Unterschied zwischen den Patienten, die tatsächlich operiert worden waren, und denen mit der Placebooperation. Mit anderen Worten, der herkömmliche Eingriff schien kurzzeitig eine Besserung zu bringen – aber die Placebooperation ebenso. Auf längere Sicht ergab sich bei beiden Gruppen keine signifikante Besserung.

In jüngerer Zeit wurde ein anderer Eingriff in ähnlicher Weise getestet, und das Ergebnis war überraschend ähnlich. Schon 1993 begann der Orthopäde J. B. Moseley zunehmend daran zu zweifeln, ob ein arthroskopischer Eingriff bei einer bestimmten arthritischen Erkrankung des Kniegelenks wirklich von Nutzen ist. Brachte der Eingriff wirklich etwas? Dr. Moseley und seine Kollegen gewannen 180 Patienten mit Kniegelenksarthrose aus dem Veterans' Hospital in Houston für ihre Untersuchung, die sie in drei Gruppen einteilten.

Die eine Gruppe bekam die Standardbehandlung: Narkose, drei Schnitte, Einführung des Arthroskops, Glättung des Knorpels, Entfernung störenden Weichgewebes und Durchspülen des Kniegelenks mit 10 Liter Kochsalzlösung. Die zweite Gruppe bekam ebenfalls eine Narkose, drei Schnitte wurden gesetzt, das Arthroskop eingeführt und das Knie anschließend mit 10 Liter Kochsalzlösung durchgespült, aber es wurde kein störendes Knorpelgewebe entfernt. Bei der dritten Gruppe wirkte von außen gesehen alles wie bei den anderen beiden: Narkose, Schnitte und so weiter; es wurde auch genauso viel Zeit aufgewendet, jedoch keine Arthroskopie durchgeführt. Mit anderen Worten, der Eingriff wurde nur simuliert.[8]

In den beiden folgenden Jahren wurde bei allen drei Gruppen (die, wie immer bei Placeboexperimenten, aus freiwilligen Teilnehmern bestanden) nachgefragt, ob sich die Schmerzen verringert hatten und wie lange es dauerte, bis die Patienten wieder gehen und Treppen steigen konnten. Und was kam dabei heraus? Die beiden Gruppen, bei denen die komplette Operation mit arthroskopischer Spülung durchgeführt worden war, waren voll des Lobes, und alle sagten, sie würden die Operation auch ihren Angehörigen und Freunden empfehlen. Aber seltsamerweise – und das war die große Überraschung – zeigte sich auch bei der Placebogruppe eine Linderung der Schmerzen und eine Verbesserung der Gehfähigkeit, und zwar im selben Maß wie bei denjenigen, die tatsächlich operiert worden waren. Dieses verblüffende Ergebnis kommentierte Dr. Nelda Wray, eine der Autoren der Moseley-Studie, mit den Worten: »Die Tatsache, dass die Wirksamkeit einer arthroskopischen Spülung mit Entfernung von blockierendem Gewebe bei Patienten mit Kniegelenksarthrose nicht größer ist als bei einer Placebooperation, wirft die Frage auf, ob man die eine Milliarde Dollar, die für diese Eingriffe aufgewendet werden, nicht sinnvoller verwenden könnte.«

Wenn Sie jetzt vermuten, dass dieser Bericht einen Sturm

der Entrüstung auslöste, dann haben Sie recht. Als die Studie am 11. Juli 2002 als Leitartikel im *New England Journal of Medicine* erschien, erhoben etliche Ärzte lautstark Protest und stellten die Vorgehensweise und die Ergebnisse der Studie in Frage. Dr. Moseley hielt dagegen, dass seine Studie sorgfältig geplant und durchgeführt worden sei. »Chirurgen, die routinemäßig Arthroskopien durchführen, sind zweifellos unangenehm berührt angesichts der Feststellung, dass für die Besserung beim operierten Patienten der Placeboeffekt – und nicht chirurgisches Können – verantwortlich ist. Es liegt auf der Hand, dass diese Chirurgen alles daransetzen, um unsere Studie in Misskredit zu bringen.«

Unabhängig davon, wie weit wir den Ergebnissen dieser Studie Glauben schenken, sollten wir der Arthroskopie bei dieser bestimmten Erkrankung auf jeden Fall mit etwas mehr Skepsis entgegentreten und gleichzeitig für medizinische Behandlungsmethoden im Allgemeinen mehr wissenschaftliche Nachweise verlangen.

In Kapitel neun haben wir gesehen, dass Erwartungen die Art und Weise beeinflussen, wie wir Ereignisse wahrnehmen und bewerten. Bei der Erforschung des Placeboeffekts in diesem Kapitel werden wir nicht nur feststellen, dass sich Überzeugungen und Erwartungen darauf auswirken, wie wir Dinge wahrnehmen und interpretieren – beispielsweise einen Anblick oder einen Geschmack –, sondern dass unsere Erwartungen uns auch in der Weise beeinflussen, dass sie unser subjektives und sogar objektives Erleben verändern – manchmal sogar tiefgreifend.

Insbesondere möchte ich einen Aspekt von Placebos untersuchen, den wir noch nicht ganz verstehen. Und zwar, welche Rolle der *Preis* bei diesem Phänomen spielt. Hilft ein teures

Medikament besser als ein preisgünstiges? Lässt sich tatsächlich auch *physiologisch* ein Unterschied feststellen? Und wie steht es bei kostspieligen Operationen und Geräten der neuesten Generation, beispielsweise digitalen Herzschrittmachern und High-tech-Stents? Beeinflusst ihr Preis ihre Wirksamkeit? Und wenn ja, bedeutet das, dass die Gesundheitskosten weiter in die Höhe schnellen? Aber der Reihe nach.

Das Wort Placebo kommt aus dem Lateinischen und bedeutet »ich werde gefallen«. Im 14. Jahrhundert wurde der Begriff für Klageweiber verwendet, die den Toten beim Begräbnis gegen Bezahlung laut beweinten. Im Jahr 1785 tauchte er im *New Medical Dictionary* als Bezeichnung für Grenzbereiche der medizinischen Praxis auf.

Einer der frühesten Berichte über den Placeboeffekt in der medizinischen Literatur datiert aus dem Jahr 1794. Damals machte der italienische Arzt Gerbi eine seltsame Entdeckung: Wenn er einen schmerzenden Zahn mit den Absonderungen einer bestimmten Wurmart einrieb, verging der Schmerz für ein Jahr. Gerbi behandelte Hunderte Patienten mit dem Wurmsekret und hielt ihre Reaktionen schriftlich fest. Von seinen Patienten berichteten 68 Prozent, dass auch bei ihnen die Zahnschmerzen für ein Jahr verschwanden. Sehr viel mehr wissen wir über Gerbi und sein Wurmsekret nicht, aber wir haben doch die ziemlich deutliche Ahnung, dass diese Wurmabsonderungen in Wirklichkeit nichts dazu taten, die Zahnschmerzen zu beseitigen. Der Punkt ist, dass Gerbi von der Wirkung überzeugt war – und die Mehrheit seiner Patienten ebenso.

Natürlich war Gerbis Wurmsekret nicht das einzige Placebo auf dem Markt. Bis vor nicht allzu langer Zeit waren fast alle Arzneimittel Placebos. Krötenauge, Fledermausflügel, getrocknete Fuchslunge, Quecksilber, Mineralwasser, Kokain, Strom: All diese Dinge wurden als Heilmittel für verschiedene Gebrechen propagiert. Als im Jahr 1865 der amerikanische Präsident Lincoln in einem Haus gegenüber dem Ford-Theater im Sterben lag, soll sein Arzt ein wenig »Mumienfarbe« auf die Schusswunden gegeben haben. Ägyptische Mumie, zu Pulver zerstoßen, galt als Heilmittel gegen Epilepsie, Abszesse, Hautausschläge, Knochenbrüche, Lähmungen, Migräne, Geschwüre und viele andere Erkrankungen. Noch 1908 konnte man »echte ägyptische Mumie« aus dem Katalog von E. Merck bestellen – und vermutlich ist das Pulver auch heute noch irgendwo in Gebrauch.[9]

Zerstoßene Mumie war aber nicht die makaberste Medizin. In einer Rezeptur aus dem 17. Jahrhundert für ein »Allheilmittel« heißt es: »Man nehme die frische Leiche eines rothaarigen, unverletzten, unbescholtenen 24-jährigen Mannes, nicht länger als einen Tag zuvor zu Tode gekommen, vorzugsweise durch Erhängen, Rädern oder Aufspießen ... Einen Tag und eine Nacht dem Licht der Sonne und des Mondes aussetzen, dann in kleinere Stücke oder grobe Streifen schneiden. Mit etwas Pulver von Myrrhe oder Aloe bestreuen, um die Bitterkeit zu nehmen.«

Wir denken vielleicht, bei uns sei das heute alles ganz anders. Doch das ist nicht der Fall. Placebos üben noch immer ihre Zauberwirkung auf uns aus. So war es beispielsweise jahrelang üblich, verwachsenes Narbengewebe aus dem Bauchraum zu entfernen, weil man meinte, damit chronische Unterleibsschmerzen zu beseitigen – bis Forscher den Eingriff in kontrollierten Studien nur simulierten, die Patientinnen aber gleichwohl über eine Linderung ihrer Beschwerden berichteten.[10] Die für andere Anwendungsgebiete zugelassenen Wirkstoffe Encainid, Flecainid und Mexiletin wurden häufig für Herzrhythmusstörungen verschrieben – bis man später feststellte, dass sie zu Herzstillstand führten.[11] Als Forscher die sechs führenden Antidepressiva prüften, stellten sie fest, dass sich ihre Wirkung zu 75 Prozent im Placebo-Kontrollversuch wiederholen ließ.[12] Gleiches galt für operative Eingriffe im Gehirn bei der Parkinson-Krankheit.[13] Als Chirurgen bei mehreren Patienten, um die Wirksamkeit dieser Operationen zu überprüfen, Löcher in den Schädel bohrten, jedoch ohne den gesamten Eingriff durchzuführen, war das Ergebnis bei den Patienten mit der simulierten Operation dasselbe wie bei denjenigen, die tatsächlich operiert worden waren. Und natürlich ließe sich die Liste nahezu unendlich fortführen.

Zur Verteidigung dieser modernen Methoden und Medikamente wird sicher mancher vorbringen, dass sie in bester Absicht entwickelt wurden. Das stimmt. Aber es gilt größtenteils auch für die Anwendung ägyptischer Mumie. Und manchmal half das Mumienpulver genauso gut (oder zumindest nicht weniger) wie andere Mittel.

Die Wahrheit lautet: Placebos funktionieren durch die Kraft der Suggestion. Sie wirken, weil die Menschen an sie glauben. Man sieht seinen Arzt oder nimmt eine Tablette, und schon geht es einem besser. Und wenn der behandelnde Arzt ein allseits gerühmter Spezialist ist oder das Medikament, das einem verschrieben wird, irgendein neues Wundermittel, dann geht es einem gleich noch ein Stückchen besser. Aber in welcher Weise beeinflusst uns Suggestion?

Es sind im Großen und Ganzen zwei Mechanismen, die eine die Placebowirkung hervorrufende Erwartungshaltung erzeugen. Der eine Mechanismus ist der Glaube – unser Vertrauen in oder unser Glaube an das Medikament, die Behandlungsmethode oder den Behandler. Manchmal bewirkt schon die Tatsache, dass uns ein Arzt oder eine Krankenschwester Zuwendung zuteilwerden lässt oder uns beruhigend zuredet, dass es uns nicht nur bessergeht, sondern auch ein innerlicher Heilungsprozess angestoßen wird. Selbst die Begeisterung eines Arztes für eine bestimmte Behandlung oder Operation kann den Erfolg fördern.

Der zweite Mechanismus ist die Konditionierung. Wie die berühmten Pawlowschen Hunde (die lernten, Speichel zu bilden, wenn eine Glocke ertönte) baut auch der menschliche Körper nach mehrmals wiederholter Erfahrung eine Erwartungshaltung auf. Angenommen, Sie haben eine Pizza bestellt. Wenn der Pizza-Bote an der Tür klingelt, beginnen Ihre Verdauungssäfte zu fließen, noch ehe Ihnen der appetitanregende Geruch in die Nase gestiegen ist. Oder nehmen wir an, Sie sind in den Flitterwochen. Während Sie mit Ihrem Liebespartner zusammengekuschelt auf dem Sofa liegen und in ein prasselndes Kaminfeuer schauen, setzt die Aussicht auf Sex Endorphine frei, die Sie auf das Kommende vorbereiten und Ihnen ein unendlich gesteigertes Wohlgefühl vermitteln.

Bei Schmerzen können Erwartungen Hormone und Neurotransmitter freisetzen, zum Beispiel Endorphine und körpereigene Opiate, die nicht nur Schmerzen abblocken, sondern ein starkes Hochgefühl auslösen (Endorphine docken an denselben Rezeptoren an wie Kokain). So kann ich mich noch sehr gut an die Zeit erinnern, als ich mit schrecklichen Schmerzen auf der Station für Brandverletzte lag: Was für eine Erlösung, sobald ich die Schwester mit einer Spritze kommen sah, von der schon fast das Schmerzmittel tropfte! Mein Gehirn schüttete schmerzstillende Opioide aus, noch ehe sie mir die Nadel in die Haut stach.

Etwas Bekanntes mag vielleicht Verachtung hervorrufen, aber auf jeden Fall erzeugt es Erwartungen. Markennamen, eine bestimmte Verpackung und die beruhigende Zuwendung einer behandelnden Person können bewirken, dass es uns bessergeht. Aber wie steht es mit dem Preis? Kann auch der Preis eines Medikaments unsere Reaktion darauf beeinflussen?

Gehen wir allein vom Preis aus, können wir uns leicht vorstellen, dass ein Sofa für 4000 Dollar bequemer sein wird als eines für 400 Dollar; dass eine Designer-Jeans besser genäht und bequemer sein dürfte als eine von Wal-Mart; dass ein teures elektrisches Schleifgerät besser funktioniert als ein billiges; und dass die gebratene Ente bei Imperial Dynasty (für 19,95 Dollar) uns wesentlich besser munden wird als die von Wong's Noodle Shop (für 10,95 Dollar). Aber kann solch ein unterstellter Qualitätsunterschied das tatsächliche Erleben beeinflussen, und zeigt sich dieser Einfluss auch bei objektiven Erfahrungen wie der Reaktion auf Medikamente?

Ist ein preisgünstiges Schmerzmittel beispielsweise weniger wirksam als eines, das mehr kostet? Müssen Sie sich mit Ihrer Erkältung im Winter mehr quälen, wenn Sie ein Schnupfenmittel aus dem Drogeriemarkt nehmen, statt zu einem teuren Produkt zu greifen? Spricht Ihr Asthma auf ein Generikum weniger gut an als auf das neueste Medikament einer bekannten Firma? Mit anderen Worten: Verhält es sich mit Medikamenten wie mit chinesischem Essen, Sofas, Jeans und Werkzeugen? Können wir davon ausgehen, dass ein hoher Preis eine höhere Qualität bedeutet, und schlagen sich unsere Erwartungen in der objektiven Wirksamkeit des Produkts nieder?

Diese Frage ist besonders wichtig. Tatsache ist, dass man mit einem preiswerteren Essen beim Chinesen oder einer günstigeren Jeans durchaus leben kann. Mit etwas Selbstdisziplin wird es uns normalerweise gelingen, einen Bogen um die teuersten Markenprodukte zu machen. Aber suchen Sie wirklich nach Schnäppchen, wenn es um Ihre Gesundheit geht? Wenn wir den Schnupfen mal beiseitelassen: Werden viele Menschen knausern, wenn es um ihr Leben geht? Nein, wir wollen das Beste, für uns selbst, für unsere Kinder und unsere Angehörigen.

Wenn wir das Beste für uns wollen, hilft uns dann ein teures Medikament besser als ein günstigeres? Ist der Preis wirklich ausschlaggebend? Genau das wollten Rebecca Waber (Doktorandin am MIT), Baba Shiv (Professor in Stanford), Ziv Carmon und ich vor einigen Jahren mit Hilfe von Experimenten herausfinden.

Stellen Sie sich vor, Sie nehmen an einem Wirksamkeitstest für ein neues Schmerzmittel namens Veladone-Rx teil. (An dem echten Arzneimitteltest waren rund 100 erwachsene Bostoner beteiligt, aber wir lassen Sie jetzt an ihre Stelle treten.)

Sie erscheinen morgens im MIT Media Lab. Taya Leary, eine junge Frau in korrektem Business-Anzug – die Studenten und Professoren am MIT sind viel salopper gekleidet –, begrüßt Sie mit herzlichen Worten, aus denen Sie einen leichten russischen Akzent heraushören. Das Schildchen mit Foto an ihrem Revers weist Taya als Vertreterin von Vel Pharmaceuticals aus. Taya bittet Sie, zuerst kurz eine Broschüre über Veladone-Rx durchzulesen. Sie sehen sich um und stellen fest, dass das Zimmer wie eine Arztpraxis aussieht: Auf dem Tisch liegen ein paar ältere Ausgaben von *Time* und *Newsweek* herum, einige Broschüren über Veladone-Rx, und in Reichweite steht ein Becher mit Stiften, auf denen das dekorative Logo des Medikaments prangt. »Veladone ist ein sensationelles neues Arzneimittel aus der Opioid-Familie«, lesen Sie. »Bei klinischen Studien berichteten über 92 Prozent der Patienten, die im kontrollierten Doppelblindversuch Veladone erhielten, von einer signifikanten Schmerzlinderung innerhalb von nur zehn Minuten, die Wirkung hielt bis zu acht Stunden an.« Und wie viel kostet das Medikament? Der Broschüre zufolge 2,50 Dollar pro Einzeldosis.

Als Sie fertiggelesen haben, ruft Taya Rebecca Waber herein und verlässt den Raum. Rebecca (mit dem weißen Kittel einer Laborantin und einem Stethoskop um den Hals) stellt Ihnen einige Fragen zu Ihrem gesundheitlichen Zustand und den Krankheiten in Ihrer Familie. Sie hört Ihr Herz ab und misst Ihren Blutdruck. Dann werden Sie an eine kompliziert aussehende Maschine angeschlossen, aus der Kabel mit Elektroden am Ende hängen, die Rebecca mit grünem Elektrodengel einschmiert und an Ihren Handgelenken befestigt. Das ist ein Elektroschock-Generator, erklärt sie, und damit werden wir Ihre Schmerzwahrnehmung und -toleranz testen.

Die Hand am Schalter, schickt Rebecca eine Reihe von Elektroschocks durch die Kabel und in die Elektroden. Die ersten Stromstöße empfinden Sie nur als lästiges Zwicken. Dann werden sie schmerzhaft, noch schmerzhafter und schließlich derart schmerzhaft, dass Sie erschrocken die Augen aufreißen und Ihr Herz zu rasen beginnt. Rebecca protokolliert Ihre Reaktionen. Dann startet sie eine neue Serie Elektroschocks, deren Intensität dieses Mal jedoch zufallsgesteuert schwankt: Manchmal sind die Stromstöße sehr schmerzhaft, ein anderes Mal nur unangenehm. Nach jedem Stromstoß sollen Sie mit Hilfe des Computers, der vor Ihnen steht, die empfundene Stärke des Schmerzes angeben. Dazu klicken Sie mit der Maus auf eine Linie, die von »überhaupt nicht schmerzhaft« bis zu »äußerst schmerzhaft« reicht (eine sogenannte »visuelle Schmerz-Analog-Skala«).

Als Sie diesen Teil der Tortur hinter sich haben, blicken

Sie auf. Vor Ihnen steht Rebecca mit einer Veladone-Kapsel in der einen und einem Glas Wasser in der anderen Hand. »Es dauert ungefähr fünfzehn Minuten, bis das Medikament seine maximale Wirkung entfaltet«, sagt sie. Sie schlucken die Kapsel und setzen sich dann auf einen Stuhl in der Ecke, wo Sie die alten Exemplare von *Time* und *Newsweek* durchblättern, bis das Medikament anfängt zu wirken.

Fünfzehn Minuten später schmiert Rebecca die Elektroden mit demselben grünen Gel ein wie zuvor und fragt fröhlich: »Bereit zum nächsten Streich?« Sie antworten nervös: »Na ja, ich denke schon.« Wieder werden Sie an die Maschine angeschlossen, die Stromstöße setzen ein. Wie zuvor, geben Sie nach jedem Stromstoß die Intensität des Schmerzes an. Aber dieses Mal ist es ganz anders als zuvor. Das muss an dem Veladone-Rx liegen! Der Schmerz ist nicht annähernd so schlimm. Sie verlassen das Labor mit einer ziemlich hohen Meinung von Veladone. Ja, Sie hoffen sogar, dass das neue Medikament bald in der Apotheke bei Ihnen um die Ecke erhältlich sein wird.

Tatsächlich ist es den meisten unserer Teilnehmer so ergangen. Fast alle berichteten, dass sie die Stromstöße nach der Einnahme von Veladone als weniger schmerzhaft empfanden. Sehr aufschlussreich – denn in der Veladone-Kapsel war nur Vitamin C.

Das Experiment zeigte, dass unsere Kapsel tatsächlich einen Placeboeffekt hatte. Aber was, wenn wir den Preis veränderten? Angenommen, wir reduzierten den Preis für eine Kapsel Veladone-Rx von 2,50 Dollar auf nur 10 Cent. Würden unsere Probanden anders reagieren?

Für unseren nächsten Test kratzten wir den ursprünglichen Preis (2,50 Dollar pro Kapsel) in der Broschüre aus und ersetzten ihn durch den neuen Discount-Preis von 10 Cent. Veränderte sich dadurch die Reaktion unserer Probanden? In der Tat. Beim Preis von 2,50 Dollar verspürten fast alle Versuchsteilnehmer eine Schmerzlinderung nach der Einnahme; als der Preis jedoch auf 10 Cent gesunken war, nur noch die Hälfte.

Zudem stellte sich heraus, dass diese Beziehung zwischen Preis und Placeboeffekt nicht bei allen Probanden gleich war. Als besonders ausgeprägt erwies er sich bei denjenigen, die in letzter Zeit häufiger Schmerzen gehabt hatten. Mit anderen Worten, bei Menschen, die mehr Schmerzen gehabt hatten und daher häufiger Schmerzmittel nehmen mussten, war diese Beziehung ausgeprägter: Sie profitierten weniger davon, als der Preis gesenkt wurde. Wenn es um Medikamente geht, lernten wir also, dann bekommen Sie das, wofür Sie bezahlt haben. Der Preis verändert das Erleben.

Bei einem anderen Test, einer kleinen Studie, die wir in einem elend kalten Winter an der University of Iowa durchführten, bekamen wir diese Ergebnisse übrigens bestätigt. In diesem Fall baten wir eine Gruppe Studenten aufzuschreiben, ob sie zur Behandlung ihrer saisonalen Erkältung Medikamente zum vollen oder zum Discount-Preis verwendeten und wie gut diese jeweils halfen. Am Ende des Semesters gaben 13 Teilnehmer an, dass sie den Listenpreis bezahlt hatten, und 16 hatten Medikamente bei einem Discounter gekauft. Welcher Gruppe war es bessergegangen? Ich glaube, Sie ahnen es inzwischen schon: Die 13 Studenten, die den Listenpreis bezahlt hatten, berichteten eine signifikant bessere Wirkung als die 16, die ihre Medikamente im Drogeriemarkt gekauft hatten. Bei rezeptfrei erhältlichen Erkältungsmitteln bekommen Sie also häufig das, wofür Sie bezahlen.

Bei den Experimenten mit unseren »Medikamenten« sahen wir, wie der Preis den Placeboeffekt verstärkt. Aber gilt das auch für die Preise alltäglicher Konsumartikel? Wir fanden das ideale Testobjekt in SoBe Adrenaline Rush, einem Getränk, das verspricht, »Ihre Spielstärke zu steigern« und Ihnen »erhöhte Funktionalität« zu verleihen.

Zunächst bezogen wir vor dem Eingang der Sporthalle der Universität Posten und boten SoBe an. Die erste Studentengruppe bezahlte für das Getränk den regulären Preis. Eine zweite Gruppe kaufte das Getränk ebenfalls, aber für diese Gruppe hatten wir den Preis um die Hälfte reduziert. Nach ihrer sportlichen Betätigung fragten wir die Studenten, ob sie sich im Vergleich zu anderen Tagen nach ihrem üblichen Training erschöpfter oder weniger erschöpft fühlten. Beide Gruppen, die SoBe getrunken hatten, gaben an, dass sie sich etwas weniger erschöpft fühlten als gewöhnlich. Das klang einleuchtend, vor allem da jede Flasche SoBe eine kräftige Dosis Koffein enthält.

Aber was uns interessierte, war die Wirkung des Preises, nicht die des Koffeins. Ob das teurere Getränk besser gegen die Erschöpfung half als das halb so teure? Das tat es, wie Sie nach dem Experiment mit Veladone sicher schon vermutet haben. Die Studenten, die das teurere Getränk getrunken hatten, fühlten sich weniger erschöpft als diejenigen, die es zum halben Preis gekauft hatten.

Das Experiment war interessant, aber es basierte auf der Selbstwahrnehmung der Teilnehmer – ihrem subjektiven Empfinden. Wie konnten wir SoBe direkter und objektiver testen? Wir fanden eine Möglichkeit: SoBe liefert angeblich auch »Energie für den Geist«. Diese Behauptung beschlossen wir in einem Experiment mit einer Reihe von Worträtseln zu überprüfen.

Der Ablauf war wie folgt: Die Hälfte der Studenten kaufte ihr SoBe zum vollen Preis, die andere Hälfte zum reduzierten Preis. (Wir belasteten die Ausgabe ihrem Studentenkonto, so dass letztlich ihre Eltern bezahlten.) Nachdem sie das Getränk zu sich genommen hatten, wurden die Studenten gebeten, sich einen zehnminütigen Film anzusehen (damit das Getränk seine Wirkung entfalten kann, erklärten wir). Dann bekamen alle eine Liste mit 15 Worträtseln vorgelegt, von denen sie in 30 Minuten so viele wie möglich lösen sollten; beispielsweise musste das Wort NALZEK zu KANZEL umgebaut werden.

Wir hatten den Worträtseltest bereits einer Gruppe Studenten vorgelegt, die kein SoBe getrunken hatten, und damit eine gewisse Basis. Diese Gruppe hatte durchschnittlich neun der 15 Rätsel richtig gelöst. Was geschah nun, als wir die Worträtsel den Studenten präsentierten, die SoBe getrunken hatten? Diejenigen, die den vollen Preis bezahlt hatten, gaben im Durchschnitt ebenfalls neun richtige Antworten – es ergab sich also kein Unterschied zu denen, die kein SoBe getrunken hatten. Interessanter aber war das Ergebnis bei der Gruppe, die den halben Preis bezahlt hatte: Hier wurden durchschnittlich 6,5 Rätsel richtig gelöst. Was können wir daraus schließen? Der Preis machte tatsächlich etwas aus: Die Differenz in der Leistung betrug rund 28 Prozent.

SoBe machte also niemanden klüger. Bedeutet das, dass das Produkt selbst nichts bringt – zumindest, was das Auflösen von Worträtseln betrifft? Um diese Frage beantworten zu können, ersannen wir einen weiteren Test. Vorne auf das Heftchen mit den Rätseln ließen wir folgende Information drucken: »Getränke wie SoBe verbessern nachweislich die mentale Funktion, was zu höheren Leistungen bei Aufgaben wie etwa dem Lösen von Rätseln führt.« Außerdem fügten wir noch die frei erfundene Information hinzu, dass auf der

Webseite von SoBe auf über 50 wissenschaftliche Studien verwiesen wird, die diese Aussage untermauern.

Was geschah? Die Gruppe, die den vollen Preis für das Getränk bezahlt hatte, schnitt wieder besser ab als diejenige, die es zum halben Preis bekam. Aber auch die Botschaft vorne auf dem Heftchen übte einen gewissen Einfluss aus. Beide Gruppen, die diese Information gelesen hatten und deshalb einen Erfolg erwarteten, schlugen sich besser als die Gruppen, deren Heftchen nicht diese Botschaft enthielt. Und dieses Mal machte SoBe die Teilnehmer tatsächlich schlauer. Als wir das Getränk zusätzlich mit der Aussage bewarben, dass es wissenschaftlichen Studien zufolge die mentale Leistung verbessert, lösten diejenigen, die das Getränk zum Discount-Preis bekommen hatten, im Durchschnitt 0,6 Rätsel mehr, die Probanden der Gruppe, die sowohl die Werbebotschaft bekommen als auch den vollen Preis bezahlt hatten, jedoch durchschnittlich 3,3 Rätsel mehr. Mit anderen Worten, die Botschaft auf der Flasche (und auf dem Heftchen mit den Rätseln) sowie der Preis hatten wohl einen stärkeren Einfluss als die Flüssigkeit selbst.

Haben wir also notgedrungen immer das Nachsehen, wenn wir etwas zu einem günstigeren Preis bekommen? Sofern wir uns auf unsere irrationalen Instinkte verlassen, ja. Wenn wir ein Produkt zum halben Preis sehen, gehen wir instinktiv davon aus, dass es von schlechterer Qualität ist als ein Produkt zum vollen Preis – und dann machen wir es zu einem solchen. Was kann man dagegen tun? Wenn wir innehalten und rational das Preis-Leistungs-Verhältnis betrachten, können wir uns von dem unbewussten Drang lösen, einen reduzierten Preis automatisch mit reduzierter Qualität gleichzusetzen.

Um dies zu überprüfen, führten wir erneut eine Reihe von

Experimenten durch. Dabei stellte sich heraus, dass Käufer, die sich über das Preis-Leistungs-Verhältnis bei einem Produkt Gedanken machen, wesentlich weniger anfällig sind für die Annahme, dass ein Getränk zum halben Preis weniger gut wirkt – und folglich schneiden sie bei den Worträtseln auch nicht so schlecht ab, wie es der Fall wäre, wenn sie von jener Annahme ausgehen würden. Diese Ergebnisse zeigen uns nicht nur einen Weg, wie wir die Abhängigkeit des Placeboeffekts vom Preis umgehen können, sondern sie belegen auch, dass die Wirkung von Rabatten größtenteils auf einer unbewussten Reaktion auf niedrigere Preise beruht.

Wir haben jetzt gesehen, wie Preise die Wirksamkeit von Placebos beeinflussen, seien es Schmerzmittel oder Energiedrinks. Dazu noch ein anderer Gedanke. Wenn Placebos bewirken können, dass wir uns besser fühlen, können wir uns dann ganz beruhigt ihrer bedienen? Oder sind Placebos etwas Schlechtes – Mogelpackungen, die wir in den Müll werfen sollten, ob sie uns nun helfen oder nicht? Bevor Sie diese Frage beantworten, möchte ich Ihnen die Sache noch etwas schwerer machen. Angenommen, Sie entdecken ein Placebomittel oder ein Placeboverfahren, das nicht nur bewirkt, dass Sie sich besser fühlen, sondern dass es Ihnen tatsächlich physisch bessergeht. Würden Sie das Placebo dennoch anwenden? Was, wenn Sie Arzt wären? Würden Sie Medikamente verschreiben, die reine Placebos sind? Ich möchte Ihnen dazu eine Geschichte erzählen, die meinen Gedanken verdeutlicht.

Im Jahr 800 n. Chr. krönte Papst Leo III. Karl den Großen zum römischen Kaiser und schuf damit eine direkte Verknüpfung zwischen Kirche und Staat. Von dieser Zeit an waren die Kaiser des Heiligen Römischen Reichs und in ihrer Nachfolge die europäischen Könige als Herrscher »von Gottes

Gnaden« von einem Glanz des Göttlichen umgeben. Daher rührte die sogenannte »königliche Berührung« – die Praxis, Menschen durch Handauflegen zu heilen. Wie uns zahlreiche Geschichtsschreiber berichten, begaben sich das ganze Mittelalter hindurch die großen Könige regelmäßig unters Volk und spendeten die königliche Berührung. Charles II. von England (1630 bis 1685) zum Beispiel soll während seiner Regentschaft rund 100000 Menschen die Hand aufgelegt haben, und in den Annalen sind sogar die Namen etlicher amerikanischer Kolonisten verzeichnet, die nur aus der Neuen in die Alte Welt zurückkehrten, in der Hoffnung, König Charles zu begegnen und geheilt zu werden.

Half die königliche Berührung wirklich? Hätte nach Empfang dieser Berührung niemand eine Besserung erfahren, wäre diese Praxis sicherlich bald in Vergessenheit geraten. Doch im Laufe der Jahrhunderte sollen Tausende von Menschen durch die königliche Berührung geheilt worden sein. Die Skrofulose, eine entstellende, oft mit Lepra verwechselte Krankheit, die die Betroffenen in die soziale Isolation trieb, soll durch königliche Berührung geheilt worden sein. Shakespeare schrieb in *Macbeth*, IV. Akt, 3. Szene: »Seltsam Heimgesuchte / Voll Schwulst und Aussatz, kläglich anzuschauen … / Mit heiligem Gebet – und nach Verheißung / Wird er vererben auf die künft'gen Herrscher / Diese Wundergabe. Zu der heil'gen Kraft …« Die königliche Berührung wurde noch bis in die 1820er Jahre praktiziert, bis Monarchen nicht mehr als von Gott eingesetzt betrachtet wurden – und (wie wir annehmen dürfen) »neue, bessere« Präparate aus ägyptischer Mumie die königliche Berührung überflüssig machten.

Die meisten Menschen tun Placebos wie die königliche Berührung als »bloße Psychologie« ab. Doch das Wörtchen »bloß« ist bei der Kraft von Placebos unangebracht; in Wirklichkeit spiegeln sie wider, welch erstaunliche Macht unser Geist über unseren Körper hat. Wie der Geist das bewerkstelligt, wissen wir noch nicht genau. Zum Teil beruht diese Wirkung sicherlich auf Stressabbau, auf Beeinflussung der Hormonausschüttung und des Immunsystems und anderen Faktoren. Je mehr wir die Zusammenhänge zwischen Gehirn und Körper verstehen, desto komplexer werden zuvor scheinbar klar umrissene Sachverhalte. Nirgendwo ist das so offensichtlich wie beim Placebo.

In Wirklichkeit verschreiben die Ärzte ständig Placebos. Eine 2003 durchgeführte Studie ergab beispielsweise, dass über ein Drittel der Patienten, die wegen einer Halsentzündung Antibiotika bekommen hatten, in Wirklichkeit eine Virusinfektion hatten, wie sich später herausstellte, bei der ein Antibiotikum überhaupt nicht hilft. (Möglicherweise trägt dies sogar zu der steigenden Zahl medikamentenresistenter bakterieller Infektionen bei, die für uns alle eine Gefahr darstellen.[14]) Aber glauben Sie, die Ärzte verschreiben uns deshalb bei einer Viruserkältung keine Antibiotika mehr? Selbst wenn sie wissen, dass die Erkältung viraler und nicht bakterieller Natur ist – und viele Erkältungen sind virusbedingt –, gehen sie davon aus, dass der Patient irgendeine Art von Linderung erwartet: Die meisten Patienten wollen mit einem Rezept in der Hand nach Hause gehen. Ist es richtig, wenn der Arzt dieses psychische Bedürfnis erfüllt?

Der Umstand, dass Ärzte fortwährend Placebos verschreiben, bedeutet nicht, dass sie es unbedingt wollen, und ich vermute, dass ihnen dabei oft nicht ganz wohl ist. Sie verstehen sich von ihrer Ausbildung her als Männer und Frauen der Wissenschaft, als Profis, die sich am neuesten Stand der modernen Medizin orientieren müssen. Sie möchten sich als echte Heiler sehen, nicht als Schamanen. Es dürfte also äußerst schwierig für sie sein, zuzugeben – auch sich selbst gegenüber –, dass sie sich bei ihrer Aufgabe, die Gesundheit der Menschen zu fördern, vom Placeboeffekt helfen lassen. Angenommen, ein Arzt gibt, wenn auch widerwillig, zu, dass eine ihm als Placebo bekannte Therapie einigen Patienten hilft. Sollte er sie im Brustton der Überzeugung verordnen? Schließlich kann es die Wirksamkeit konkret beeinflussen, wenn der Arzt voll und ganz hinter der Therapie steht.

Doch es stellt sich noch eine weitere Frage, die mit unseren gesellschaftlichen Anstrengungen zu tun hat, für ein möglichst gutes Gesundheitssystem zu sorgen. Amerika wendet pro Person bereits mehr von seinem Bruttoinlandsprodukt für Gesundheitsfürsorge auf als jedes andere westliche Land. Wie gehen wir mit der Tatsache um, dass teure Medikamente (das Aspirin für 50 Cent) den Menschen möglicherweise besser helfen als billigere Medikamente (das Aspirin für 1 Cent)? Geben wir der Irrationalität der Menschen nach, auch wenn sich damit die Kosten des Gesundheitssystems erhöhen? Oder beharren wir darauf, dass die Menschen die billigsten auf dem Markt erhältlichen Generika (und die billigsten medizinischen Anwendungen) bekommen, ungeachtet der größeren Wirksamkeit teurerer Medikamente? Wie strukturieren wir die Kosten und Zuzahlungen für Behandlungen, um einen möglichst großen Nutzen aus den Medikamenten zu ziehen, und wie können wir bedürftige Bevölkerungsgruppen mit preiswerten Medikamenten versorgen, ohne dass sie deshalb eine weniger wirksame Behandlung bekommen? Diese komplexen Fragen sind für die Gestaltung unseres Gesundheitssystems von zentraler Bedeutung.

Placebos bringen auch die Anbieter in ein Dilemma. Ihre Position innerhalb des Marktes verlangt von ihnen, einen wahrnehmbaren Wert zu schaffen. Ein Produkt mit Aussagen zu bewerben, die über das objektiv Beweisbare hinausgehen, ist – je nachdem, wie überzogen die Behauptungen sind – eine großzügige Auslegung der Wahrheit oder glatte Lüge. Doch wir haben gesehen, dass sich die Wahrnehmung des Wertes bei Medikamenten, Softdrinks, Kosmetika aus der Apotheke oder Autos in konkreten Wert verwandeln kann. Wenn die Käufer mit einem solchen Produkt tatsächlich zufriedener sind, hat der Vermarkter dann etwas Schlimmeres gemacht, als mit dem Steak gleich auch den Grillduft zu verkaufen? Je mehr wir über Placebos und die unscharfe Grenze zwischen Erwartung und Realität nachdenken, desto schwieriger sind diese Fragen zu beantworten.

Als Wissenschaftler schätze ich Experimente, die unsere Überzeugungen und die Wirksamkeit verschiedener Behandlungsmethoden auf den Prüfstand stellen. Gleichzeitig ist mir auch bewusst, dass Experimente – insbesondere solche mit Placebomedikamenten – in ethischer Hinsicht viele wichtige Fragen aufwerfen. Die Ligatur der Brustwandarterie, über die ich am Anfang des Kapitels sprach, brachte tatsächlich ein ethisches Problem mit sich, und so erhob sich allgemeiner Protest gegen die Durchführung simulierter Operationen an Patienten.

Der Gedanke, das Wohlbefinden und vielleicht sogar das Leben einiger Menschen zu opfern, um daraus zu lernen, ob eine bestimmte Behandlungsmethode irgendwann in der Zukunft bei anderen Menschen angewandt werden sollte, ist in der Tat schwer zu schlucken. Die Vorstellung, dass ein krebskrankes Kind eine Placebotherapie bekommt, damit Jahre später andere Menschen vielleicht eine bessere Behandlung erfahren können, führt uns in einen sonderbaren und schwierigen Konflikt.

Andererseits sind aber auch die Kompromisse, die wir

eingehen, indem wir *keine* Placeboexperimente durchführen, schwer zu akzeptieren. Wie wir gesehen haben, kann es dazu führen, dass sich Hunderte oder Tausende von Menschen sinnlosen (aber riskanten) Operationen unterziehen. In den USA werden nur sehr wenige chirurgische Eingriffe wissenschaftlich überprüft. Deshalb wissen wir bei vielen Operationen eigentlich gar nicht, ob sie wirklich eine Heilung bewirken oder ob sie, wie viele ihrer Vorläufer, lediglich einen Placeboeffekt haben. Es kann also sein, dass wir uns häufig Behandlungsmethoden oder Operationen unterziehen, die bei genauerer Prüfung aufgegeben würden. Lassen Sie mich dazu eine Geschichte aus meinem eigenen Leben erzählen, bei der es um eine mir wärmstens empfohlene Behandlungsmethode geht, die für mich aber, wie sich herausstellte, letztlich eine schmerzhafte Erfahrung war.

Ich lag bereits zwei lange Monate mit schweren Verbrennungen im Krankenhaus, als meine Physiotherapeutin mit aufregenden Neuigkeiten zu mir kam. Für Patienten wie mich gebe es eine Hightech-Kleidung, den sogenannten Jobst-Anzug, der wie eine zweite Haut sitze und dadurch Druck auf das bisschen eigene Haut ausübe, das mir geblieben war, so dass sie besser heilen könne. Er werde nur in einer Fabrik in Irland und in einer in Amerika hergestellt. Einen solchen, mir gewissermaßen auf den Leib geschneiderten Anzug sollte ich bekommen. Ich würde Hose, Hemd, Handschuhe und eine Gesichtsmaske tragen müssen, sagte sie, und diese würden, da sie hauteng anlägen, fortwährend auf meine Haut drücken und sie, wenn ich mich bewegte, leicht massieren, wodurch die Rötungen abklängen und überschüssiges Narbengewebe abgeflacht würde.

Ich war begeistert! Shula, die Physiotherapeutin, erzählte mir immer wieder, wie wunderbar der Jobst-Anzug sei. Es gebe ihn in verschiedenen Farben, und vor meinem geistigen Auge erschien sofort ein Bild, wie ich von Kopf bis Fuß in einem hautengen blauen Spiderman-Anzug stecke. Aber Shula klärte mich auf, dass es nur zwei Farben gab: braun für Menschen weißer Hautfarbe und schwarz für Dunkelhäutige. Da die Leute sofort die Polizei alarmierten, wenn eine Person mit einer Jobst-Gesichtsmaske eine Bank betrat, weil sie einen Bankräuber vermuteten, werde jeder Gesichtsmaske in der Fabrik ein Schild mit einer kurzen Erklärung beigelegt, das man auf den Brustbereich heftet.

Statt mich abzuschrecken, ließen mir diese neuen Informationen den Anzug noch sympathischer erscheinen. Ich musste lachen. Sicher würde es Spaß machen, durch die Straßen zu laufen und praktisch unsichtbar zu sein. Außer Mund und Augen würde niemand etwas von mir sehen. Vor allem würde niemand meine Narben sehen.

Beim Gedanken an diese seidige Körperhülle hatte ich das Gefühl, bis zum Eintreffen des Jobst-Anzugs jeden noch so schlimmen Schmerz ertragen zu können. Die Wochen vergingen. Und dann war es so weit. Shula kam, um mir beim ersten Anziehen zu helfen. Wir begannen mit der Hose. Sie nahm sie in ihrer ganzen braunen Pracht aus der Verpackung und begann, sie mir über die Beine zu ziehen. Aber das Material fühlte sich keineswegs seidig an, nicht wie etwas, das meine Narben sanft massieren, sondern eher wie grobes Leinen, das an meinen Narben zerren würde. Dennoch war ich keineswegs enttäuscht. Ich wollte wissen, wie es sich anfühlt, von oben bis unten in diesem Anzug zu stecken.

Bald stellte sich heraus, dass ich etwas zugenommen hatte, seit man für den Anzug Maß genommen hatte (ich bekam täglich 7000 Kalorien und 30 Eier, um den Heilungsprozess zu unterstützen). Der Jobst-Anzug passte nicht besonders gut.

Aber ich hatte lange darauf gewartet. Mit einigem Dehnen hier und da und einer Menge Geduld auf beiden Seiten hatte ich schließlich alle Teile angezogen. Das Hemd mit den langen Ärmeln drückte sehr auf meinen Brustkorb, die Schultern und Arme, ebenso die Maske auf mein Gesicht. Die lange Hose reichte von meinen Zehen bis zum Bauchnabel. Und dann noch die Handschuhe. Die einzig sichtbaren Teile von mir waren die Zehenspitzen, die Augen, die Ohren und der Mund. Alles andere war unter dem braunen Jobst-Anzug verborgen.

Es kam mir vor, als würde der Anzug mit jeder Minute enger. Und es war sehr heiß darin. Meine Narben waren schlecht durchblutet, die Hitze verstärkte die Durchblutung und ließ sie noch viel mehr jucken. Selbst das Schild mit dem Hinweis, dass ich kein Bankräuber sei, war eine Enttäuschung. Er war in Englisch, nicht in Hebräisch, und für mich daher ziemlich nutzlos. Mein schöner Traum war zerplatzt. Ich quälte mich mühsam wieder aus dem Anzug heraus. Noch einmal wurde Maß genommen und meine neuen Daten nach Irland geschickt, damit ich einen besser passenden Jobst-Anzug bekam.

Mein neuer Anzug war bequemer, ansonsten aber nicht viel besser. Ich litt darin monatelang – er juckte, er schmerzte bei jeder Bewegung und riss meine empfindliche neue Haut auf, während ich mich hineinzwängte (und es dauert lange, bis neue Haut heilt, wenn sie aufreißt). Am Ende kam ich zu dem Schluss, dass dieser Anzug keinen wirklichen Nutzen hatte, zumindest nicht für mich. Die Haut an den davon bedeckten Teilen meines Körpers sah weder anders aus noch fühlte sie sich anders an als an den Stellen, die unbedeckt geblieben waren. Der Anzug hatte mir nichts gebracht als zusätzliche Qualen.

Aus moralischer Sicht wäre es zweifelhaft, Patienten mit Verbrennungen an Versuchen teilnehmen zu lassen, um die

Wirksamkeit dieses Anzugs zu überprüfen (unter Verwendung verschiedener Materialien, die wiederum unterschiedlich fest anliegen und so weiter), und noch schwieriger, solche Patienten zur Teilnahme an einem Placebotest zu bewegen. Aber es ist doch moralisch gesehen ebenso problematisch, vielen Patienten für viele Jahre eine schmerzhafte Behandlungsmethode zuzumuten, ohne einen wirklich guten Grund dafür zu haben.

Tests mit dieser »zweiten Haut« im Vergleich zu anderen Methoden und einem Placeboanzug hätten mir zweifellos einen Teil meiner täglichen Torturen erspart. Und es hätte vielleicht auch die Forschung zu neuen Behandlungsansätzen angeregt – solchen, die tatsächlich hilfreich sind. Mein umsonst erlittenes Leid und das Leid anderer Patienten wie mir sind der wahre Preis dafür, dass solche Experimente unterlassen werden.

Sollten wir immer jede Behandlungsmethode testen und Placeboexperimente durchführen? Medizinische und Placeboversuche führen uns stets in ein moralisches Dilemma. Der potenzielle Nutzen solcher Experimente sollte gegen die Kosten abgewogen werden, und daraus folgt, dass Placeboversuche nicht immer zu rechtfertigen sind. Aber meinem Gefühl nach führen wir nicht annähernd so viele durch, wie wir sollten.

ELF

Moral und Unredlichkeit, Teil I

Warum wir unehrlich sind
und was wir dagegen tun können

Im Jahr 2004 belief sich der finanzielle Schaden durch Raub-taten in den Vereinigten Staaten auf 525 Millionen Dollar, die Schadenssumme der einzelnen Tat im Durchschnitt auf 1300 Dollar; das heißt, der durchschnittliche Netto-»Verdienst« bei diesen Straftaten ist relativ gering.[15] Auch der Gesamtschaden ist nicht besonders hoch, wenn man bedenkt, wie viel Arbeits-kraft bei Polizei, Strafverfolgungs- und -vollzugsbehörden für die Ergreifung und Bestrafung der Verbrecher aufgewendet wird – ganz zu schweigen von der umfangreichen Berichter-stattung in Zeitungen und Fernsehen, die all das nach sich zieht. Ich will natürlich nicht sagen, dass wir mit Berufsver-brechern nachsichtig sein sollten. Es sind Kriminelle, und wir müssen uns vor ihren Taten schützen.

Doch sehen wir uns die folgenden Zahlen an: Die Schäden aus Diebstahl und Betrug am Arbeitsplatz werden auf rund 600 Milliarden Dollar jährlich geschätzt. Das ist wesentlich mehr als der finanzielle Schaden durch Raub, Einbruch und Diebstahl – auch von Fahrzeugen – zusammengenommen (etwa 16 Milliarden Dollar im Jahr 2004); es ist mehr als das, was Millionen von Berufsverbrechern in ihrem ganzen Leben zusammenrauben; und es ist fast der doppelte Marktwert von General Electric. Aber das ist noch nicht alles. Nach Berich-ten der Versicherungsbranche erschwindeln sich Versiche-rungsnehmer jedes Jahr 24 Milliarden Dollar mit überhöhten Schadensmeldungen. Das US-Finanzministerium schätzt den Verlust an entgangenen Steuern – die Differenz zwischen dem, was die Steuerpflichtigen zahlen sollten und was sie tatsächlich zahlen – auf mittlerweile 350 Milliarden Dollar pro Jahr. Auch der Einzelhandel hat Grund zur Klage: Er verliert jedes Jahr 16 Milliarden Dollar, weil Kunden neuerworbene Kleidung mit dem Preisschild nach innen tragen und nach einer Weile gegen Erstattung des vollen Kaufpreises wieder zurückgeben.

Man ergänze diese Auswahl mit alltäglichen Beispielen: dem Abgeordneten, der sich von seinem Lieblingslobbyisten zu Golftouren einladen lässt; dem Arzt, der sich von den Labors, mit denen er zusammenarbeitet, Provisionen zahlen lässt; dem Manager, der seine Aktienoptionen rückdatiert, um vor seinem Ausscheiden noch schnell kräftigen Reibach zu machen – und nicht zuletzt die unsauberen wirtschaftlichen Transaktionen, deren Ausmaß alle von durchschnittlichen Gaunern verursachten Schäden in den Schatten stellt.

Als im Jahr 2001 der Enron-Skandal ans Licht kam (und sich zeigte, dass Enron – laut *Fortune* sechs Jahre in Folge »Amerikas innovativstes Unternehmen« – diesen Spitzenplatz großenteils seiner innovativen Buchführung verdankte), kamen Nina Mazar (Professorin an der Universität Toronto), On Amir (Professor an der University of California in San Diego) und ich beim Mittagessen auf das Thema Ehrlichkeit zu sprechen. Warum werden manche Straftaten, insbesondere im Bereich der Wirtschaftskriminalität, als weniger schwerwiegend angesehen als andere, fragten wir uns – vor allem da diese Täter zwischen dem Latte macchiato um zehn und dem Mittagessen mehr finanziellen Schaden anrichten können als jeder gewöhnliche Einbrecher in seinem ganzen Leben?

Nach einigem Hin und Her kamen wir zu dem Schluss,

dass es wohl zwei Arten von Diebstahl gibt. Die eine ist zum Beispiel die, bei der zwei Gauner eine Tankstelle im Visier haben. Während sie langsam daran vorbeifahren, überlegen sie, wie viel Geld in der Kasse sein mag, wer ihnen in die Quere kommen könnte und welche Strafe sie im Fall der Fälle erwartet (abzüglich der wegen guter Führung erlassenen Haftzeit). Anhand dieser Kosten-Nutzen-Rechnung entscheiden sie, ob sie die Tankstellenkasse ausrauben oder nicht.

Dann gibt es noch die zweite Art von Diebstahl. Sie wird von Menschen begangen, die sich im Allgemeinen als ehrlich betrachten – Männer und Frauen (bitte aufstehen), die sich bei einer Konferenz einen Stift »leihen«, bei ihrer Schadensmeldung an die Versicherung ihren Fernseher zu hoch ansetzen oder ein Essen mit Tante Nava unkorrekterweise als Geschäftsausgabe absetzen (na ja, sie hat immerhin gefragt, wie es in der Arbeit läuft).

Wir wissen, dass es diese zweite Art von Unehrlichkeit gibt, aber wie weit ist sie verbreitet? Und wenn wir »ehrliche« Menschen in einem kontrollierten Versuch zum Betrügen zu verführen versuchten, würden sie es tun? Würden sie es dann mit ihrer Ehrlichkeit nicht so genau nehmen? Wie viel würden sie stehlen? Wir beschlossen, ein entsprechendes Experiment durchzuführen.

Die Wirtschaftsfakultät in Harvard nimmt im amerikanischen Leben einen besonderen Platz ein. Am Ufer des River Charles in Cambridge, Massachusetts, gelegen, untergebracht in einem imposanten Gebäude im Kolonialstil und äußerst großzügig mit Stiftungsgeldern ausgestattet, bringt diese Hochschule die Elite der amerikanischen Wirtschaftsführer hervor. Tatsächlich werden bei den 500 laut *Fortune* größten US-Firmen rund 20 Prozent der jeweiligen drei Führungspositionen von Harvard-Absolventen belegt.* Gab es einen Ort, der sich besser für ein kleines Experiment in Sachen Ehrlichkeit eignete?**

Unsere Studie war relativ simpel angelegt. Wir baten eine Gruppe von Harvard-Studenten (sowohl unterer wie höherer Semester) zu einem Test mit 50 Multiple-Choice-Fragen. Die Fragen waren ähnlich wie bei standardisierten Tests (Welches ist der längste Fluss der Erde? Wer schrieb *Moby Dick?* Welches Wort beschreibt den Durchschnitt einer Reihe? Wie heißt in der griechischen Mythologie die Göttin der Liebe?). Die Studenten hatten zur Beantwortung der Fragen 15 Minuten Zeit. Anschließend wurden sie gebeten, die Antworten von ihrem Arbeitsblatt auf ein Auswertungsblatt zu übertragen und beide Blätter der Aufsichtsperson vorne zu übergeben. Diese bezahlte ihnen für jede korrekte Antwort 10 Cent. Ganz einfach.

In einer weiteren Versuchsanordnung baten wir eine zweite Gruppe von Studenten zum gleichen Test, jedoch mit einer wichtigen Abweichung. Die Studenten in dieser Gruppe sollten den Test machen und ihre Antworten, wie die erste Gruppe auch, auf das Auswertungsblatt übertragen. Doch in ihrem Fall waren die korrekten Antworten bereits markiert. Bei jeder Frage war einer der Kreise – der neben der korrekten Antwort – grau unterlegt. Falls die Studenten auf ihrem Arbeitsblatt als den längsten Fluss der Erde den Mississippi angekreuzt hatten, sahen sie auf dem vormarkierten Auswertungsblatt, dass die korrekte Antwort »Nil« lautete.

Nachdem sie ihre Antworten übertragen hatten, zählten sie die korrekt beantworteten Fragen zusammen, schrieben

---

* Nach Angaben der Harvard-Wirtschaftsfakultät.
** Wir führen unsere Experimente oft in Harvard durch, nicht weil wir glauben, dass die Studenten dort anders sind als am MIT, sondern weil Harvard so hervorragend ausgestattet ist und wir alle Möglichkeiten großzügig nutzen dürfen.

die Zahl oben auf ihr Auswertungsblatt und übergaben beide, Arbeits- und Auswertungsblatt, der Aufsichtsperson. Diese zahlte ihnen dann nach einem Blick auf die Zahl oben auf dem Auswertungsblatt (die Zahl der Fragen, die sie nach eigenen Angaben richtig beantwortet hatten) 10 Cent für jede korrekte Antwort.

Würden die Studenten betrügen – statt ihrer falschen Antworten auf dem Auswertungsblatt die korrekten markierten ankreuzen? Wir wussten es nicht, wollten die nächste Gruppe aber auf jeden Fall noch mehr in Versuchung führen. Auch bei diesem Experiment sollten die Studenten den Test machen und ihre Antworten auf das markierte Auswertungsblatt übertragen. Diesmal allerdings sollten sie ihr ursprüngliches Arbeitsblatt zerreißen und der Aufsichtsperson lediglich das Auswertungsblatt übergeben. Mit anderen Worten, sie würden jeden Beweis für einen Betrug vernichten. Würden sie den Köder schlucken? Auch hier galt: Wir wussten es nicht.

Beim letzten Test wollten wir die Ehrlichkeit der Studenten auf eine besonders harte Probe stellen. Dieses Mal bekamen sie die Anweisung, nicht nur ihr ursprüngliches Arbeitsblatt, sondern auch das markierte Auswertungsblatt zu zerreißen. Außerdem mussten sie dem Versuchsleiter nicht einmal sagen, wie viel sie von ihm zu bekommen hatten: Wenn sie ihre Antwortblätter vernichtet hatten, brauchten sie nur nach vorne zu gehen – wo wir ein Behältnis voller Münzen aufgestellt hatten – und sich ihren »Verdienst« herauszunehmen und konnten dann zur Tür hinausspazieren. Wer jemals eine Neigung zum Betrügen verspürte, für den war das die Gelegenheit, das perfekte Verbrechen zu begehen.

Ja, wir führten sie in Versuchung. Wir machten es ihnen leicht, zu betrügen. Würde die Crème de la Crème der amerikanischen Jugend den Köder schlucken?

Während die erste Gruppe ihre Plätze einnahm, erklärten wir die Regeln und verteilten die Testbogen. Die Studenten arbeiteten die ihnen zugestandenen 15 Minuten, übertrugen dann ihre Antworten auf das Auswertungsblatt und gaben beide Blätter bei der Aufsicht ab. Diese Studenten waren unsere Kontrollgruppe. Da bei ihnen keine korrekten Antworten markiert waren, hatten sie auch überhaupt keine Gelegenheit, zu betrügen. Im Durchschnitt beantworteten sie 32,6 der 50 Fragen korrekt.

Was meinen Sie, wie unsere Probanden sich verhielten? Wie Sie wissen, wurden in der Kontrollgruppe durchschnittlich 32,6 Fragen korrekt beantwortet. Wie viele Fragen werden wohl die Versuchsteilnehmer in den anderen drei Gruppen – eigenen Angaben nach – korrekt beantwortet haben?

Gruppe 1	Kontrollgruppe	=	32,6
Gruppe 2	Eigenkontrolle	=	_____
Gruppe 3	Eigenkontrolle + Zerreißen	=	_____
Gruppe 4	Eigenkontrolle + Zerreißen + Geldbehältnis	=	_____

Und wie verhielt sich die zweite Gruppe? Auch diese Teilnehmer beantworteten die Fragen, doch sie konnten beim Übertragen ihrer Antworten auf das Auswertungsblatt sehen, welche Antwort korrekt war. Würden sie ihre Ehrlichkeit für zusätzliche 10 Cent pro Frage »vergessen«? Es zeigte sich, dass diese Gruppe im Durchschnitt 36,2 Fragen richtig beantwortet hatte. Waren diese Studenten klüger als die in unserer Kontrollgruppe? Das darf bezweifelt werden. Wir hatten sie vielmehr beim Schummeln erwischt.

Und die dritte Gruppe? Diesen Probanden machten wir es noch schwerer. Sie bekamen nicht nur die korrekten Antworten zu sehen, sondern wurden auch aufgefordert, ihre Arbeitsblätter zu vernichten. Ob sie den Köder schluckten? Ja, sie betrogen. Im Durchschnitt beantworteten sie 35,9 Fragen korrekt – mehr als die Teilnehmer in der Kontrollgruppe, aber ungefähr genauso viel wie die Teilnehmer der zweiten Gruppe (die ihre Arbeitsblätter nicht vernichteten).

Zuletzt kamen die Studenten, die nicht nur ihre Arbeits-, sondern auch ihre Auswertungsblätter vernichten sollten – und dann in das Geldbehältnis greifen und sich nehmen konnten, was sie wollten. Wie Unschuldsengel vernichteten sie ihre Blätter, griffen in das Geldbehältnis und nahmen sich ihre Münzen heraus. Aber leider hatten die Engel keine ganz weiße Weste: Sie hatten im Durchschnitt angeblich 36,1 der 50 Fragen korrekt beantwortet – einige mehr als die 32,6 bei unserer Kontrollgruppe, aber etwa gleich viel wie die beiden anderen Gruppen, die Gelegenheit hatten, zu betrügen.

Was haben wir bei diesem Experiment gelernt? Die erste Schlussfolgerung ist, dass viele ehrliche Menschen betrügen, wenn man ihnen die Gelegenheit dazu gibt. Und es war nicht so, dass nur ein paar faule Äpfel darunter waren; wir stellten fest, dass die Mehrheit der Teilnehmer betrog, und zwar nur ein kleines bisschen.* Und bevor Sie der dünnen Harvard-Luft die Schuld für dieses Maß an Unehrlichkeit geben, sollte ich hinzufügen, dass wir bei ähnlichen Experimenten am MIT, in Princeton, an der UCLA und in Yale ähnliche Ergebnisse bekamen.

Das zweite Ergebnis ist noch beeindruckender: Das Risiko, ertappt zu werden, schien die Probanden nicht so stark zu beeinflussen, wie man meinen könnte. Als die Studenten

---

* Die korrekt beantworteten Fragen waren bei allen vier Gruppen gleich verteilt, jedoch mit einer leichten Verschiebung, wenn Gelegenheit zum Betrug bestand.

Gelegenheit zum Betrügen bekamen, ohne dass sie ihre Unterlagen vernichten konnten, erhöhten sie die Zahl der korrekten Antworten von durchschnittlich 32,6 auf 36,2. Als sie jedoch die Chance bekamen, ihre Unterlagen zu zerreißen – ihre kleine Missetat also ganz zu vertuschen –, trieben sie ihre Unehrlichkeit keineswegs auf die Spitze. Sie betrogen weiterhin im ungefähr selben Maß. Das bedeutet, dass wir, selbst wenn kein Risiko besteht, erwischt zu werden, dennoch nicht über alle Maßen unehrlich werden.

Als die Studenten beide Blätter vernichten, in das Geldbehältnis greifen und gehen konnten, hätte jeder von ihnen vorgeben können, alle Fragen korrekt beantwortet zu haben, oder sich mehr Geld herausnehmen können (in dem Behältnis waren rund 100 Dollar). Aber niemand tat es. Warum? Irgendetwas hielt sie davon ab – etwas in ihnen. Doch was war es? Ehrlichkeit?

Auf diese Frage wusste der große Ökonom und Philosoph Adam Smith eine erfreuliche Antwort: »Als die Natur den Menschen für die Gesellschaft bildete, da gab sie ihm zur Aussteuer ein ursprüngliches Verlangen mit, seinen Brüdern zu gefallen, und eine ebenso ursprüngliche Abneigung, ihnen wehe zu tun. Sie lehrte ihn Freude über deren freundliche Gesinnung und Schmerz über ihre unfreundliche Gesinnung zu empfinden«, schrieb er.

Und er fügte hinzu: »Auch hängt der Erfolg solcher Leute beinahe immer von der Gunst und der guten Meinung ihrer Nachbarn und Standesgenossen ab, und dieser können sie selten teilhaftig werden, sofern sie sich nicht einer wenigstens halbwegs geordneten Lebensführung befleißigen. Das gute alte Sprichwort ›Ehrlichkeit ist die beste Politik‹ bewahrt also in solchen Lagen beinahe immer seine volle Wahrheit.«

Diese Erklärung aus der Zeit der industriellen Revolution klingt plausibel, ausgewogen wie ein Satz Gewichte und harmonisch wie glatt ineinandergreifende Zahnräder. So optimistisch diese Sichtweise erscheinen mag, Smiths Theorie implizierte eine düstere Schlussfolgerung: Da die Menschen hinsichtlich Ehrlichkeit eine Kosten-Nutzen-Analyse anstellen, können sie sich ebenso per Kosten-Nutzen-Analyse für Unehrlichkeit entscheiden. Nach dieser Sichtweise sind Menschen nur in dem Maße ehrlich, wie es ihnen Nutzen bringt (zu dem auch das Wohlwollen der anderen gehört).

Beruht die Entscheidung, sich ehrlich oder unehrlich zu verhalten, auf derselben Kosten-Nutzen-Analyse, mit deren Hilfe wir unsere Wahl zwischen verschiedenen Automarken, Käsesorten und Computerfabrikaten treffen? Ich glaube nicht. Zum einen: Können Sie sich vorstellen, dass ein Freund Ihnen seine vor dem Kauf seines neuen Laptops angestellten Überlegungen zum Kosten-Nutzen-Verhältnis mitteilt? Natürlich. Aber können Sie sich vorstellen, dass Ihr Freund Ihnen auseinandersetzt, wie seine Kosten-Nutzen-Analyse aussah, ehe er sich entschloss, einen Laptop zu stehlen? Natürlich nicht – es sei denn, Ihr Freund ist ein Gewohnheitsdieb. Vielmehr stimme ich mit anderen (von Platon bis heute) überein, die sagen, dass Ehrlichkeit etwas Größeres ist – etwas, das in nahezu jeder Gesellschaft als Tugend, als moralischer Wert betrachtet wird.

Sigmund Freud erklärte sie folgendermaßen: Mit dem Aufwachsen in der Gesellschaft verinnerlichen wir ihre sozialen Werte. Diese Verinnerlichung führt zur Entwicklung des Über-Ich. Im Allgemeinen ist das Über-Ich zufrieden, wenn wir uns an die ethischen Grundsätze der Gesellschaft halten, und unzufrieden, wenn wir das nicht tun. Deshalb bleiben wir auch um vier Uhr nachts vor einer roten Ampel stehen, selbst wenn weit und breit niemand zu sehen ist; und deshalb durchströmt uns ein gutes Gefühl, wenn wir dafür sorgen, dass eine Brieftasche, die wir gefunden haben, zum Eigentümer zurückkehrt, selbst wenn er nie erfährt, wer der ehrliche Finder war. Ein solches Verhalten stimuliert die Belohnungszentren in unserem Gehirn – den Nucleus accumbens und den Nucleus caudatus – und macht uns zufrieden.

Aber wenn uns Ehrlichkeit wichtig ist – bei einer kürzlich an fast 36 000 amerikanischen Highschool-Schülern durchgeführten Studie gaben 98 Prozent an, dass Ehrlichkeit wichtig ist –, wenn sie uns ein gutes Gefühl vermittelt, warum sind wir dann so häufig unehrlich?

Meiner Auffassung nach verhält es sich damit folgendermaßen. Ehrlichkeit liegt uns am Herzen, und wir möchten ehrlich sein. Das Problem ist, dass unser inneres Ehrlichkeits-Kontrollorgan nur aktiv ist, wenn wir daran denken, einen großen Verstoß zu begehen, zum Beispiel einen ganzen Karton Stifte aus dem Konferenzzimmer einzustecken. Bei dem kleinen Verstoß, beispielsweise einen oder zwei Stifte mitzunehmen, verschwenden wir keinen Gedanken daran, wie diese Handlung mit unserer Ehrlichkeit in Einklang zu bringen ist, und deshalb bleibt unser Über-Ich stumm.

Ohne die Unterstützung des Über-Ichs, das über unsere Ehrlichkeit wacht, können wir uns gegen diese Art von Verstoß nur mit einer rationalen Kosten-Nutzen-Analyse wehren. Aber wer wägt schon bewusst den Nutzen eines aus dem Hotelzimmer mitgenommenen Handtuchs gegen die Kosten ab, dabei ertappt zu werden? Wer überdenkt Kosten und Nutzen, wenn er bei der Steuererklärung ein paar Quittungen dazuschmuggelt? Wie das Experiment in Harvard zeigte, scheinen die Kosten-Nutzen-Analyse und insbesondere das Risiko, erwischt zu werden, nicht viel Einfluss auf unsere Unehrlichkeit zu haben.

So ist der Lauf der Welt. Man kann fast keine Zeitung aufschlagen, ohne auf einen Bericht über unehrliches oder betrügerisches Handeln zu stoßen. Wir erleben, wie die Kreditkartenunternehmen ihre Kunden mit horrenden Überziehungszinsen aussaugen; wie Fluglinien durch Missmanagement bankrottgehen und dann nach dem Staat rufen, damit er ihnen – und ihren unterfinanzierten Pensionsfonds – aus der Bredouille hilft; wie Schulen das Aufstellen von Getränkeautomaten verteidigen (und von den Getränkeherstellern Millionen kassieren), obwohl hinlänglich bekannt ist, dass zuckerhaltige Getränke Kinder hyperaktiv und dick machen. Die Steuern sind ein Festival schwindender Moral, wie der kenntnisreiche und talentierte Journalist David Cay Johnston von der *New York Times* in einem Artikel mit der Überschrift *Vollkommen legal: Die versteckte Kampagne, unser Steuersystem zugunsten der Superreichen zu manipulieren – und alle anderen zu betrügen* im Jahr 2005 schrieb.

All das versucht die Gesellschaft durch staatliche Maßnahmen zu bekämpfen, was ihr in einigen Fällen zumindest ansatzweise auch gelingt. Das Sarbanes-Oxley-Gesetz von 2002 (nach dem sich die Vorstände von Aktiengesellschaften mit ihrer Unterschrift für die Berichte und Bilanzen des Unternehmens verbürgen müssen und für nachweisliche Verfehlungen herangezogen werden) wurde verabschiedet, damit solche Debakel wie bei Enron in Zukunft ausgeschlossen sind. Auch hat der Kongress Beschränkungen für die Zweckbestimmung von Zuwendungen geschaffen (insbesondere was politisch motivierte Zuwendungen an örtliche Verwaltungen betrifft, die Politiker in größeren Posten des Bundes verstecken). Die Börsenaufsicht hat sogar Vorschriften zur weitergehenden Offenlegung der Gehälter und Vergünstigungen von Managern erlassen – wenn eine Stretchlimousine an uns vorbeifährt, wissen wir also jetzt ziemlich genau, wie hoch das Gehalt des Topmanagers im Fond ist.

Aber können diese Maßnahmen von außen wirklich alle Löcher stopfen und betrügerisches Verhalten verhindern? Manche Kritiker sagen: nein. Nehmen wir beispielsweise die Ethikreform im amerikanischen Kongress. Nach den Statuten ist es Lobbyisten untersagt, Kongressabgeordnete und ihre Mitarbeiter bei »allgemeinen« Anlässen zu bewirten. Was also machen die Lobbyisten? Sie laden die Abgeordneten zu Essen mit »begrenzter« Gästeliste ein, um diese Vorschrift zu umgehen. Ebenso ist es Lobbyisten nach den neuen Ethikregeln verboten, Abgeordnete zu Flügen in »Starrflügelflugzeugen« einzuladen. Na, dann nehmen wir doch den Hubschrauber!

Die amüsanteste neue Vorschrift, von der ich gehört habe, ist sie sogenannte »Zahnstocherregel«. Danach dürfen Lobbyisten zwar keine Abgeordneten mehr zu einem Essen im Sitzen einladen, aber sie dürfen den an unseren Gesetzen Mitwirkenden weiterhin alles servieren, was sie sich im Stehen mit den Fingern oder einem Zahnstocher einverleiben können (vermutlich Hors d'œuvres).

Ließ sich die Meeresfrüchtebranche, die Washingtoner Abgeordnete zu einem Abendessen mit Pasta und Austern eingeladen hatte (Motto des Abends – richtig geraten! –: »Lassen Sie die Welt Ihre Auster sein«) dadurch ihre Pläne verderben? Natürlich nicht. Die Meeresfrüchte-Lobbyisten strichen die Pasta (schlecht zu essen mit einem Zahnstocher), und die Abgeordneten konnten in frischgeöffneten Austern schwelgen (die sich ausgezeichnet im Stehen schlürfen lassen).[16]

Auch das Sarbanes-Oxley-Gesetz gilt mittlerweile als wenig wirksam. Einige Kritiker sagen, es sei starr und unflexibel, aber der meiste Protest kommt von denjenigen, die es als uneindeutig, widersprüchlich, wirkungslos und (insbesondere für kleinere Unternehmen) außerordentlich kostspielig bezeichnen. »Es hat die Korruption nicht beseitigt«, argumentierte William A. Niskanen, Leiter des Cato Institute. »Es zwingt die Firmen nur zu allen möglichen Verrenkungen.«

So viel zum Thema, ob sich durch Kontrolle von außen Ehrlichkeit erzwingen lässt. Solche Maßnahmen funktionieren vielleicht in einigen Fällen, aber längst nicht in allen. Gibt es vielleicht ein besseres Mittel gegen Betrug?

Ehe ich diese Frage zu beantworten versuche, würde ich Ihnen gerne ein sehr aufschlussreiches Experiment vorstellen, das wir vor einigen Jahren durchführten. Dazu versammelten Nina, On und ich eine Gruppe von Probanden in einem Labor der UCLA und ließen sie einen einfachen Mathematiktest machen. Er bestand aus 20 leichten Aufgaben, bei denen die Teilnehmer jeweils zwei Zahlen finden sollten, die zusammen 10 ergaben (siehe Tabelle). Sie hatten fünf Minuten Zeit, so viele Aufgaben wie möglich zu lösen. Anschließend wurde unter ihnen allen ausgelost, und der Gewinner erhielt für jede gelöste Aufgabe zehn Dollar.

Wie bei unserem Experiment an der Wirtschaftsfakultät von Harvard, händigte eine Teilnehmergruppe ihre Unterlagen direkt dem Versuchsleiter aus. Das war unsere Kontrollgruppe. Die anderen Teilnehmer notierten die Anzahl der gelösten Aufgaben auf einem separaten Blatt und vernichteten dann das Original. Natürlich hatten diese Probanden damit die Gelegenheit zum Betrug. Und, betrogen diese Teilnehmer? Sie taten es, wie Sie vielleicht schon vermuten – aber natürlich nur ein klein wenig.

Sehen Sie auf Ihre Uhr, notieren Sie die Zeit, und kombinieren Sie dann
von den untenstehenden Zahlen jeweils zwei, die genau die Zahl 10 ergeben.
Wie lange haben Sie gebraucht?

1,69	1,82	2,91
4,67	4,81	3,05
5,82	5,06	4,28
6,36	5,19	4,57

Bis jetzt habe ich Ihnen nichts Neues erzählt. Aber der Schlüssel zu diesem Experiment war, was ihm vorausging. Als die Versuchsteilnehmer ins Labor kamen, ließen wir einige die Titel von zehn Büchern notieren, die sie an der Highschool gelesen hatten. Die anderen sollten so viele der Zehn Gebote aufschreiben, wie ihnen einfielen.* Anschließend sollten sie sich mit den Mathematikaufgaben beschäftigen.

Bei dieser Versuchsanordnung wurde also ein Teil der Probanden zum Betrügen verleitet, nachdem sie sich zehn Bücher aus ihrer Highschool-Zeit in Erinnerung gerufen hatten, und der andere Teil, nachdem sie sich die Zehn Gebote ins Gedächtnis gerufen hatten. Wer, glauben Sie, hat mehr betrogen?

Als ein Betrug *nicht* möglich war, lösten unsere Probanden durchschnittlich 3,1 Aufgaben.** Als ein Betrug möglich war, löste die Gruppe, die sich an zehn an der Highschool gelesene

---

* Kennen Sie die Zehn Gebote? Schreiben Sie sie nieder, wenn Sie sich testen möchten, und vergleichen Sie Ihre Liste mit der am Ende des Kapitels. Rekapitulieren Sie sie nicht nur in Gedanken, sondern schreiben Sie sie auf, damit Sie die Richtigkeit überprüfen können.

** Können die Zehn Gebote die Leistung in Mathematik verbessern? Wir haben diese Frage mit denselben zwei Gedächtnisaufgaben mit einer Kontrollgruppe geprüft. Die Leistung in der Kontrollgruppe war ungeachtet der vorher gestellten Gedächtnisaufgabe gleich. Also bewirken die Zehn Gebote bei Mathematik keine Verbesserung.

Bücher erinnert hatte, durchschnittlich 4,1 Aufgaben (oder 33 Prozent mehr als diejenigen, die nicht betrügen konnten).

Aber die große Frage ist, wie es bei der anderen Gruppe aussah – bei den Probanden, die zuerst die Zehn Gebote niederschrieben, dann den Test machten und anschließend ihr Arbeitsblatt zerrissen. Auf diese Gruppe musste man, wie Sportreporter sagen würden, ein Auge haben. Würden sie betrügen – oder würden die Zehn Gebote ihre Ehrlichkeit positiv beeinflussen? Das Ergebnis überraschte sogar uns: Die Studenten, die wir gebeten hatten, sich die Zehn Gebote ins Gedächtnis zu rufen, betrogen überhaupt nicht. Sie gaben im Durchschnitt drei richtige Antworten – das gleiche Ergebnis wie bei der Gruppe, die nicht betrügen konnte, und eine richtige Antwort weniger als diejenigen, die betrügen konnten, sich aber die Buchtitel in Erinnerung gerufen hatten.

Als ich an jenem Abend nach Hause ging, dachte ich noch eine Weile über die Ergebnisse unseres Experiments nach. Die Gruppe, die zehn Buchtitel aufgeschrieben hatte, hatte betrogen. Nicht übermäßig, gewiss – nur bis zu dem Punkt, wo sich der innere Belohnungsmechanismus (Nucleus accumbens und Über-Ich) einschaltete und sie dafür belohnte, dass sie aufhörten.

Doch was für ein Wunder hatten die Zehn Gebote vollbracht! Wir hatten unseren Probanden nicht einmal in Erinnerung gerufen, was die Zehn Gebote waren, sondern sie lediglich gebeten, sie zu rekapitulieren (und fast keiner von ihnen wusste alle zehn). Wir hofften, dass diese kleine Übung bei ihnen den Gedanken an Ehrlichkeit aktivieren würde. Und genau das war offensichtlich der Fall. Was ist nun die große Idee dahinter, fragten wir uns. Es dauerte einige Wochen, bis wir zu Schlussfolgerungen kamen.

Zum Beispiel könnten wir die Bibel wieder ins öffentliche Bewusstsein rücken. Wenn wir nur die Unehrlichkeit verringern wollten, wäre das keine schlechte Idee. Andererseits wird dann manch einer Einwände erheben, etwa, dass die Bibel für eine bestimmte Religion stehe, oder lediglich, dass auf diese Weise Religion mit der kommerziellen und säkularen Welt vermischt werde. Aber vielleicht könnte ein Gelöbnis anderer Art funktionieren. Was mich an dem Experiment mit den Zehn Geboten besonders beeindruckte, war, dass ihr Einfluss auf die Studenten, die sich nur an eins oder zwei erinnern konnten, genauso groß war wie bei denjenigen, die fast noch alle zehn wussten. Das ließ darauf schließen, dass nicht die Gebote selbst die Ehrlichkeit förderten, sondern der bloße Gedanke an eine moralische Instanz.

Wenn das tatsächlich so ist, dann könnten wir auch nicht religiöse Bezugspunkte einsetzen, um die Ehrlichkeit allgemein zu heben. Könnte sich beispielsweise der Berufseid eignen, den Ärzte, Anwälte und Angehörige anderer Professionen ablegen – oder früher abgelegt haben? Könnte es damit funktionieren?

Das Wort *Profession* leitet sich vom lateinischen *professus* ab, das »öffentlich erklärt« bedeutet. Berufe wie der des Arztes und Juristen nahmen ihren Anfang irgendwann in der tiefen Vergangenheit in der Religion. Wer ein umfassendes esoterisches Wissen besaß, hieß es, hatte nicht nur ein Monopol auf die Praktizierung dieses Wissens, sondern auch die Verpflichtung, diese Macht des Wissens weise und ehrlich einzusetzen. Der Eid – der mündlich, oft aber auch schriftlich abgelegt wurde – ermahnte diese Menschen, ihr Verhalten danach auszurichten, und er gab ihnen auch Regeln an die Hand, die bei der Ausübung ihres Berufes zu beachten waren.

Diese Eide waren lange Zeit in Gebrauch. Doch in den

1960er Jahren entwickelte sich eine starke Bewegung, die eine Deregulierung dieser Berufsstände befürwortete. Es seien elitäre Berufe, wurde argumentiert, die transparenter werden müssten. Für den Juristenberuf bedeutete das mehr Schriftsätze in klarer Prosa, Kameras im Gerichtssaal und Werbung. Ähnliche Maßnahmen gegen Elitedenken wurden in der Medizin, im Bankgewerbe und in anderen Berufen ergriffen. Vieles davon hätte sich positiv auswirken können, aber mit der Demontage der akademischen Berufe ging auch etwas verloren. Strikter Professionalismus wurde durch Flexibilität, persönliches Urteil, die Gesetze des Marktes und das Streben nach Reichtum ersetzt, und damit verschwand das feste ethische Fundament, auf dem diese Berufe vormals gründeten.

Beispielsweise ergab eine in den 1990er Jahren von der kalifornischen Anwaltskammer durchgeführte Untersuchung, dass die überwiegende Mehrheit der Anwälte in Kalifornien darunter litt, dass ihre Arbeit immer mehr an Ansehen verlor und dass sie den Zustand des Anwaltsberufes »äußerst pessimistisch« einschätzten. Zwei Drittel sagten, Anwälte setzten heute »wegen des wirtschaftlichen Drucks ihren Professionalismus aufs Spiel«. Nahezu 80 Prozent meinten, die Kammer versäume es, »Anwälte, die sich nicht an die ethischen Regeln halten, angemessen zu bestrafen«. Die Hälfte gab an, sich nicht für den Anwaltsberuf zu entscheiden, wenn sie noch einmal die Wahl hätten.[17]

Einer Untersuchung des Arbeitskreises »Justiz« zufolge scheint es bei den Anwälten im Bundesstaat Maryland nicht viel anders zu sein. Ihr Berufsstand sei derart heruntergekommen, erklärten Marylands Anwälte, dass »sie oft reizbar, unbeherrscht, streitsüchtig und ausfallend seien« oder »distanziert, verschlossen, unkonzentriert oder abgelenkt«. Als Anwälte in Virginia befragt wurden, ob die zunehmenden Probleme mit

unprofessionellem Verhalten auf »einige faule Äpfel« zurück-
zuführen seien oder eher auf einen umfassenderen Trend hin-
wiesen, sagten sie mit überwältigender Mehrheit, es sei ein
weitverbreitetes Problem.[18]

Am schlimmsten sind offenbar die Anwälte in Florida.[19]
Im Jahr 2003 berichtete die Anwaltskammer von Florida,
eine »bedeutende Minderheit« der Anwälte sei »raffgierig, zu
clever, gerissen, raffiniert und nicht vertrauenswürdig; habe
kaum Interesse an Wahrheit oder Gerechtigkeit; sei bereit,
Dinge verzerrt darzustellen, zu manipulieren und Informationen vorzuenthalten, um den Prozess zu gewinnen; arrogant,
herablassend und unverschämt«. Und außerdem »aufgebla-
sen und anstoßerregend«. Muss ich noch mehr sagen?

Auch die Mediziner müssen sich Kritik gefallen lassen.
Man hört von Ärzten, die unnötige Operationen und andere
Behandlungen durchführen, nur um ihr Konto aufzufüllen;
die Tests bei Labors machen lassen, die ihnen Provisionen
zukommen lassen; und die bevorzugt bestimmte Untersuchungen empfehlen, weil sie zufällig die Apparate dafür haben. Und wie steht es mit dem Einfluss der Pharmaindustrie?
Ein Freund erzählte mir, er habe letztens beim Arzt eine ge-
schlagene Stunde warten müssen. In dieser Zeit seien vier
Pharmareferenten ins Sprechzimmer spaziert.

Wenn man näher hinsieht, entdeckt man bei nahezu jeder
Berufsgruppe ähnliche Probleme. Nehmen wir einmal die Ölgeologen. In meiner Vorstellung sind das Indiana-Jones-Ty-
pen, die sich weit mehr für Juraschiefer und Deltasedimente
interessieren als dafür, Geld zu machen. Aber man braucht
nur ein wenig genauer hinzusehen, schon stößt man auf Probleme. »Es gibt unethisches Verhalten in weit größerem Maß,
als die meisten von uns wahrhaben möchten«, schrieb ein
Mitglied des Berufsverbandes an seine Kollegen.[20]

Welche Art Unehrlichkeit, um Himmels willen, kann denn unter Ölgeologen grassieren, fragen Sie. Offenbar Dinge wie die Verwendung illegal beschaffter seismischer und digitaler Daten; der Diebstahl von Landkarten und Materialien; und die übertrieben positive Darstellung eventueller Ölvorkommen in Fällen, wo ein Landverkauf oder Investitionen anstehen. »Es sind eher Gesetzwidrigkeiten im Graubereich als handfeste Straftaten«, kommentierte ein Ölgeologe.

Doch es sind nicht allein die Ölgeologen, das sollten wir nicht vergessen. Wohin man blickt, fällt einem diese Erosion des Professionalismus ins Auge. Wenn Ihnen die Beweise noch nicht genügen, brauchen Sie nur an die Debatte unter den Berufsethikern selbst zu denken, die häufiger als je zuvor – von der einen oder anderen Partei engagiert – als Sachverständige bei öffentlichen Anhörungen und Prozessen hinzugezogen werden, wenn es um eine bestimmte medizinische Behandlung oder die Rechte des ungeborenen Lebens geht. Sind sie geneigt, der Versuchung nachzugeben? Offenbar ja. »Ethischer Sachverstand: Die Berufsethiker haben ein Problem mit ihrem Berufsethos«, so der Titel eines Artikels in einem Fachblatt.[21] Wie ich schon sagte, wohin man blickt, fallen einem Zeichen ethischen Schwunds ins Auge.

Was tun? Nehmen wir einmal an, wir würden uns nicht auf die Zehn Gebote berufen, sondern es uns zur Regel machen, unseren Namen unter irgendeine säkulare Erklärung zu setzen – ähnlich einem Berufseid –, die uns an unsere Verpflichtung zur Ehrlichkeit gemahnt. Würde ein schlichter Eid etwas ändern, wie wir es bei den Zehn Geboten erlebt haben? Dieser Frage galt unser nächstes Experiment.

Wieder einmal stellten wir verschiedene Versuchsgruppen zusammen, dieses Mal am MIT. Die Teilnehmer der ersten

Gruppe machten unseren Mathematiktest und übergaben ihre Antwortblätter dem Versuchsleiter vorne (der zählte, wie viele Fragen sie korrekt beantwortet hatten, und sie entsprechend bezahlte). Die zweite Gruppe machte den Test ebenfalls, behielt ihre Antwortblätter jedoch danach gefaltet bei sich und teilte dem Versuchsleiter lediglich mit, wie viele Aufgaben sie gelöst hatten. Dieser bezahlte sie entsprechend, und die Teilnehmer verließen den Raum.

Der neue Aspekt unseres Experiments kam bei der dritten Gruppe zum Tragen. Ehe diese Probanden sich an den Test machten, wurden sie gebeten, folgende Erklärung auf dem Antwortblatt zu unterschreiben: »Mir ist bekannt, dass diese Studie unter den Ehrenkodex des MIT fällt.« Nachdem sie diese Erklärung unterzeichnet hatten, begannen sie mit den Aufgaben. Nach Ablauf der zur Verfügung stehenden Zeit steckten sie ihre Antwortblätter in die Tasche, gingen zum Versuchsleiter vor, sagten ihm, wie viele Aufgaben sie richtig gelöst hatten, und wurden entsprechend bezahlt.

Wie sah das Ergebnis aus? Die Probanden der Kontrollgruppe, bei der ein Betrug nicht möglich war, lösten durchschnittlich drei Aufgaben. Die zweite Gruppe, in der die Teilnehmer ihre Antwortblätter einstecken konnten, löste im Durchschnitt 5,5 Aufgaben. Bemerkenswert war das Ergebnis bei der dritten Gruppe, in der die Probanden ihre Antwortblätter zwar einsteckten, aber auch die Ehrenerklärung unterschrieben hatten. Hier wurden durchschnittlich drei Aufgaben gelöst – exakt so viele wie bei unserer Kontrollgruppe. Ein fast identisches Resultat erzielten wir mit den Zehn Geboten. Dass die Unterzeichnung einer derartigen Erklärung eine solche Wirkung hat, ist erstaunlich, insbesondere wenn man in Betracht zieht, dass es am MIT gar keinen Ehrenkodex gibt.

Wir haben also gelernt, dass Studenten betrügen, wenn sie Gelegenheit dazu bekommen, dass sie aber nicht in dem Maß betrügen, wie sie es könnten. Und dass sie überdies, wenn sie sich auf Ehrlichkeit besinnen – ob durch die Zehn Gebote oder ihre Unterschrift unter eine schlichte Erklärung –, überhaupt nicht betrügen. Mit anderen Worten, wenn wir keinerlei ethische Orientierung haben, geraten wir leicht auf Abwege, rutschen wir in die Unehrlichkeit. Werden wir im Augenblick der Versuchung aber an ethisch einwandfreies Verhalten erinnert, ist die Wahrscheinlichkeit, dass wir ehrlich bleiben, wesentlich größer.

Gegenwärtig bemühen sich mehrere Anwaltskammern und Berufsverbände darum, die ethischen Grundsätze ihrer jeweiligen Berufe zu festigen. Manche bieten verstärkt Kurse zu diesem Thema an Colleges und Fakultäten an, andere verlangen von ihren Mitgliedern die Teilnahme an Ethik-Auffrischungskursen. Für die Sparte der Juristen veröffentlichte Richter Dennis M. Sweeney aus dem Gerichtsbezirk Howard County (Maryland) ein Buch mit dem Titel *Guidelines for Lawyer Courtroom Conduct* (Richtlinien für das Verhalten des Anwalts im Gerichtssaal), in dem er feststellte: »Die meisten Regeln sind wie die hier vorgelegten schlicht das, was unsere Mütter von einem höflichen, guterzogenen Menschen erwarten würden. Da unsere Mütter angesichts ihrer vielfältigen und wichtigen anderen Verpflichtungen nicht in jedem Gerichtssaal dieses Bundesstaates anwesend sein können, habe ich diese Regeln formuliert.«

Ob solche allgemeinen Maßnahmen funktionieren werden? Erinnern wir uns: Anwälte legen einen Eid ab, wenn sie zugelassen werden, und ebenso Ärzte, bevor sie ihren Beruf ausüben dürfen. Aber irgendwann einen Eid abzulegen, irgendwann zu erklären, dass man sich an bestimmte Regeln halten wird, reicht nicht aus. Aus unseren Experimenten geht eindeutig hervor, dass man Eide und Regeln im oder kurz vor dem Augenblick der Versuchung präsent haben muss. Und obendrein arbeitet die Zeit gegen uns, wenn wir versuchen, dieses Problem in den Griff zu bekommen. Wie ich schon im Kapitel vier schrieb: Wenn die sozialen Normen mit den Marktnormen kollidieren, werden die sozialen Normen verdrängt, und die Marktnormen setzen sich durch. Auch wenn keine hundertprozentige Analogie besteht, so gilt in Sachen Ehrlichkeit ebenfalls: Sind die ethischen Verhaltensregeln im Beruf (die sozialen Normen) einmal in Vergessenheit geraten, ist es nicht einfach, sie wieder zu etablieren.

Das bedeutet aber nicht, dass wir es nicht versuchen sollten. Warum ist Ehrlichkeit so wichtig? Nun, zum einen dürfen wir nicht vergessen, dass die Vereinigten Staaten ihre heutige wirtschaftliche Vormachtstellung in der Welt nicht zuletzt dem Umstand verdanken, dass sie, was die Normen verantwortungsvoller Unternehmensführung betrifft, eines der ehrlichsten Länder der Welt sind (oder zumindest als solches wahrgenommen werden).

Einer Studie zufolge belegten die USA im Jahr 2006, was Integrität und Redlichkeit betrifft, im Weltvergleich den 20. Platz (auf dem ersten Platz lag Finnland, auf dem 163. und damit letzten Platz Haiti). Aufgrund dessen würde ich annehmen, dass sich Unternehmen, die geschäftliche Verbindungen zu Firmen in den USA unterhalten, von ihren amerikanischen Partnern im Allgemeinen anständig behandelt fühlen. Tatsache aber ist, dass die USA im Jahr 2000, bevor die Welle der Firmenskandale die Wirtschaftsseiten amerikanischer Zeitungen wie Polizeiregister aussehen ließ, noch auf Platz 14 lagen.[22] Mit anderen Worten: Wir befinden uns auf einem gefährlichen Weg abwärts statt in Richtung Gipfel, und das kann langfristig enorme Kosten nach sich ziehen.

Adam Smith erinnerte uns daran, dass das Sprichwort »Ehrlich währt am längsten« wirklich zutrifft, vor allem in geschäftlichen Dingen. Um eine Ahnung von der anderen Seite dieser Erkenntnis zu bekommen – von der Schattenseite, in einer Gesellschaft ohne Vertrauen –, braucht man nur einen Blick auf verschiedene Länder zu werfen. In China gilt das Wort eines Menschen in einer bestimmten Region selten etwas in einer anderen Region. In Lateinamerika wimmelt es von Familienkartellen, die Verwandten Darlehen geben (und dann den Kredit nicht sperren, wenn der Schuldner seinen Verpflichtungen nicht nachkommt). Ein weiteres Beispiel für ein von Misstrauen geprägtes Land ist der Iran. Ein iranischer Student am MIT erzählte mir einmal, dass der Wirtschaft dort eine Vertrauensbasis fehle. Deshalb bezahle niemand im Voraus, vergebe niemand Kredite, und niemand sei bereit, ein Risiko einzugehen. Die Menschen müssen sich innerhalb ihrer Familien verdingen, wo es noch ein gewisses Maß an Vertrauen gibt. Möchten Sie in einer solchen Welt leben? Wenn wir nicht aufpassen, könnte sie auch bei uns schneller Wirklichkeit werden, als wir uns vorstellen.

Was können wir tun, damit die Menschen ehrlich bleiben? Vielleicht können wir die Bibel lesen, den Koran oder was immer unsere Werte widerspiegelt. Wir können alten beruflichen Wertnormen neues Leben einhauchen. Wir können unseren Namen unter Erklärungen setzen, in denen wir integres Handeln versprechen. Eine weitere Möglichkeit ist, uns erst einmal einzugestehen, dass wir in Situationen, in denen unser persönlicher finanzieller Vorteil im Gegensatz zu unseren ethischen Normen steht, durchaus fähig sind, uns die Realität »zurechtzubiegen«, die Welt so zu sehen, dass sie mit unserem eigennützigen Interesse vereinbar ist, und dann unehrlich werden. Was also ist die Lösung? Wenn wir uns diese Schwäche eingestehen, können wir versuchen, solche Situationen von vornherein zu vermeiden. Wir können Ärzten untersagen, Untersuchungen allein ihres finanziellen Profits wegen anzuordnen; wir können Wirtschafts- und Rechnungsprüfern verbieten, für die von ihnen geprüften Firmen als Berater tätig zu werden; wir können Abgeordnete daran hindern, selbst ihre Vergütungen festzulegen, und so weiter.

Doch damit sind wir mit dem Problem der Unehrlichkeit noch nicht am Ende. Im folgenden Kapitel möchte ich weitere Gedanken und Erkenntnisse zum Thema Unehrlichkeit darlegen.

Anhang

Die Zehn Gebote

*Ich bin der Herr, dein Gott. Du sollst keine anderen
  Götter haben neben mir.*
*Du sollst den Namen des Herrn, deines Gottes,
  nicht missbrauchen.*
Du sollst den Feiertag heiligen.
Du sollst deinen Vater und deine Mutter ehren.
Du sollst nicht töten.
Du sollst nicht ehebrechen.
Du sollst nicht stehlen.
Du sollst nicht falsch Zeugnis reden wider deinen Nächsten.
Du sollst nicht begehren deines Nächsten Haus.
Du sollst nicht begehren deines Nächsten Weib.

Zwölf

Moral und Unredlichkeit, Teil II

Warum uns der Umgang mit Geld
ehrlicher macht

In vielen Studentenheimen des MIT gibt es einen Gemein-
schaftsbereich mit mehreren Kühlschränken, die von den Be-
wohnern der umliegenden Zimmer benutzt werden können.
Einmal ging ich um elf Uhr vormittags, als die meisten Studenten in den Vorlesungen saßen, in die Gebäude und begab
mich auf die Suche nach diesen gemeinsamen Kühlgeräten.

Sobald ich so einen Gemeinschaftskühlschrank entdeckte,
schlich ich mich vorsichtig hin, sah mich um, öffnete die Tür
und stellte eine Sechserpackung Cola hinein. Dann zog ich
schnell wieder von dannen. Sobald ich mich in sicherer Entfernung befand, blieb ich stehen und notierte mir die Zeit und
den Standort des Kühlschranks.

In den folgenden Tagen kehrte ich zurück, um erneut in
die Kühlschränke zu sehen, und führte ein Tagebuch über
die Zahl der jeweils noch in den Kühlschränken verbliebenen
Cola-Dosen. Wie Sie wahrscheinlich schon vermutet haben,
ist die Halbwertszeit von Coca-Cola in einem Studentenwohnheim relativ gering. Innerhalb von 72 Stunden waren
alle Dosen verschwunden. In einigen Kühlschränken hatte ich
außerdem einen Teller mit sechs Dollarscheinen hinterlassen.
Würde das Geld schneller Abnehmer finden als die Cola?

Bevor ich diese Frage beantworte, möchte ich Sie etwas
fragen. Angenommen, Ihr Mann beziehungsweise Ihre Frau
ruft Sie in der Arbeit an. Ihre Tochter braucht am nächsten

Tag einen roten Stift für die Schule. »Könntest du einen mitbringen?« Wie unangenehm wäre es für Sie, für Ihre Tochter einen roten Stift aus der Arbeit mitgehen zu lassen? Sehr unangenehm? Ein bisschen unangenehm? Absolut in Ordnung?

Lassen Sie mich Ihnen noch eine andere Frage stellen. Nehmen wir einmal an, es gibt keine roten Stifte an Ihrer Arbeitsstelle, aber Sie können unten einen für zehn Cent kaufen. Die Portokasse in Ihrem Büro steht offen, und niemand ist in der Nähe. Nehmen wir weiter an, Sie hätten kein Kleingeld bei sich. Würden Sie zehn Cent für den Stift herausnehmen? Würden Sie sich dabei wohl fühlen? Wäre das in Ordnung?

Ich weiß nicht, wie es Ihnen geht, aber ich selbst fände es relativ leicht, einen roten Stift aus der Arbeit mitzunehmen, während es mir äußerst schwerfallen würde, das Geld aus der Kasse zu nehmen. (Zum Glück bin ich noch nie mit diesem Problem konfrontiert worden, da meine Tochter noch nicht zur Schule geht.)

Wie sich herausstellte, war es bei den MIT-Studenten ähnlich. Ich erwähnte bereits, dass die Cola-Dosen binnen 72 Stunden allesamt verschwunden waren. Ganz anders beim Geld! Die Teller mit den Dollarscheinen blieben 72 Stunden lang unangetastet, also bis ich sie wieder an mich nahm.

Was war hier geschehen?

Wenn wir uns so in unserer Welt umsehen, hat ein Großteil der Unehrlichkeit mit Betrügereien zu tun, die nur indirekt mit Geld zusammenhängen. Unternehmen betrügen bei ihren Bilanzen, Führungskräfte betrügen, indem sie rückdatierte Aktienoptionen wahrnehmen; Lobbyisten betrügen, indem sie Wahlpartys für Politiker ausrichten; Pharmaunternehmen betrügen, indem sie Ärzten und ihren Frauen Luxusurlaube finanzieren.

Sicher, all diese Leute betrügen nicht mit schnödem Geld

(außer gelegentlich). Und genau darum geht es mir: Betrügen ist viel leichter, wenn Geld nicht direkt im Spiel ist.

Glauben Sie, dass die für den Zusammenbruch von Enron Verantwortlichen – Kenneth Lay, Jeffrey Skilling und Andrew Fastow – alten Frauen Geld aus dem Portemonnaie gestohlen hätten? Sie raubten jedoch einer Menge alter Frauen Millionen Dollar in Form von Rentengeldern. Aber glauben Sie, sie hätten auch eine Frau mit einem Totschläger niedergestreckt und ihr Geld abgenommen? Vielleicht sind Sie anderer Meinung, aber ich neige dazu, diese Frage zu verneinen.

Was also erlaubt uns zu betrügen, wenn es um nicht unmittelbar monetäre Objekte geht, und was hält uns zurück, wenn es um Geld geht? Wie funktioniert dieser irrationale Impuls?

Da wir daran gewöhnt sind, unsere kleinen Schwindeleien zu rationalisieren, ist es häufig schwierig, sich ein klares Bild zu verschaffen, in welcher Weise nicht monetäre Objekte unsere Betrügereien beeinflussen. Wenn wir beispielsweise einen Bleistift entwenden, reden wir uns vielleicht ein, Büroartikel seien Teil unserer Gesamtentlohnung oder jeder lasse mal einen oder zwei Bleistifte mitgehen. Vielleicht sagen wir uns, hin und wieder eine Dose Cola aus dem Gemeinschaftskühlschrank zu stibitzen sei nicht schlimm, weil wir alle schon einmal erlebt haben, dass andere eine Dose Cola von uns genommen haben. Vielleicht glaubten Lay, Skilling und Fastow, es sei nicht so schlimm, die Bilanzen von Enron zu frisieren, da es nur eine vorübergehende Maßnahme sei, die wieder korrigiert werden könne, sobald das Geschäft wieder besser lief. Wer weiß?

Um zur wahren Natur von Unehrlichkeit und Betrug vorzustoßen, mussten wir also ein cleveres Experiment entwickeln, bei dem das fragliche Objekt der Begierde nur wenige

Ausflüchte bot. Wir dachten nach. Angenommen, wir verwendeten einen gewöhnlichen Poker-Chip. Das ist kein Geld, aber ebenso wenig ein Produkt wie etwa Cola oder ein Bleistift. Würde er uns Einblick in den Prozess des Betrügens geben? Sicher waren wir uns nicht, aber es schien uns vernünftig. Und so machten wir, Nina, On und ich, einen Versuch.

Es geschah Folgendes: Nachdem die MIT-Studenten in der Mensa zu Mittag gegessen hatten, fragten wir sie, ob sie an einem fünfminütigen Experiment teilnehmen wollten. Sie müssten nur, erklärten wir, zwanzig einfache Rechenaufgaben lösen (zwei Zahlen finden, die zusammen zehn ergeben). Und sie würden 50 Cent für jede richtige Antwort bekommen.

Das Experiment begann jedes Mal gleich, doch dann gab es drei Varianten. Als die Teilnehmer der ersten Gruppe fertig waren, gaben sie ihre Arbeitsblätter dem Versuchsleiter, der ihre richtigen Antworten zählte und ihnen dafür jeweils 50 Cent gab. Die Teilnehmer der zweiten Gruppe wurden gebeten, ihre Arbeitsblätter zu zerreißen, die Papierfetzen in ihre Taschen oder Rucksäcke zu stecken und dem Versuchsleiter einfach ihr Ergebnis mitzuteilen. So weit war dieses Experiment also ähnlich wie die Ehrlichkeitstests, die in Kapitel elf beschrieben wurden.

Die Teilnehmer der dritten Gruppe aber erhielten eine wichtige andere Anweisung. Wie die vorige Gruppe sollten auch sie ihre Arbeitsblätter zerreißen und dem Versuchsleiter sagen, wie viele Fragen sie richtig beantwortet hatten. Doch der würde ihnen kein Bargeld geben, sondern stattdessen einen Poker-Chip pro angeblich gelöster Frage. Dann sollten die Probanden quer durch den Raum (etwa drei Meter) zu einem anderen Mitarbeiter gehen, der ihnen für jeden Chip 50 Cent geben würde.

Ahnen Sie vielleicht schon, was wir mit dieser Versuchsanordnung bezweckten? Würde sich das Einschieben eines Poker-Chips in den Verlauf der Transaktion – ein wertloses Stück Plastik, das kein Geld war – auf die Ehrlichkeit der Studenten auswirken? Würde der Poker-Chip die Studenten veranlassen, bei der Angabe der Zahl ihrer richtigen Antworten weniger ehrlich zu sein als diejenigen, die sofort Bargeld erhielten? Und wenn ja, wie weit würden sie dabei gehen?

Selbst wir waren von dem Ergebnis überrascht: Die Teilnehmer der ersten Gruppe (die keine Möglichkeit hatten, zu schwindeln) lösten durchschnittlich 3,5 Fragen – sie stellten unsere Kontrollgruppe dar.

Die Teilnehmer der zweiten Gruppe, die ihre Arbeitsblätter zerrissen hatten, behaupteten, im Schnitt 6,2 Fragen richtig beantwortet zu haben. Da wir davon ausgehen können, dass die Studenten nicht einfach durch das Zerreißen ihrer Arbeitsblätter klüger geworden waren, können wir sagen, dass die 2,7 Fragen, die sie angeblich über die Kontrollgruppe hinaus gelöst hatten, gemogelt waren.

Doch was die Unverfrorenheit des Betrugs betraf, schoss die dritte Gruppe den Vogel ab. Obwohl nicht klüger als die Teilnehmer der ersten beiden Gruppen, behaupteten sie, im Durchschnitt 9,4 Fragen gelöst zu haben – also 5,9 mehr als die Kontrollgruppe und 3,2 mehr als die zweite Gruppe.

Das bedeutet, dass die Studenten, sofern sich die Gelegenheit bot, unter normalen Umständen um 2,7 Punkte betrogen. Angesichts derselben Gelegenheit, jedoch unter der Voraussetzung, dass sie kein echtes Geld bekommen würden, verschlimmerte sich ihr Betrug um 5,9 Punkte – also um mehr als das Doppelte. Was für ein Unterschied zwischen einem Betrug um Geld und einem Betrug um etwas, das nur indirekt mit Geld zu tun hat!

Sollten Sie jetzt überrascht sein, bedenken Sie Folgendes.

Von den 2000 Teilnehmern in unseren Ehrlichkeitstests (beschrieben in Kapitel elf) behaupteten nur vier, alle Probleme gelöst zu haben. Mit anderen Worten, die Rate des »totalen Betrugs« betrug zwei pro tausend.*

Bei dem Experiment jedoch, bei dem wir bei einer Gruppe eine Ersatzwährung einschoben (den Poker-Chip), schummelten 24 der 450 Teilnehmer voll und ganz. Wie viele dieser »extremen Betrüger« gehörten der Gruppe an, die Geld erhielt, wie viele der Gruppe, die zunächst Chips erhielt? Alle gehörten der letzten Gruppe an (24 von 150 Studenten betrogen hier voll und ganz, was einem Verhältnis von etwa 160 zu 1000 Teilnehmern entspricht). Das bedeutet, dass die Chips die Probanden nicht nur von moralischen Hemmungen »befreit« hatten, sondern gar nicht wenige von ihnen in einem Maß, dass sie schummelten, wie es nur eben ging.

Dieses Betrugsniveau ist zweifellos schlimm, aber es hätte schlimmer sein können. Vergessen wir nicht, dass die Poker-Chips in unserem Experiment binnen Sekunden in Geld umgewechselt wurden. Wie hoch wäre die Betrugsrate wohl gewesen, wenn dies ein paar Tage, Wochen oder Monate gedauert hätte (wie beispielsweise bei einer Aktienoption)? Hätten dann noch mehr Teilnehmer betrogen und in höherem Maße?

Wir wissen jetzt, dass die Menschen, sobald sie die Gelegenheit bekommen, betrügen. Doch wirklich seltsam ist, dass die meisten von uns das nicht voraussehen. Als wir Studenten bei

---

* Theoretisch besteht die Möglichkeit, dass einige Teilnehmer tatsächlich alle Aufgaben lösten. Da jedoch keiner bei unseren Experimenten behauptete, 14, 15, 16, 17, 18 oder 19 Aufgaben gelöst zu haben, ist die Wahrscheinlichkeit, dass vier unserer Teilnehmer 20 Fragen richtig beantworteten, äußerst gering. Aus diesem Grund nahmen wir an, dass sie gemogelt hatten.

einem anderen Experiment fragten, wer ihrer Meinung nach eher zum Betrug neige – diejenigen, die Geld, oder diejenigen, die Spielmarken erhielten –, meinten sie durchweg, die Betrugsrate sei in beiden Fällen dieselbe. Schließlich stünden die Spielmarken ja für richtiges Geld – und sie würden binnen Sekunden in Bargeld umgetauscht. So sagten sie voraus, dass die Teilnehmer die Chips wie richtiges Geld behandeln würden.

Doch wie sehr irrten sie sich da! Ihnen war nicht klar, wie schnell wir unsre Unehrlichkeit rationalisieren können, wenn es nicht direkt um Geld geht. Natürlich sind wir nicht weniger blind als sie, und das ist vielleicht der Grund, warum es so viel Betrug gibt. Vielleicht sind Jeff Skilling, Bernie Ebbers und all die Führungskräfte, die in den letzten Jahren belangt wurden, deshalb mitsamt ihren Unternehmen auf die schiefe Bahn geraten.

Natürlich haben wir an dieser Stelle alle einen Schwachpunkt. Denken Sie nur einmal an den so häufig vorkommenden Versicherungsbetrug. Schätzungen zufolge strecken Kunden, die Haus- oder Autoschäden melden, ihre Ansprüche um etwa zehn Prozent. (Sobald Sie einen übertrieben hohen Schaden melden, hebt die Versicherung selbstverständlich Ihre Prämie an, so dass Sie es mit gleicher Münze heimgezahlt bekommen.) Auch hier gilt, dass nur wenige Kunden völlig schamlose Forderungen stellen. Vielmehr wird beispielsweise beim Verlust eines 27-Zoll-Fernsehers ein 32-Zoll-Fernseher angegeben, statt eines 32-Zoll- ein 36-Zoll-Fernseher und so weiter. Dieselben Menschen würden höchstwahrscheinlich der Versicherung nicht direkt Geld stehlen (so verlockend das auch manchmal sein mag), aber zu melden, was sie gar nicht mehr haben –, und dessen Größe und Wert nur ein wenig nach oben zu korrigieren – macht die moralische Last ein wenig leichter.

Es gibt aber auch noch andere interessante Formen des Betrugs. Haben Sie schon einmal etwas von »Wardrobing« gehört? Wardrobing heißt, dass man ein Kleidungsstück kauft, es eine Weile trägt und es dann in einem solchen Zustand wieder umtauscht, dass das Geschäft es akzeptieren muss, es aber nicht mehr verkaufen kann. Dabei stehlen die Kunden dem Unternehmen nicht direkt Geld. Stattdessen handelt es sich um ein ständiges Kaufen und Umtauschen, bei dem viele unklare Transaktionen im Spiel sind. Eine Folge dieser »Mode« aber ist vollkommen klar – die Bekleidungsindustrie schätzt ihre jährlichen Verluste durch Wardrobing auf etwa 16 Milliarden Dollar (auf etwa dieselbe Summe wird der jährliche Gesamtschaden durch Wohnungseinbrüche und Autodiebstähle geschätzt).

Und wie steht es mit den Spesenabrechnungen? Von Menschen, die auf Geschäftsreise gehen, wird erwartet, dass sie die Regeln kennen, aber auch Spesenabrechnungen haben nur indirekt mit Geld zu tun. In einer Studie stellten Nina und ich fest, dass hinsichtlich der Möglichkeit, falsche Angaben zu machen, nicht alle Ausgaben gleich bewertet werden. So galt zum Beispiel der Kauf eines Fünf-Dollar-Bechers für eine attraktive fremde Dame eindeutig als Tabu, derselben Dame in einer Bar einen Drink für acht Dollar zu spendieren war hingegen ausgesprochen leicht zu rechtfertigen. Der Unterschied lag nicht im Preis oder in der Angst, erwischt zu werden, sondern darin, ob die jeweilige Person es vor sich selbst rechtfertigen konnte, die Ausgabe auf die Spesenabrechnung zu setzen.

Ein paar weitere Untersuchungen zur Frage der Spesenabrechnungen ergaben ähnliche Rationalisierungen. In einer Studie zeigte sich, dass Leute, die ihren Mitarbeitern ihre Spesenabrechnungen zur Weitergabe in die Hand drücken, damit schon einen Schritt von dem betrügerischen Akt entfernt sind und eher dazu neigen, fragwürdige Belege dazwischenzuschmuggeln. Eine andere Studie ergab, dass Geschäftsleute, die in New York leben, ein Geschenk für ihr Kind eher als Geschäftsausgabe deklarieren, wenn sie es am Flughafen von San Francisco (oder irgendwo anders weit weg von ihrem Wohnsitz) erworben haben, als wenn sie es am Flughafen von New York oder auf dem Nachhauseweg vom Flughafen gekauft haben. All das erscheint nicht logisch, aber wenn das Mittel des Tausches nicht Geld ist, steigt unsere Fähigkeit zu rationalisieren sprunghaft an.

Vor ein paar Jahren wurde ich selbst einmal Opfer eines Betrugs. Jemand war in mein Skype-Benutzerkonto eingedrungen (eine sehr coole Internet-Telefon-Software), und mein PayPal-Konto (ein Internet-Zahlungssystem) war mit ein paar hundert Dollar belastet worden.

Ich glaube nicht, dass die Person, die das getan hat, ein abgebrühter Krimineller war; aus der Sicht eines Verbrechers hätte er nämlich damit nur Zeit und Talent verschwendet, denn wer so clever ist, in Skype einzudringen, hätte sich wahrscheinlich auch Zugang zu Amazon-, Dell- oder sogar Kreditkartenkonten verschaffen und im Verhältnis zu der aufgewendeten Zeit weit mehr herausholen können. Ich stelle mir vielmehr vor, dass die betreffende Person ein begabter junger Mensch war, der, nachdem er mein Konto »geknackt« hatte, alle möglichen Leute anrief, die bereit waren, sich mit ihm zu unterhalten, bis ich wieder die Kontrolle über mein Konto hatte. Vielleicht war es aber auch ein Technikfreak, für den es eine Herausforderung darstellte, oder ein Student, dem ich einmal eine schlechte Note gegeben hatte und der es mir heimzahlen wollte.

Würde dieser junge Hacker Geld aus meiner Geldbörse stehlen, selbst wenn er wüsste, dass niemand ihn erwischen würde? Möglich, aber ich vermute, dass die Antwort eher Nein lautet. Es gab nämlich ein paar Aspekte an Skype und daran, wie mein Konto eingerichtet war, die der betreffenden Person ihr Tun erleichterten und es ihr ermöglichten, sich moralisch nicht verantwortlich zu fühlen: 1. Sie stahl mir Telefonminuten, nicht direkt Geld. 2. Sie gewann nichts Greifbares aus dieser Transaktion. 3. Sie stahl von Skype, nicht direkt von mir. 4. Sie könnte gemeint haben, dass am Ende Skype, nicht ich, die Kosten tragen müsste. 5. Die Kosten der Telefonate wurden mir auf automatischem Weg über PayPal belastet. Hiermit aber haben wir einen weiteren Zwischenschritt in dem Prozess – eine weitere Ebene der Unklarheit darüber, wer schließlich die Kosten zu tragen hatte. (Nur falls Sie es wissen wollen: Ich habe nach diesem Vorfall sofort diese direkte Verbindung zu PayPal gelöscht.)

Hat diese Person mir etwas gestohlen? Gewiss, aber es gab vieles, was dafürsprach, dass man die Tat nicht eindeutig als Diebstahl bezeichnen konnte. Ich glaube wirklich nicht, dass sich dieser Mensch für einen Betrüger hielt. Er hatte kein Geld entwendet, oder? Und wirklich zu Schaden gekommen war doch auch niemand? Dieser Gedanke ist beunruhigend. Wenn mein Problem wirklich der Tatsache geschuldet war, dass bei Skype die Transaktionen nicht auf dem direkten Geldweg stattfanden, dann ist noch vieles mehr bedroht, zum Beispiel alle möglichen Online-Dienste und vielleicht sogar Kredit- und Lastschriftkarten. All diese Transaktionen auf elektronischem Weg, bei denen kein physischer Geldtausch von Hand zu Hand stattfindet, animieren die Menschen womöglich eher zum Betrug – ohne dass sie das Unmoralische ihres Handelns jemals hinterfragen oder richtig erkennen.

Bei unseren Studien gewann ich aber noch einen anderen, düsteren Eindruck. Bei den Teilnehmern unserer Experimente handelte es sich durchweg um kluge, sozial eingestellte, rechtschaffene Menschen, die eine klare Vorstellung davon hatten, wie weit sie bei ihren Betrügereien gehen würden, selbst wenn es dabei um eine nicht in Geld dargestellte Währung wie die Poker-Chips ging. Für fast alle gab es einen Punkt, an dem ihr Gewissen sie ermahnte, nicht weiterzugehen, und daran hielten sie sich auch. Demzufolge stellte die Unehrlichkeit, die wir bei unseren Experimenten beobachteten, wahrscheinlich die untere Grenze menschlicher Unehrlichkeit überhaupt dar: das Maß an unredlichem Handeln, das Individuen praktizieren, die ethischen Prinzipien folgen wollen und sich als moralische Wesen betrachten – die sogenannten guten Menschen.

Beängstigend ist, dass wir bei Experimenten mit einer Ersatzwährung, die nicht sofort in Geld umgetauscht werden könnte wie unsere Poker-Chips, oder mit Individuen, denen ihre Ehrlichkeit weniger wichtig oder deren Verhalten öffentlich nicht unmittelbar sichtbar wäre, höchstwahrscheinlich eine höhere Betrugsrate angetroffen hätten. Mit anderen Worten: Das Maß an Täuschung, das wir feststellten, war vermutlich weitaus geringer als das, welches wir in der realen Welt beobachtet hätten.

Nun stellen Sie sich einmal ein Unternehmen oder die Abteilung eines Unternehmens unter der Führung eines Menschen vom Typ eines Gordon Gekko vor, dessen Devise lautet: »Gier ist gut.« Nehmen wir weiter an, er animiere mit Mitteln zu Betrügereien, die nicht aus Geld bestehen. Können Sie sich ausmalen, wie solch ein raffgieriger Mensch das Denken von Menschen verändert, die im Prinzip ehrlich sein wollen und sich auch für ehrlich halten, andererseits aber ihre Stelle nicht verlieren und in der Welt weiterkommen wollen? Unter solchen Bedingungen können uns Mittel dieser Art auf Abwege führen. Sie bewirken, dass wir unser Gewissen ignorieren und unbekümmert genießen, was wir durch Unehrlichkeit erworben haben.

Dieser Blick auf die Wirklichkeit ist besorgniserregend. Wir können hoffen, uns mit guten, moralischen Menschen zu umgeben, aber wir müssen realistisch sein. Selbst gute Menschen sind nicht gegen partielle Verblendung durch ihr eigenes Denken gefeit. Diese Blindheit führt dazu, dass sie Dinge tun, bei denen sie um finanzieller Vorteile willen ihre eigenen moralischen Maßstäbe außer Acht lassen. Im Grunde kann uns die Motivation darüber täuschen, ob wir gute, moralische Menschen sind oder nicht.

So stellte der Schriftsteller und Journalist Upton Sinclair einmal richtig fest: »Es ist schwierig, einem Menschen etwas begreiflich zu machen, wenn sein Gehalt darauf beruht, es nicht zu begreifen.« Man könnte den folgenden Satz hinzufügen: Noch schwieriger ist es, einem Menschen etwas begreiflich zu machen, wenn er es mit nicht monetären Währungen zu tun hat.

Das Problem der Unehrlichkeit besteht übrigens nicht nur bei Individuen. In den letzten Jahren haben wir gesehen, dass die Ehrlichkeit in der Wirtschaft im Allgemeinen abgenommen hat. Ich spreche nicht von großen Betrügereien, wie sie bei Enron oder Worldcom entdeckt wurden. Ich meine die kleinen unredlichen Tricks, die mit dem Klauen einer Cola aus dem Kühlschrank vergleichbar sind. Anders gesagt, es gibt Unternehmen, die uns sozusagen nicht das Geld vom Teller stehlen, sondern Dinge, die nur indirekt mit Geld zu tun haben.

Hierfür könnte man unzählige Beispiele nennen. Kürzlich ging ein Freund von mir, der seine Vielfliegermeilen für einen

Urlaub aufgehoben hatte, zu der Fluggesellschaft, die diese Meilen vergeben hatte. Dort sagte man ihm, dass alle Flüge, die er ausgesucht hatte, ausgebucht seien. Obwohl er 25 000 Meilen angesammelt hatte, konnte er sie nicht verwenden (und er hatte etliche Flugtermine zur Auswahl). Wenn er jedoch, wie die Mitarbeiterin der Fluggesellschaft ihm erklärte, 50 000 Meilen einsetzen wolle, könnte es noch ein paar Plätze geben. Sie sah nach. Natürlich gab es für sämtliche in Frage kommenden Termine noch Tickets.

Wahrscheinlich stand irgendwo im Kleingedruckten der Broschüre für Vielflieger, dass dies seine Richtigkeit habe. Für meinen Freund aber stellten die 25 000 Meilen, die er angesammelt hatte, eine Menge Geld dar – etwa 450 Dollar. Hätte die Fluggesellschaft ihn auch um dieselbe Summe in Form von Geld betrogen? Hätte sie ihm das Geld von seinem Konto gestohlen? Nein. Doch da es sich indirekt doch um Geld handelte, stahl sie es ihm in Form der Zusatzforderung von 25 000 Meilen.

Nehmen wir ein anderes Beispiel: die Gebühren, die die Banken für Kreditkarten verlangen. Denken Sie an die Zinsberechnung bei Teilrückzahlungen. Dabei gibt es verschiedene Varianten, aber das Grundprinzip ist folgendes: Wenn Sie Ihre Kreditkartenrechnung nicht auf einen Schlag bezahlen, wird das Kreditinstitut nicht nur eine hohe Zinsrate bei neuen Einkäufen, sondern auch Zinsen für vergangene Kreditkartennutzungen verlangen. Als sich der Bankenausschuss des Senats vor kurzem mit dieser Praxis beschäftigte, ließen zahlreiche Berichte von Betroffenen die Banken als ziemlich unredlich dastehen. So belief sich beispielsweise bei einem Mann aus Ohio, der seine Kreditkarte mit 3200 Dollar belastet hatte, die Schuld bald auf 10 700 Dollar – aufgrund von Mahn- und sonstigen Gebühren sowie Zinsen.

Bei den untersuchten Banken handelte es sich nicht um dubiose Briefkastenfirmen, die hohe Zinsen und Gebühren verlangten, sondern um amerikanische Banken, die zu den größten und wahrscheinlich auch angesehensten im Land gehören – und deren Werbung Ihnen das Gefühl zu geben versucht, Sie und die Bank seien eine »Familie«. Würde ein Familienangehöriger Ihnen die Brieftasche stehlen? Nein. Diese Banken aber würden es bei einer Transaktion, die nicht unmittelbar mit Bargeld zu tun hat, offenbar tun.

Wenn man Unehrlichkeit durch diese Brille betrachtet, wird deutlich, dass man jeden Morgen, wenn man die Zeitung aufschlägt, weitere Beispiele hinzufügen könnte.

Und so kehren wir nun zu unserer ersten Beobachtung zurück: Ist Geld nicht etwas Seltsames? Sobald wir mit Geld zu tun haben, sind wir darauf vorgeprägt, uns zu verhalten, als hätten wir soeben einen Ehrenkodex unterzeichnet. Und wenn man sich einen Dollarschein ansieht, dann scheint er tatsächlich einen Vertrag zu beschwören: »Die Vereinigten Staaten von Amerika« steht dort in auffälliger Schrift, die mit einem Schatten unterlegt ist, so dass sie wie dreidimensional wirkt. Und kein anderer als George Washington ist darauf abgebildet, der, wie wir alle wissen, niemals gelogen hätte. Auf der Rückseite wird es noch ernster: »Wir vertrauen auf Gott« heißt es dort. Und dann ist da diese seltsame Pyramide mit dem starr blickenden Auge! Es sieht uns direkt an! Und neben all dieser Symbolik könnte die Heiligkeit des Geldes noch durch die Tatsache gestützt werden, dass es sich um eine eindeutige Tauscheinheit handelt. Man kann wohl kaum sagen, zehn Cent seien nicht zehn Cent oder ein Dollar nicht ein Dollar.

Ganz anders hingegen der Spielraum bei Transaktionen, die nicht direkt mit Geld abgewickelt werden. Es gibt immer eine Interpretation, die uns gut in den Kram passt. Egal, ob wir einen Bleistift aus der Arbeit stibitzen oder eine Cola aus dem Gemeinschaftskühlschrank nehmen – oder gar unsere Aktienoptionen rückdatieren –; wir werden immer eine Erklärung dafür finden. Wir können betrügen, ohne uns als Betrüger zu fühlen. Wir können etwas stehlen, während sich unser Gewissen offenbar im Tiefschlaf befindet.

Wie können wir das ändern? Wir könnten zum Beispiel jeden Gegenstand im Büroschrank mit einem Preisetikett versehen, bei Aktiengeschäften und Aktienoptionen eine Sprache verwenden, die klar und deutlich ihren Geldwert zu erkennen gibt. Im Allgemeinen aber müssen wir uns der Beziehung zwischen nicht monetärer Währung und unserer Neigung zum Betrug bewusst werden. Wir müssen erkennen, dass dort, wo es indirekt um Geld geht, unsere Bereitschaft zum Betrug größer ist, als wir ahnen. Dies müssen wir uns unbedingt klar und deutlich vor Augen führen, als Einzelne und als Gesellschaft – und zwar bald.

Warum? Einmal, weil die Tage des Bargelds gezählt sind. Bargeld ist ein Hemmschuh für die Profite der Banken. Und dann, weil das elektronische Zahlungssystem ausgesprochen profitabel ist. In den Vereinigten Staaten stiegen die Profite aus Kreditkarten von neun Milliarden Dollar im Jahr 1996 auf den Rekord von 27 Milliarden Dollar im Jahr 2004. Experten des Bankwesens zufolge wird es im Jahr 2010 neue elektronische Transaktionen in Höhe von 50 Milliarden Dollar geben; das ist etwa das Doppelte der Umsätze von Visa und MasterCard im Jahr 2004 zusammengenommen.[23] Daher lautet die Frage, wie wir unsere Neigung zum Betrug unter Kontrolle bekommen, wo wir doch offensichtlich nur durch den Anblick von Geld zur Vernunft gebracht werden können – und was zu tun ist, da dieses im Schwinden begriffen ist.

Willie Sutton sagte einmal, er habe Banken ausgeraubt, weil dort das Geld sei. Nach dieser Logik würde er heute womöglich das Kleingedruckte für ein Kreditkartenunternehmen schreiben oder für eine Fluggesellschaft die angeblich ausgebuchten Termine anstreichen. Dort ist zwar nicht die bare Münze, aber sicher das große Geld.

DREIZEHN

Bier und kostenlose Ratschläge

Was ist Verhaltensökonomik,
und wo kann man risikolose Gewinne machen?

Die Carolina Brewery ist ein hippes Lokal in der Franklin Street, der Hauptstraße vor der University of North Carolina in Chapel Hill. In der hübschen Straße mit den Backsteinhäusern und den alten Bäumen gibt es zahlreiche Restaurants, Bars und Cafés – mehr, als man in einer Kleinstadt erwartet.

Die Carolina Brewery ist ein altes Gebäude mit hohen Decken und nackten Balken und ein paar großen Sudkesseln, das einen netten Abend verheißt. Im ganzen Raum stehen verstreut halb separierte Tische. Es ist eines der Lieblingslokale von Studenten, aber auch von älteren Leuten, die das gute Bier und das leckere Essen zu schätzen wissen.

Kurz nachdem ich meine Stelle am MIT angetreten hatte, dachten Jonathan Levav (Professor an der Columbia University) und ich uns Fragen aus, die wir in einer solch angenehmen Kneipe stellen könnten. Wir kamen auf folgende: Beeinflussen die nacheinander folgenden Bestellungen die Auswahl, die die Leute an einem Tisch letztlich treffen? Anders ausgedrückt: Lassen sich die Gäste von der Wahl der anderen am Tisch beeinflussen? Zweitens: Wenn das der Fall ist, zeigt sich dann eher eine Konformität oder eine Nichtkonformität? Mit anderen Worten: Würden die Gäste an einem Tisch absichtlich andere Biersorten bestellen als die anderen oder eher dieselben? Schließlich wollten wir noch herausfinden, ob sich die Leute, die sich von der Wahl der anderen beeinflussen ließen, dann besser oder schlechter fühlten beziehungsweise ob sie ihr Bier mehr oder eher weniger genossen.

In diesem Buch habe ich Experimente beschrieben, von denen ich hoffte, sie würden überraschende und erhellende Ergebnisse bringen. Wenn dies eintrat, dann im Großen und Ganzen deshalb, weil sie der allgemeinen Annahme zuwiderliefen, dass wir im Grunde alle rational handeln. Immer wieder habe ich Beispiele geschildert, die Shakespeares Darstellung unserer Gattung im Hamlet widerlegen: »Welch ein Meisterwerk ist der Mensch!« Wir sind nicht »edel durch Vernunft« noch »unbegrenzt an Fähigkeiten« und »im Begreifen« ziemlich schwach. (Ich glaube, ehrlich gesagt, dass Shakespeare das sehr gut wusste und das, was er Hamlet an dieser Stelle sagen lässt, nicht der Ironie entbehrt.)

In diesem letzten Kapitel werde ich ein Experiment vorstellen, das ein weiteres Beispiel für unsere vorhersehbare Irrationalität ist. Anschließend werde ich die gängige Sicht der konventionellen Ökonomen auf das menschliche Verhalten weiter ausführen, es mit der Verhaltensökonomik kontrastieren und einige Schlüsse ziehen. Beginnen wir mit dem Experiment.

Um zum Boden des brodelnden Fasses mit Fragen vorzudringen, die wir uns in der Carolina Brewery ausgedacht hatten, beschlossen Jonathan und ich, uns kopfüber hineinzustürzen – metaphorisch natürlich. Zunächst baten wir den Geschäftsführer, den Gästen kostenlos Bier auszuschenken – das wir selbstverständlich bezahlen würden. (Können Sie sich vorstellen, wie schwer es später war, die Buchhaltung des MIT davon zu überzeugen, eine Rechnung über 1400 Dollar als Forschungsspesen zu akzeptieren?) Der Geschäftsführer willigte gern ein. Schließlich würde er mit uns guten Umsatz machen, und die Freibiere würden bei den Gästen den Wunsch verstärken, wiederzukommen.

Als er uns unsere Kellnerschürzen gab, nannte er uns seine einzige Bedingung: Wir mussten die Bestellungen innerhalb einer Minute aufnehmen, nachdem die Leute sich hingesetzt hatten. Wenn wir es in dieser Zeit nicht schafften, sollten wir den normalen Kellnern Bescheid geben, die die Aufgabe dann für uns übernehmen würden. Das war nur vernünftig. Der Geschäftsführer wusste nicht, wie effizient wir als Kellner arbeiten würden, und er wollte nicht, dass die Gäste zu lange warten mussten. Schließlich nahmen wir unsere Arbeit auf.

Kaum dass eine Gruppe Platz genommen hatte, ging ich zu ihrem Tisch. Anscheinend handelte es sich um zwei Studentenpärchen in unteren Semestern. Die beiden jungen Männer trugen vermutlich ihre besten Hosen, und die jungen Damen waren so stark geschminkt, dass Elizabeth Taylor im Vergleich dazu natürlich gewirkt hätte. Ich begrüßte sie, bot ihnen das Freibier an und beschrieb die vier Sorten:

- Coppeline Amber Ale: ein mittelstarkes Red Ale mit einem ausgewogenen Hopfen-Malz-Geschmack und der traditionellen Fruchtigkeit.
- Franklin Street Lager: ein blondes Lagerbier nach Pilsart mit einem weichen Malzgeschmack und einem frischen hopfigen Abgang.
- India Pale Ale: ein stark hopfiges, kräftiges Bier, das ursprünglich gebraut wurde, weil es die lange Seereise von England um das Kap der Guten Hoffnung nach Indien unbeschadet überstand. Trocken hopfiger Antrunk von Cascade-Hopfen mit einem duftig blumigen Abgang.

❧ Summer Wheat Ale: ein Ale im bayerischen Stil mit 50 Prozent Weizen; ein leichtes, spritziges, erfrischendes Sommergetränk. Sanft hopfig mit einzigartigem Aroma, das mit einem Anflug von genuin deutscher Hefegärung an Banane und Nelke denken lässt.

Welches würden Sie wählen?

Coppeline Amber Ale
Franklin Street Lager
India Pale Ale
Summer Wheat Ale

Nachdem wir die Biere beschrieben hatten, fragte ich den blonden jungen Mann, welches er wünsche, und er bestellte das India Pale Ale. Als Nächste kam die junge Dame mit der raffinierteren Frisur an die Reihe; sie entschied sich für ein Franklin Street Lager. Die andere nahm das Copperline Amber Ale, und ihr Freund schließlich das Summer Wheat Ale. Ich beeilte mich, mit dem Bestellzettel zum Tresen zu kommen, wo Bob, der hochgewachsene, stattliche Barmann – ein Informatikstudent im höheren Semester – mich lächelnd erwartete. Da er wusste, dass wir es eilig hatten, zog er meine Bestellung allen anderen vor. Anschließend trug ich das Tablett mit den vier kleinen Probebieren zu dem Tisch mit den zwei Pärchen und stellte die Gläser vor sie hin.

Dazu reichte ich jedem einen kurzen Fragebogen, der auf dem Briefpapier der Brewery gedruckt war. Die Probanden wurden gefragt, wie ihnen das Bier schmecke und ob sie ihre Wahl bereuten. Nachdem ich die »Fragebogen« eingesammelt hatte, beobachtete ich die vier jungen Leute aus der Ferne, um zu sehen, ob jemand vielleicht einen Schluck vom Bier eines anderen nahm. Wie sich herausstellte, ließ niemand einen anderen von seinem Bier probieren.

Jonathan und ich wiederholten diese Prozedur an 49 weiteren Tischen. Bei den darauffolgenden 50 Tischen sah unser Vorgehen dann etwas anders aus: Nachdem wir die Beschreibung der Biere vorgetragen hatten, gaben wir den Teilnehmern eine kleine Speisekarte mit den Namen der vier Biere und baten jeden, seine Bestellung schriftlich abzugeben statt mündlich. Auf diese Weise war das Bestellen keine öffentliche Angelegenheit mehr, sondern eine private. So konnte niemand hören, was die anderen bestellten – auch nicht diejenigen, die man vielleicht unbedingt beeindrucken wollte –, und somit nicht davon beeinflusst werden.

Was geschah? Es stellte sich heraus, dass bei der laut ausgesprochenen Bestellung die Wahl der Einzelnen anders ausfiel als bei der Wahl im Stillen. Wenn unsere Probanden nacheinander bestellten, wählten sie mehr oder weniger verschiedene Biersorten – sorgten also im Grunde für Vielfalt. Besonders deutlich wurde dies daran, dass das Summer Wheat Ale nicht besonders beliebt war, doch als die übrigen Biere bereits »vergeben« waren, meinten unsere Teilnehmer, etwas anderes als die Freunde nehmen zu müssen – vielleicht, um zu zeigen, dass sie ihren eigenen Geschmack hatten und es nicht den anderen nachmachen wollten –, und so wählten sie ein Bier, das sie ursprünglich vielleicht gar nicht genommen hätten, das aber ihrer Individualität Ausdruck verlieh.

Und wie schmeckte ihnen das gewählte Bier? Man sollte annehmen, dass jemandem, der nur deshalb ein von allen anderen nicht bestelltes Bier gewählt hat, um damit seine Einzigartigkeit unter Beweis zu stellen, dieses Bier auch nicht besonders schmeckt. Und genau so war es. Insgesamt waren die, die ihre Bestellung laut aussprachen – so, wie man in einem Restaurant üblicherweise bestellt –, nicht so zufrieden wie diejenigen, die still ihre Wahl treffen konnten, ohne die Meinung anderer in Betracht zu ziehen. Allerdings gab es eine wichtige Ausnahme: Der Erste in der Gruppe derjenigen, die laut bestellten, befand sich de facto in derselben Situation wie diejenigen, die ihre Wahl schriftlich trafen, da er unbelastet war durch die Meinung der anderen. Entsprechend zeigte sich, dass die erste Person in der Gruppe, die ihre Bestellung der Reihe nach aufgab, die zufriedenste in dieser Gruppe war und genauso zufrieden wie diejenigen, die ihr Bier schriftlich bestellten.

Übrigens passierte etwa Lustiges, als wir das Experiment in der Carolina Brewery durchführten: Als ich in meinem Kellnergewand zu einem der Tische ging und dem dort sitzenden Pärchen die Karte vorlas, bemerkte ich plötzlich, dass der männliche Gast Rick war, ein Student der Informatik im höheren Semester, mit dem ich drei oder vier Jahre zuvor bei einem Projekt zum Thema Computerbilder zusammengearbeitet hatte. Da unser Experiment jedes Mal in derselben Weise durchgeführt werden musste, war dies nicht der geeignete Zeitpunkt, mit ihm zu plaudern, und so setzte ich mein Pokerface auf und begann, die Biere in sachlichem Ton zu beschreiben. Als ich damit fertig war, fragte mich Rick, wie es mir gehe.

»Sehr gut, danke«, antwortete ich. »Welches Bier darf ich dir bringen?«

Er und seine Begleiterin bestellten, dann machte Rick erneut einen Versuch, ein Gespräch zu beginnen: »Dan, hast du eigentlich deinen Doktor gemacht?«

»Ja«, sagte ich. »Vor ungefähr einem Jahr. Entschuldige, ich bringe euch gleich euer Bier.« Während ich zum Tresen ging, wurde mir klar, dass Rick anscheinend dachte, dies sei mein Beruf; mit einem Abschluss in Sozialwissenschaften bleibe einem wohl nichts anderes übrig. Als ich mit den Gläsern zu dem Tisch zurückkehrte, probierten Rick und seine Begleiterin – es war seine Frau – das Bier und beantworteten die wenigen Fragen. Dann versuchte es Rick wieder. Er habe, sagte er, vor kurzem einen Artikel von mir gelesen, und er habe ihm sehr gefallen. Es war ein guter Artikel – das fand ich selbst –, aber ich glaube, er wollte mich nur ein wenig aufmuntern, weil er meinte, ich müsse mich als Bierkellner verdingen.

Eine weitere Studie – diesmal mit Weinproben –, die wir später mit MBA-Studenten an der Duke University durchführten, ermöglichte uns, ein paar persönliche Charakterzüge der Teilnehmer zu erfassen – was dem Geschäftsführer in der Carolina Brewery nicht so gut gefiel. Dies öffnete uns die Tür zu einem interessanten Phänomen. Wir fanden nämlich heraus, dass es einen Zusammenhang gibt zwischen der Neigung, andere alkoholische Getränke als die anderen am Tisch zu wählen, und einem Charakterzug, nämlich dem »Bedürfnis, einzigartig zu sein«. Im Wesentlichen heißt dies, dass Menschen, die darauf bedacht sind, ihre Einzigartigkeit zu demonstrieren, mit größerer Wahrscheinlichkeit ein alkoholisches Getränk wählen, das noch kein anderer bestellt hat, um eben ihre Individualität zu beweisen.

Daran zeigt sich, dass die Menschen manchmal bereit sind, auf einen Genuss zu verzichten, um anderen ein bestimmtes Bild von sich zu vermitteln. Bei der Auswahl eines Gerichts oder eines Getränks scheinen die Menschen zwei Ziele zu verfolgen: zu bestellen, was ihnen den größten Genuss bereitet, und vor den Freunden in einem positiven Licht zu erscheinen. Ein Problem entsteht dann, wenn sie, zum Beispiel beim Bestellen eines Gerichts, gezwungen sind, etwas zu nehmen, was sie nicht mögen – was sie häufig bereuen. Kurz gesagt: Die Menschen, insbesondere diejenigen mit einem großen Bedürfnis nach Einzigartigkeit, opfern oft ihren persönlichen Nutzen, um Nutzen in Form von Ansehen zu gewinnen.

Dies waren klare Ergebnisse, aber wir vermuteten, dass in anderen Kulturen – wo das Bedürfnis nach Einzigartigkeit nicht als positiver Charakterzug gilt – diejenigen, die in der Öffentlichkeit hörbar ihre Bestellung aufgaben, versuchen würden, ihr Zugehörigkeitsgefühl zur Gruppe zu demonstrieren, und mehr Konformität an den Tag legen würden. Bei einer Studie, die wir in Hongkong durchführten, war dies tatsächlich der Fall. Dort wählten die Probanden beim Bestellen in der Öffentlichkeit zwar auch Dinge, in diesem Fall Gerichte, die sie nicht so gern mochten wie die, die sie im Stillen wählten, aber hier wählten sie dabei dasselbe wie die erste Person in der Gruppe – aber auch sie begingen damit einen Fehler, den sie später bereuten, wenn auch anderer Art.

An diesem Experiment können Sie sehen, dass bei der Forschung wenigstens kleine Ratschläge fürs Leben herauskommen – ganz kostenlos. Erstens: Wenn Sie in ein Restaurant gehen, wäre es gut, wenn Sie Ihre Wahl treffen, bevor der Kellner kommt, und dann auch dabei bleiben. Die Beeinflussung durch die Bestellungen der anderen kann dazu führen, dass Sie sich am Ende für die schlechtere Alternative entscheiden. Wenn Sie fürchten, in jedem Fall beeinflusst zu werden, ist es ratsam, den anderen am Tisch Ihre Wahl mitzuteilen, bevor der Kellner kommt. Auf diese Weise haben Sie Anspruch auf Ihre Bestellung angemeldet, und es ist weniger wahrscheinlich, dass andere, selbst jemand, der vor Ihnen bestellt, das nimmt, was Sie ausgewählt haben. Aber natürlich ist es am besten, als Erster zu bestellen.

Vielleicht sollten Wirte ihre Gäste bitten, ihre Bestellungen für sich im Stillen abzugeben, so dass keiner von den Bestellungen seiner Begleiter beeinflusst wird. Wir bezahlen viel Geld für das Vergnügen, auswärts essen zu gehen, und damit könnte man höchstwahrscheinlich die Freude daran noch ein gutes Stück steigern.

Aber es gibt noch etwas Wichtigeres, was man aus diesem Experiment lernen kann – ja, eigentlich aus allem, was ich in den vorherigen Kapiteln ausgeführt habe: Die konventionelle Ökonomie geht davon aus, dass wir grundsätzlich rational handeln – dass wir alle relevanten Informationen für unsere Entscheidungen kennen, dass wir den Wert der verschiedenen uns vorliegenden Optionen einschätzen können und uns kognitiv nichts hindert, die Folgen der einzelnen Wahlmöglichkeiten abzuwägen.

Daraus ergibt sich, dass wir angeblich logische und vernünftige Entscheidungen treffen. Und für den Fall, dass wir uns von Zeit zu Zeit falsch entscheiden, geht die Standardökonomie davon aus, dass wir schnell aus unseren Fehlern lernen – entweder allein oder mit Hilfe der »Marktkräfte«. Auf der Grundlage dieser Annahmen ziehen die Wirtschaftswissenschaftler weitreichende Schlüsse alle möglichen Dinge betreffend, von Kauftrends über Gesetze bis hin zur Politik.

Doch wie die in diesem Buch (und an anderer Stelle) vorgelegten Ergebnisse zeigen, sind unsere Entscheidungsfindungen weitaus weniger rational bestimmt, als die Standardökonomie voraussetzt. Unser irrationales Verhalten ist weder zufällig noch ohne Sinn – sondern systematisch und vorhersagbar. Weil unser Gehirn in bestimmter Weise vorgepolt ist, machen wir alle wieder und wieder dieselben Fehler. Wäre es da nicht vernünftig, die gängige ökonomische Theorie zu modifizieren und uns von naiver Psychologie fernzuhalten, die häufig der Prüfung durch Verstand, Selbstbeobachtung und – am allerwichtigsten – durch die empirische Forschung nicht standhält?

Wäre eine ökonomische Theorie, die auf dem tatsächlichen Verhalten der Menschen beruht, nicht sinnvoller als eine, die auf dem basiert, wie sich Menschen verhalten sollten? Wie ich bereits in der Einleitung sagte, ist dieser einfache Gedanke die Grundlage der Verhaltensökonomik, die noch jung ist und von dem (ziemlich intuitiven) Gedanken ausgeht, dass sich die Menschen nicht immer rational verhalten und häufig falsche Entscheidungen treffen. Die in diesem Buch beschriebenen Forschungsergebnisse bilden nur einen kleinen Teil dieses neuen Fachs ab.

In vielerlei Hinsicht sind die gängige Wirtschaftstheorie und Shakespeares Auffassung hinsichtlich der menschlichen Natur optimistischer, weil sie davon ausgehen, dass unsere Fähigkeit, logisch zu denken, in keiner Weise eingeschränkt ist. Umgekehrt ist die Perspektive der Verhaltensökonomik, die menschliche Schwächen anerkennt, deprimierender, weil sie uns vorführt, dass wir in vielerlei Hinsicht unseren Idealen nicht gerecht werden. Die Erkenntnis, dass wir alle im persönlichen, beruflichen und sozialen Leben ständig irrationale Entscheidungen treffen, ist wohl ziemlich niederschmetternd. Aber es gibt einen Silberstreifen am Horizont: Dass wir alle Fehler machen, bedeutet auch, dass wir bessere Entscheidungen treffen können – und es daher Möglichkeiten für einen risikolosen Gewinn gibt.

Einer der Hauptunterschiede zwischen der Standard- und der Verhaltensökonomik hat mit dem Begriff des »risikolosen Gewinns« zu tun. Den Annahmen der Standardökonomie zufolge sind alle menschlichen Entscheidungen rational und sachlich begründet, motiviert durch eine exakte Vorstellung vom

Wert der Güter und Dienstleistungen und der Zufriedenheit (dem Nutzen), die diese Entscheidungen zur Folge haben. Das heißt, nach dieser Theorie versucht jeder Marktteilnehmer seinen Gewinn zu maximieren, und ist bestrebt, möglichst optimale Erfahrungen zu machen. Daher gibt es dieser Wirtschaftstheorie zufolge keinen »risikolosen Gewinn« – denn wenn es einen gibt, wird er schnell entdeckt und über eine Anpassung der Preise eliminiert.

Verhaltensökonomen hingegen glauben, dass die Menschen empfänglich sind für nicht zur Sache gehörige Einflüsse aus ihrer unmittelbaren Umgebung (die sogenannten Koneffekte), nicht zur Sache gehörende Emotionen, Kurzsichtigkeit und andere Formen der Irrationalität (Sie finden in jedem Kapitel dieses Buchs Beispiele dafür). Welche gute Seite könnte diese Erkenntnis haben? Die gute Seite daran ist, dass diese Fehler auch die Gelegenheit bieten, es besser zu machen. Wenn wir alle bei unseren Entscheidungen systematische Fehler begehen, warum sollten wir dann nicht neue Strategien, Instrumente und Methoden entwickeln, die uns helfen, bessere Entscheidungen zu treffen und unser allgemeines Wohlergehen zu steigern? Genau das ist die Bedeutung risikoloser Gewinne aus der Perspektive der Verhaltensökonomik – die Vorstellung, dass es Instrumentarien, Methoden und Strategien gibt, die uns allen helfen, bessere Entscheidungen zu treffen und folglich das zu erreichen, was wir erreichen wollen.

Für die Standardökonomie beispielsweise ist die Frage, warum Amerikaner nicht genügend für ihr Rentenalter sparen, überflüssig. Wenn wir alle in jedweder Hinsicht gute, sachlich begründete Entscheidungen treffen, sparen wir genau die Menge, die wir sparen wollen. Vielleicht sparen wir nicht viel, weil uns die Zukunft egal ist, weil wir uns darauf freuen, als Rentner die Erfahrung der Armut zu machen, weil wir erwarten, dass sich unsere Kinder um uns kümmern, oder weil wir hoffen, im Lotto zu gewinnen – es gibt viele mögliche Gründe. Der wichtige Punkt ist, dass wir aus der Sicht der Standardökonomie genau die unseren Präferenzen entsprechende, richtige Summe sparen.

Aus der Sicht der Verhaltensökonomik hingegen, die nicht davon ausgeht, dass die Menschen rational handeln, ist der Gedanke, dass wir nicht genug sparen, absolut vernünftig. Verhaltensökonomische Untersuchungen haben gezeigt, dass es viele mögliche Gründe gibt, warum Menschen nicht genügend für ihr Rentenalter sparen. Die Menschen schieben die Dinge gerne auf. Sie erkennen nur mit Mühe die wahren Kosten, die es mit sich bringt, wenn man nicht spart, und ebenso wenig die Vorteile des Sparens. (Um wie viel wäre Ihr Leben in der Zukunft schöner, wenn Sie in den nächsten zwanzig Jahren jeden Monat zusätzlich 1000 Dollar in Ihre Rentenkasse einzahlen würden?) Menschen, die ein Haus besitzen, glauben gern, sie wären reich. Es ist leicht, sich an einen bestimmten Konsum zu gewöhnen, aber schwer, ihn wieder aufzugeben. Und es gibt unendlich viele andere Gründe.

Aus Sicht der Verhaltensökonomik liegt das Potenzial, einen risikolosen Gewinn zu erzielen, in neuen Methoden, Mechanismen und Interventionen, die den Menschen helfen könnten, eher das zu erreichen, was sie wirklich wollen. So könnte zum Beispiel die in Kapitel sechs beschriebene neue, innovative Kreditkarte dazu beitragen, dass die Menschen ihre Ausgaben besser unter Kontrolle behalten. Ein weiteres Beispiel hierfür ist der sogenannte »Save more tomorrow«-Plan (»Lege dich heute fest, zukünftig mehr zu sparen«), den Dick Thaler und Shlomo Benartzi vor wenigen Jahren vorschlugen und testeten.

Und so funktioniert diese Methode: Wenn eine Firma neue

Mitarbeiter einstellt, werden sie nicht nur wie üblich gefragt, wie viel Prozent ihres Gehalts sie in die Betriebsrentenkasse investieren wollen, sondern auch, wie viel Prozent ihrer zukünftigen Gehaltserhöhungen. Es ist nämlich schwierig, heute auf Konsum zu verzichten, um für die ferne Zukunft zu sparen; hingegen ist es psychologisch gesehen leichter, auf zukünftigen Konsum zu verzichten, und noch leichter, einen gewissen Prozentsatz der Gehaltserhöhung zu opfern, die man noch gar nicht bekommen hat.

Bei dem von Thaler und Benartzi durchgeführten Test erklärten sich die Probanden bereit, ihren Beitrag zur Betriebsrente mit ihren zukünftigen Gehaltserhöhungen ansteigen zu lassen. Was kam dabei heraus? In den folgenden Jahren stieg die Sparrate aufgrund der Gehaltserhöhungen von etwa 3,5 auf 13,5 Prozent – ein Gewinn für die Angestellten, ihre Familien und das Unternehmen, da die Mitarbeiter jetzt zufriedener waren und sich weniger Sorgen machten.

Dies ist das Grundprinzip des risikolosen Gewinns – alle beteiligten Parteien profitieren. Dabei gilt zu beachten, dass er nicht unbedingt kostenfrei ist (die Kreditkarte mit Selbstkontrolle einzuführen oder der »Save more tomorrow«-Plan bringen zwangsläufig Kosten mit sich). Doch insofern diese Mechanismen mehr Vorteile als Kosten bringen, können wir sie als risikolosen Gewinn betrachten – als Mechanismen, die allen Beteiligten einen Nettogewinn verschaffen.

Wenn ich eine wichtige Lehre aus der in diesem Buch beschriebenen Forschung ziehen sollte, dann wäre es die, dass wir Figuren in einem Spiel sind, in dem uns größtenteils unbekannte Kräfte mitwirken. Im Allgemeinen glauben wir, am Steuer zu sitzen und die absolute Kontrolle über unsere Entscheidungen und die Richtung zu haben, die unser Leben nimmt; aber leider entspricht diese Einschätzung eher unseren Wünschen – dem, wie wir uns sehen wollen – als der Wirklichkeit.

In allen Kapiteln dieses Buchs geht es um Kräfte (Emotionen, Relativität, soziale Normen etc.), die unser Verhalten beeinflussen. Sie üben große Macht auf unser Tun aus, doch aufgrund unserer natürlichen Neigung unterschätzen wir sie bei weitem. Die Wirkung dieser Kräfte beruht nicht auf mangelndem Wissen, mangelnder Erfahrung oder mangelndem Verstand. Im Gegenteil, sie beeinträchtigt immer wieder die erfahrensten Menschen genauso wie die Neulinge, und zwar systematisch und vorhersehbar. Die daraus entstehenden Fehler sind schlicht und einfach das, wie wir mit unserem Leben umgehen, wie wir unseren »Geschäften nachgehen«. Sie sind ein Teil von uns.

Die optische Täuschung mag dies ein wenig verdeutlichen. So, wie wir uns durch optische Täuschungen in die Irre führen lassen, fallen wir auf die »Entscheidungsillusion« herein, die uns unser Geist vorspiegelt. Der Punkt ist, dass unser optisches und Entscheidungsumfeld nur gefiltert durch unsere Augen und Ohren, unseren Geruchs- und Tastsinn und den Herrn über sie alle, unser Gehirn, zu unserem Ich vordringt. Wir versuchen, diese Eindrücke zu verstehen und zu verarbeiten, aber was dabei herauskommt, ist nicht zwangsläufig ein wahres Bild der Wirklichkeit. Vielmehr ist es unsere Darstellung der Wirklichkeit, und auf ihr beruhen unsere Entscheidungen. Im Grunde sind wir auf die Instrumente beschränkt, die die Natur uns gegeben hat, und die natürliche Art und Weise, wie wir Entscheidungen treffen, ist je nach Qualität und Präzision dieser Instrumente begrenzt.

Eine zweite wichtige Lehre aus unseren Forschungen ist die, dass Irrationalität zwar einen großen Raum in unserem Alltag einnimmt, wir ihr aber nicht hilflos ausgeliefert sind. Wenn wir begreifen, wann und wo wir falsche Entscheidungen treffen, können wir versuchen, wachsamer zu sein, uns zwingen, diese Entscheidungen zu überdenken oder bestimmte Techniken anzuwenden, um unsere natürlichen Defizite zu kompensieren. Auf dieser Ebene könnten auch die Verantwortlichen in Wirtschaft und Politik ihr Denken überprüfen und überlegen, wie sie ihre Produkte beziehungsweise ihre Politik so gestalten, dass sie für alle gewinnbringend sind.

Ich danke Ihnen, dass Sie dieses Buch gelesen haben, und hoffe, Sie haben interessante Dinge über das menschliche Verhalten erfahren, Einblick in das bekommen, was in uns vorgeht, und Möglichkeiten für sich entdeckt, bessere Entscheidungen zu treffen. Ich hoffe aber auch, dass Sie meine Begeisterung für die Erforschung von Rationalität und Irrationalität teilen können. In meinen Augen ist das Studium menschlichen Verhaltens ein fantastisches Instrument, weil es uns hilft, uns selbst und die Rätsel, mit denen wir tagtäglich konfrontiert sind, besser zu verstehen. Es ist ein wichtiges und faszinierendes Thema, aber auch eins, das noch viel Forschungsarbeit erfordert. Ich möchte meine Ausführungen mit einem Satz des Nobelpreisträgers Murray Gell-Mann beschließen: »Stellen Sie sich einmal vor, wie schwierig die Physik wäre, wenn Teilchen denken könnten.«

Mit irrationalen Grüßen

Dan Ariely

PS: Wenn Sie an meiner Reise teilnehmen möchten, besuchen Sie die Website www.predictablyirrational.com. Suchen Sie sich die eine oder andere Studie aus, und lassen Sie uns Ihre Ideen und Gedanken zukommen.

Dank

Über die Jahre hatte ich das Glück, mit klugen, kreativen, großzügigen Menschen an gemeinsamen Forschungsprojekten zu arbeiten. Die in diesem Buch geschilderten Untersuchungen sind weitgehend ihrem Einfallsreichtum und ihren Kenntnissen zu verdanken, aber auch ihrer Vorurteilslosigkeit – die am deutlichsten darin sichtbar wurde, dass sie sich bereit erklärten, dabei mit mir zusammenzuarbeiten. Diese Kollegen sind nicht nur großartige Wissenschaftler, ich zähle sie auch zu meinen engen Freunden. Sie haben dieses Projekt erst möglich gemacht. Alle Fehler und Versäumnisse in diesem Buch gehen auf mein Konto (Kurzbiographien dieser wunderbaren Wissenschaftler finden Sie auf den folgenden Seiten).

Ein Großteil der in dem vorliegenden Buch beschriebenen Versuche wurde während meiner Zeit am MIT durchgeführt, und zahlreiche Teilnehmer und Forschungsassistenten waren MIT-Studenten. Die Ergebnisse werfen ein Licht auf ihre irrationalen Verhaltensweisen (genauso auf unsere eigenen), und gelegentlich sieht es so aus, als würden wir sie damit lächerlich machen. Aber das sollte man nicht verwechseln mit mangelnder Zuneigung oder mangelndem Respekt. Diese Studenten stellen mit ihrer hohen Motivation, ihrer Lernfreude und Wissbegier und mit ihrer Großzügigkeit herausragende Persönlichkeiten dar. Für mich war es ein Privileg, euch alle kennenzulernen – ihr habt mir sogar die Bostoner Winter erträglich gemacht!

Auch der Verwaltung des MIT möchte ich meinen besonderen Dank aussprechen: dafür, dass sie mir Gipfelpunkte

293

irrationalen Verhaltens geoffenbart hat, die ich noch nicht kannte, und mir gezeigt hat, dass das Leben tatsächlich wie eine Episode aus der BBC-Comedy-Serie *Yes Minister* sein kann.

Herauszufinden, wie man beim Schreiben den Akademikerjargon vermeidet, war nicht leicht, aber ich habe dabei viel Hilfe und Unterstützung erfahren. Mein größter Dank geht an Jim Levine, Lindsay Edgecombe, Elizabeth Fisher und das unglaubliche Team der Literaturagentur Levine Greenberg. Dank schulde ich auch Sandy Blakeslee für ihre kenntnisreichen Ratschläge; und Rebecca Waber, Ania Jakubek, Carlie Burck, Bronwyn Fryer, Devra Nelson, Janelle Stanley, Michal Strahilevitz und Ellen Hoffman für ihre Hilfe bei der Formulierung so mancher Idee. Besonders danke ich meinem Partner beim Verfassen dieses Buches, Erik Calonius, der viele Beispiele aus der realen Welt beisteuerte, die Sie in diesem Buch finden, und zwar in einem Stil, wie man diese Geschichten gar nicht besser erzählen könnte. Ebenso besonderen Dank schulde ich meiner vertrauensvollen, unterstützenden und hilfreichen Lektorin bei HarperCollins, Claire Wachtel.

Ich schrieb dieses Buch während meiner Zeit am Institute for Advanced Study in Princeton und kann mir keine bessere Umgebung zum Nachdenken und Schreiben vorstellen. Dort hatte ich sogar Gelegenheit, einige Zeit in der Küche zu verbringen, wo ich unter Aufsicht der Köche Michel Reymond und Yann Blanchet schneiden, backen, sautieren und kochen lernte – einen besseren Ort, meinen Horizont zu erweitern, hätte ich mir nicht wünschen können.

Schließlich danke ich meiner reizenden Frau Sumi, die sich wieder und wieder die Geschichten von meinen Forschungen anhören musste. Obwohl ich hoffe, dass Sie mit mir übereinstimmen, dass sie bei der ersten Lektüre einigermaßen

amüsant sind, muss ich sagen, dass Sumis Geduld und Bereitschaft, mir immer wieder aufs Neue ihr Ohr zu leihen, sie
fast zu einer Heiligen machen. Sumi, heute Abend werde ich
bestimmt um Viertel nach sieben zu Hause sein, oder sagen
wir, um acht, aber spätestens um halb neun. Versprochen.

Meine Mitarbeiter

On Amir

On kam ein Jahr nach mir als Doktorand ans MIT und wurde »mein« erster Student. Als solcher prägte er meine Erwartungen an Studenten und mein Bild von der Beziehung zwischen ihnen und mir kolossal. Abgesehen von seiner außerordentlichen Klugheit, besitzt On eine erstaunliche Palette von Fähigkeiten, und was er nicht kann oder weiß, lernt er in ein oder zwei Tagen. Es ist immer spannend, mit ihm zusammenzuarbeiten oder sonst Zeit mit ihm zu verbringen. Gegenwärtig hat On eine Professur an der University of California in San Diego inne.

Marco Bertini

Als ich Marco zum ersten Mal begegnete, war er Doktorand an der Harvard Business School und betrachtete im Gegensatz zu seinen Studienkollegen den Charles River nicht als unüberwindliches Hindernis. Marco ist Italiener mit dem entsprechenden Temperament und Sinn für Stil – ein insgesamt großartiger Kerl, mit dem man sofort einen trinken gehen will. Zurzeit ist er Professor an der London Business School.

Ziv Carmon

Ziv war einer der wichtigsten Gründe, warum ich mich als Doktorand an der Duke University einschrieb, und die Jahre, die ich dort mit ihm verbrachte, bestätigen die Richtigkeit meiner Entscheidung. Ich habe nicht nur zum Thema Entscheidungsfindung und in Fragen der Forschungsmethoden sehr viel von ihm gelernt; er ist auch einer meiner engsten Freunde geworden, und seine Ratschläge haben sich im Lauf der Jahre als unschätzbar erwiesen. Ziv ist momentan Professor am INSEAD in Singapur.

Shane Frederick

Ich lernte Shane kennen, als ich an der Duke University studierte, während er Student an der Carnegie Mellon University war. Wir führten einmal eine ausführliche Diskussion, was besser sei, Fisch oder Sushi, und dieses Gespräch hat bei mir eine anhaltende Liebe zu beidem hinterlassen. Wenige Jahre später gingen Shane und ich zusammen ans MIT und bekamen etliche weitere Gelegenheiten für lange Debatten über Sushi und andere Gespräche, darunter auch über die zentrale Lebensfrage: »Wenn ein Baseball-Schläger und ein Ball zusammen 1,10 Dollar kosten und das Schlagholz einen Dollar mehr als der Ball kostet, wie viel kostet dann der Ball?« Shane ist zurzeit Professor am MIT.

James Heyman

James und ich verbrachten ein Jahr zusammen in Berkeley. Dort kam er oft vorbei, um mit mir über seine Gedanken zu diskutieren. Er brachte meist Proben seiner jüngsten Backergebnisse mit, was stets ein guter Einstieg in eine interessante Debatte war. Seiner Lebensmaxime folgend, dass Geld nicht alles ist, beschäftigt er sich vorwiegend mit den nicht finanziellen Aspekten wirtschaftlicher Transaktionen. Eines seiner Lieblingsthemen sind die vielen Aspekte der politischen Entscheidungsfindung, bei denen die Erkenntnisse der Verhaltensökonomik eine Rolle spielen könnten, und im Lauf der Jahre habe ich erkannt, wie klug dieser Ansatz ist. James ist zurzeit Professor an der University of St. Thomas.

Leonard Lee

Leonard nahm am Doktorandenprogramm des MIT teil, um an verwandten ökonomischen Themen zu arbeiten. Da wir beide bis spät arbeiteten, verbrachten wir unsere abendlichen Pausen zusammen, was zur Folge hatte, dass wir einige Forschungsprojekte gemeinsam in Angriff nahmen. Es war für mich eine großartige Erfahrung. Leonard besitzt eine schier unermüdliche Energie und Leidenschaft; für die Zahl der Experimente, die er in einer einzigen normalen Woche durchführt, brauchen andere ein ganzes Semester. Außerdem ist er einer der nettesten Menschen, die ich jemals kennengelernt habe, und es ist immer ein Genuss, mit ihm zu plaudern und zu arbeiten. Leonard ist momentan Professor an der Columbia University.

Jonathan Levav

Jonathan liebt seine Mutter wie kein anderer, den ich jemals kennengelernt habe, und was er am meisten in seinem Leben bedauert, ist, dass er sie enttäuscht hat, weil er nicht Medizin studierte. Jonathan ist ein kluger, witziger und unglaublich sozialer Mensch, der in Bruchteilen von Sekunden neue Freunde gewinnt. Er ist groß, hat einen großen Kopf, große Zähne und ein riesengroßes Herz. Jonathan ist zurzeit Professor an der Columbia University.

George Loewenstein

George ist einer meiner ersten, liebsten und ältesten Bekannten, mit denen ich zusammengearbeitet habe. Und mein Rollenvorbild. Meiner Ansicht nach ist er der kreativste Forscher auf dem Gebiet der Verhaltensökonomik mit den umfassendsten Kenntnissen. George besitzt eine unglaubliche Begabung, die Welt um sich zu beobachten und Nuancen im Verhalten seiner Mitmenschen zu entdecken, die für unser Verständnis der menschlichen Natur ebenso wichtig sind wie für die Politik. George ist gegenwärtig und zu Recht Professor für Ökonomie und Psychologie an der Carnegie Mellon University.

Nina Mazar

Nina kam zunächst nur für ein paar Tage ans MIT, um ihre Forschungsarbeit zu besprechen, und blieb am Ende fünf Jahre. In dieser Zeit hatten wir eine Menge Spaß bei unserer Zusammenarbeit, und ich konnte mich hundertprozentig auf sie verlassen. Nina kennt keine Hindernisse, und aufgrund ihrer Bereitschaft, auch große Herausforderungen anzunehmen, konnte ich mit ihr besonders schwierige Experimente in ländlichen Gebieten Indiens durchführen. Ich hoffte, sie würde uns nie verlassen, aber dann war es doch irgendwann so weit: Sie hat jetzt eine Professur an der University of Toronto inne. In einer anderen Wirklichkeit ist Nina Designerin für Haute-Couture-Mode in Mailand.

Elie Ofek

Elie ist ursprünglich Ingenieur für Elektrotechnik, hatte aber dann eine Erleuchtung (so glaubt er jedenfalls) und wechselte zum Marketing. So überrascht es nicht, dass er hauptsächlich auf dem Gebiet der Innovation und Hightech-Industrie forscht und lehrt. Elie eignet sich wunderbar zum gemeinsamen Kaffeetrinken, weil er zu allen möglichen Themen Interessantes weiß und faszinierende Sichtweisen hat. Gegenwärtig ist Elie Professor an der Harvard Business School (oder der »Haaarvard Business School«, wie deren Mitarbeiter zu sagen pflegen).

Yesim Orhun

Yesim ist in jeder Hinsicht eine wahre Freude. Sie ist witzig, klug und kann sehr sarkastisch sein. Bedauerlicherweise konnten wir uns in Berkeley nur ein Jahr lang zusammen herumtreiben. Yesim benutzt die Forschungsergebnisse der Verhaltensökonomik als Ausgangspunkt, um Firmen und politischen Entscheidungsträgern Rezepte zu liefern. Aus irgendeinem seltsamen Grund bewegt sie jede wissenschaftliche Frage, in der die Wörter Simultaneität und Endogenität vorkommen. Yesim ist zurzeit Professorin an der University of Chicago.

Drazen Prelec

Drazen ist einer der klügsten Menschen, denen ich je begegnet bin, und einer der Hauptgründe, warum ich eine Stelle am MIT annahm. Für mich ist er ein König der akademischen Welt: Er weiß, was er tut, ist selbstsicher, und alles, was er anfasst, verwandelt sich in Gold. Ich hoffte, durch eine Art Osmose etwas von seinem Stil und seiner Tiefe abzubekommen, aber dass mein Büro unmittelbar neben seinem lag, reichte dafür offenbar nicht aus. Drazen ist gegenwärtig Professor für Management Science am MIT.

Kristina Shampanier

Kristina kam ans MIT, um sich zur Ökonomin ausbilden zu lassen, und aus einem unerfindlichen Grund entschied sie sich, mit mir zu arbeiten. Kristina ist außergewöhnlich klug, und ich habe im Lauf der Jahre viel von ihr gelernt. Wie klug sie ist, belegt die Tatsache, dass sie nach ihrer Promotion am MIT eine nicht akademische Laufbahn einschlug: Sie bekleidet eine Spitzenposition als Beraterin in Boston.

Jiwoong Shin

Jiwoong ist ein Yin-Yang-Forscher. Einerseits forscht er im Bereich der klassischen Ökonomie, die davon ausgeht, dass Individuen vollkommen rational handeln; andererseits arbeitet er auf dem Gebiet der Verhaltensökonomik, die belegt, dass die Menschen irrational handeln. Er ist ein aufmerksamer, nachdenklicher Mensch – vom Typ eines Philosophen –, und seine Doppeltätigkeit bringt ihn keineswegs aus dem Gleichgewicht. Jiwoong und ich begannen unsere Zusammenarbeit vor allem deswegen, weil es uns Spaß machte, und wir verbrachten in der Tat viele spannende Stunden zusammen. Jiwoong ist zurzeit Professor an der Yale University.

Baba Shiv

Baba und ich lernten uns als Doktoranden an der Duke University kennen. Im Lauf der Jahre hat Baba faszinierende Untersuchungen zum Thema Entscheidungsfindung durchgeführt, insbesondere zu der Frage, wie Emotionen unsere Entscheidungen beeinflussen. Er ist in jeder Hinsicht ein toller Typ und gehört zu den Menschen, die auf magische Weise alles um einen besser und schöner erscheinen lassen. Baba ist momentan Professor an der Stanford University.

Rebecca Waber

Rebecca gehört zu den energischsten und fröhlichsten Menschen, die ich kenne. Außerdem habe ich vor ihr noch nie jemanden gesehen, der mitten im Ehegelöbnis in lautes Gelächter ausbrach. Rebecca interessiert sich besonders für Untersuchungen zur Entscheidungsfindung im Bereich der Medizin, und ich schätze mich außerordentlich glücklich, dass ich auf diesem Gebiet mit ihr zusammenarbeiten durfte. Rebecca promoviert zurzeit am Media Laboratory des MIT.

Klaus Wertenbroch

Klaus und ich begegneten uns, als er seine Professur an der Duke University antrat, während ich dort promovierte. Klaus' Interesse an Fragen der Entscheidungsfindung beruht zu einem großen Teil auf seinen Versuchen zu verstehen, warum er sich nicht an seine rationalen Entschlüsse hält, sei es, was das Rauchen betrifft, sei es, dass er seine Arbeit aufschiebt, um sich ein Fußballspiel im Fernsehen anzuschauen. Da passte es wunderbar, dass wir zum Thema Auf-die-lange-Bank-Schieben zusammenarbeiteten. Klaus ist gegenwärtig Professor am INSEAD.

Bibliographie und weiterführende Arbeiten

Es folgt eine Liste der für die jeweiligen Kapitel verwendeten Aufsätze sowie Empfehlungen zu weiterführenden Arbeiten.

EINLEITUNG

Weiterführende Arbeiten

DANIEL KAHNEMAN, BARBARA L. FREDERICKSON, CHARLES A. SCHREIBER und DONALD A. REDELMEIER: When More Pain Is Preferred to Less: Adding a Better End, *Psychological Science*, 1993.

DONALD A. REDELMEIER und DANIEL KAHNEMAN: Patient's Memories of Painful Medical Treatments – Real Time and Retrospective Evaluations of Two Minimally Invasive Procedures, *Pain*, 1996.

DAN ARIELY: Combining Experiences over Time: The Effects of Duration, Intensity Changes, and On-Line Measurements on Retrospective Pain Evaluations, *Journal of Behavioral Decision Making*, 1998.

EINS
DIE WAHRHEIT ÜBER DIE RELATIVITÄT

Verwendete Arbeiten

AMOS TVERSKY und DANIEL KAHNEMAN: The Framing of Decisions and The Psychology of Choice, *Science*, 1981.

Weiterführende Arbeiten

Joel Huber, John Payne und Chris Puto: Adding Asymmetrically Dominated Alternatives: Violations of Regularity and the Similarity Hypothesis, *Journal of Consumer Research*, 1982.

Itamar Simonson: Choice Based on Reasons: The Case of Attraction and Compromise Effects, *Journal of Consumer Research*, 1989.

Amos Tversky und Itamar Simonson: Context-Dependent Preferences, *Management Science*, 1993.

Dan Ariely und Tom Wallsten: Seeking Subjective Dominance in Multidimensional Space: An Explanation of the Asymmetric Dominance Effect, *Organizational Behavior and Human Decision Processes*, 1995.

Constantine Sedikides, Dan Ariely und Nils Olsen: Contextual and Procedural Determinants of Partner Selection: On Asymmetric Dominance and Prominence, *Social Cognition*, 1999.

Zwei
Die Illusion von Angebot und Nachfrage

Verwendete Arbeiten

Dan Ariely, George Loewenstein und Drazen Prelec: Coherent Arbitrariness: Stable Demand Curves Without Stable Preferences, *Quarterly Journal of Economics*, 2003.

Dan Ariely, George Loewenstein und Drazen Prelec: Tom Sawyer and the Construction of Value. *Journal of Economic Behavior and Organization*, 2006.

Weiterführende Arbeiten

Case Sunstein, Daniel Kahneman, David Schkade und

Ilana Ritov: Predictably Incoherent Judgments, *Stanford Law Review*, 2002.

Uri Simonsohn: New Yorkers Commute More Everywhere: Contrast Effects in the Field, *Review of Economics and Statistics*, 2006.

Uri Simonsohn und George Loewenstein: Mistake #37: The Impact of Previously Faced Prices on Housing Demand, *Economic Journal*, 2006.

Drei
Der hohe Preis für null Kosten

Verwendete Arbeiten

Kristina Shampanier und Dan Ariely: How Small Is Zero Price? The True Value of Free Products, *Marketing Science*, 2007.

Weiterführende Arbeiten

Daniel Kahneman und Amos Tversky: Prospect Theory: An Analysis of Decision under Risk, *Econometrica*, 1979.

Eldar Shafir, Itamar Simonson und Amos Tversky: Reason-Based Choice, *Cognition*, 1993.

Vier
Die Kosten sozialer Normen

Verwendete Arbeiten

Uri Gneezy und Aldo Rustichini: A Fine Is a Price, *Journal of Legal Studies*, 2000.

James Heyman und Dan Ariely: Effort for Payment: A Tale of Two Markets, *Psychological Science*, 2004.

Kathleen Vohs, Nicole Mead und Miranda Goode: The Psychological Consequences of Money, *Science*, 2006.

Weiterführende Arbeiten

ALAN FISKE: The Four Elementary Forms of Sociality: Framework for a Unified Theory of Social Relations, *Psychological Review*, 1992.

PANKAJ AGGARWAL: The Effects of Brand Relationship Norms on Consumer Attitudes and Behavior, *Journal of Consumer Research*, 2004.

FÜNF
DER EINFLUSS SEXUELLER ERREGUNG

Verwendete Arbeiten

DAN ARIELY und GEORGE LOEWENSTEIN: The Heat of the Moment: The Effect of Sexual Arousal on Sexual Decision Making, *Journal of Behavioral Decision Making*, 2006.

Weiterführende Arbeiten

GEORGE LOEWENSTEIN: Out of Control: Visceral Influences on Behavior, *Organizational Behavior and Human Decision Processes*, 1996.

PETER H. DITTO, DAVID A. PIZARRO, EDEN B. EPSTEIN, JILL A. JACOBSON und TARA K. MCDONALD: Motivational Myopia: Visceral Influences on Risk Taking Behavior, *Journal of Behavioral Decision Making*, 2006.

SECHS
VOM EWIGEN AUFSCHIEBEN

Verwendete Arbeiten

DAN ARIELY und KLAUS WERTENBROCH: Procrastination, Deadlines, and Performance: Self-Control by Precommitment, *Psychological Science*, 2002.

Weiterführende Arbeiten

Ted O'Donoghue und Mathew Rabin: Doing It Now or Later, *American Economic Review,* 1999.

Yaacov Trope und Ayelet Fishbach: Counteractive Self-Control in Overcoming Temptation, *Journal of Personality and Social Psychology,* 2000.

Sieben
Der hohe Preis des Besitzes

Verwendete Arbeiten

Ziv Carmon und Dan Ariely: Focusing on the Forgone: How Value Can Appear So Different to Buyers and Sellers, *Journal of Consumer Research,* 2000.

James Heyman, Yesim Orhun und Dan Ariely: Auction Fever: The Effect of Opponents and Quasi-Endowment on Product Valuations, *Journal of Interactive Marketing,* 2004.

Weiterführende Arbeiten

Dick Thaler: Toward a Positive Theory of Consumer Choice, *Journal of Economic Behavior and Organization,* 1980.

Daniel Kahneman, Jack Knetsch und Dick Thaler: Experimental Tests of the Endowment Effect and the Coase Theorem, *Journal of Political Economy,* 1990.

Acht
Ein Hintertürchen offenhalten

Verwendete Arbeiten

Jiwoong Shin und Dan Ariely: Keeping Doors Open: The Effect of Unavailability on Incentives to Keep Options Viable, *Management Science,* 2004.

Weiterführende Arbeiten

SHEENA IYENGAR und MARK LEPPER: When Choice Is Demotivating: Can One Desire Too Much of a Good Thing?, *Journal of Personality and Social Psychology*, 2000.

DANIEL GILBERT und JANE EBERT: Decisions and Revisions: The Affective Forecasting of Changeable Outcomes, *Journal of Personality and Social Psychology*, 2002.

ZIV CARMON, KLAUS WERTENBROCH und MARCEL ZEELENBERG: When Deliberating Makes Choosing Feel Like Losing, *Journal of Consumer Research*, 2003.

NEUN
DER EFFEKT VON ERWARTUNGEN

Verwendete Arbeiten

JOHN BARGH, MARK CHEN und LARA BURROWS: Automaticity of Social Behavior: Direct Effects of Trait Construct and Stereotype Activation on Action, *Journal of Personality and Social Psychology*, 1996.

MARGARET SHIN, TODD PITTINSKY und NALINI AMBADY: Stereotype Susceptibility: Identity Salience and Shifts in Quantitative Performance, *Psychological Science*, 1999.

SAM MCCLURE, JIAN LI, DAMON TOMLIN, KIM CYPERT, LATANÉ MONTAGUE und READ MONTAGUE: Neural Correlates of Behavioral Preference for Culturally Familiar Drinks, *Neuron*, 2004.

LEONARD LEE, SHANE FREDERICK und DAN ARIELY: Try It, You'll Like It: The Influence of Expectation, Consumption and Revelation on Preferences for Beer, *Psychological Science*, 2006.

MARCO BERTINI, ELIE OFEK und DAN ARIELY: To Add or Not

to Add? The Effects of Add-Ons on Product Evaluation, Arbeitspapier, HBS, 2007.

Weiterführende Arbeiten

GEORGE LOEWENSTEIN: Anticipation and the Valuation of Delayed Consumption, *Economic Journal,* 1987.

GREG BERNS, JONATHAN CHAPPELOW, MILOS CEKIC, CARY ZINK, GIUSEPPE PAGNONI und MEGAN MARTIN-SKURSKI: Neurobiological Substrates of Dread, *Science,* 2006.

ZEHN
DIE MACHT DES PREISES

Verwendete Arbeiten

LEONARD COBB, GEORGE THOMAS, DAVID DILLARD, ALVIN MERENDINO und ROBERT BRUCE: An Evaluation of Internal Mammary Artery Ligation by a Double-Blind Technic, *New England Journal of Medicine,* 1959.

BRUCE MOSELEY, KIMBERLY O'MALLEY, NANCY PETERSEN, TERRI MENKE, BARUCH BRODY, DAVID KUYKENDALL, JOHN HOLLINGSWORTH, CAROL ASHTON und NELDA WRAY: A Controlled Trial of Arthroscopic Surgery for Osteoarthritis of the Knee, *New England Journal of Medicine,* 2002.

BABA SHIV, ZIV CARMON und DAN ARIELY: Placebo Effects of Marketing Actions: Consumers May Get What They Pay For, *Journal of Marketing Research,* 2005.

REBECCA WABER, BABA SHIV, ZIV CARMON und DAN ARIELY: Paying More for Less Pain, Arbeitspapier, MIT, 2007.

Weiterführende Arbeiten

TOR WAGER, JAMES RILLING, EDWARD SMITH, ALEX SOKOLIK, KENNETH CASEY, RICHARD DAVIDSON, STEPHEN KOSSLYN, ROBERT ROSE und JONATHAN COHEN: Placebo-Induced

Changes in fMRI in the Anticipation and Experience of Pain, *Science*, 2004.

ALIA CRUM und ELLEN LANGER: Mind-Set Matters: Exercise and the Placebo Effect, *Psychological Science*, 2007.

ELF UND ZWÖLF
MORAL UND UNREDLICHKEIT, TEIL I UND II

Verwendete Arbeiten

NINA MAZAR und DAN ARIELY: Dishonesty in Everyday Life and its Policy Implications. *Journal of Public Policy and Marketing*, 2006.

NINA MAZAR, ON AMIR und DAN ARIELY: The Dishonesty of Honest People: A Theory of Self-Concept Maintenance. *Journal of Marketing Research*, 2008.

Weiterführende Arbeiten

MAX BAZERMAN und GEORGE LOEWENSTEIN: Taking the Bias out of Bean Counting. *Harvard Business Review*, 2001.

MAX BAZERMAN, GEORGE LOEWENSTEIN und DAN MOORE: Why Good Accountants Do Bad Audits: The Real Problem Isn't Conscious Corruption. It's Unconscious Bias. *Harvard Business Review*, 2002.

MAURICE SCHWEITZER und CHRIS HSEE: Stretching the Truth: Elastic Justification and Motivated Communication of Uncertain Information. *Journal of Risk and Uncertainty*, 2002.

DREIZEHN
BIER UND KOSTENLOSE RATSCHLÄGE

Verwendete Arbeiten

DAN ARIELY und YONATAN LEVAV: Sequential Choice in Group

Settings: Taking the Road Less Traveled and Less Enjoyed. *Journal of Consumer Research*, 2000.

ERIC J. JOHNSON und DANIEL GOLDSTEIN: Do Defaults Save Lives? *Science*, Band 302 (2003), 1338–1339.

DICK THALER und SHLOMO BENARTZI: Save More Tomorrow: Using Behavioral Economics to Increase Employee Savings. *Journal of Political Economy*, 2004.

Anmerkungen

1 Jodi Kantor: Entrees Reach $40, *New York Times*, 21. Oktober 2006.

2 Itamar Simonson: Get Closer to Your Customers by Understanding How They Make Choices, *California Management Review*, 1993.

3 Louis Uchitelle: Lure of Great Wealth Affects Career Choices, *New York Times*, 27. November 2006.

4 Katie Hafner: In the Web World, Rich Now Envy the Superrich, *New York Times*, 21. November 2006.

5 Valerie Ulene: Car Keys? Not So Fast, *Los Angeles Times*, 8. Januar 2007.

6 John Leland: Debtors Search for Discipline through Blogs, *New York Times*, 18. Februar 2007.

7 Colin Schieman: The History of Placebo Surgery, University of Calgary, März 2001.

8 Margaret Talbot: The Placebo Prescription, *New York Times*, 9. Juni 2000.

9 Sarah Bakewell: Cooking with Mummy, *Fortean Times*, Juli 1999.

10 *Lancet*, 12. April 2003.

11 Off-Label Use of Prescription Drugs Should Be Regulated by the FDA, Harvard, Juristische Fakultät, elektronisches Archiv, 11. Dezember 2006.

12 Irving Kirsch: Antidepressants Proven to Work Only Slightly Better Than Placebo, *Prevention and Treatment*, Juni 1998.

13 Sheryl Stolberg: Sham Surgery Returns as a Research Tool, *New York Times,* 25. April 1999.

14 Margaret E. O'Kane, National Committee for Quality Assurance, Leserbrief, *USA Today,* 11. Dezember 2006.

15 Federal Bureau of Investigation: Crime in the United States 2004 – Uniform Crime Reports (Washington, D.C.: U.S. Government Printing Office, 2005).

16 Brody Mullins: No Free Lunch: New Ethics Rules Vex Capitol Hill, *Wall Street Journal,* 29. Januar 2007.

17 Pessimism for the Future, *California Bar Journal,* November 1994.

18 Maryland Judicial Task Force on Professionalism, Jan Crosthwaite: Moral Expertise: A Problem in the Professional Ethics of Professional Ethicists, *Bioethics,* Band 9 (1995), 361-379, 10. November 2003.

19 Studie der Anwaltskammer von Florida/Josephson Institute, 1993.

20 *DPA Correlator,* Band 9, Nr. 3, 9. September 2002. Siehe auch: The Decline in Professionalism – A Threat to the Future of the American Association of Petroleum Geologists, *Explorer,* Mai 2004.

21 Jan Crosthwaite: Moral Expertise: A Problem in the Professional Ethics of Professional Ethicists, *PubMed,* Oktober 1995.

22 The 2006 Transparency International Corruption Perceptions Index, Highbeam Resea, Pearson Education und Hrishikesh Vinod, Fordham University Institute for Ethics and Economic Policy.

23 McKinsey and Company: Payments: Charting a Course to Profits, Dezember 2005.